Über Beethoven

Über Beethoven

Von Musikern, Dichtern und Liebhabern

Eine Anthologie

Mit 11 Abbildungen

Herausgegeben von
Paul Fiebig

Philipp Reclam jun. Stuttgart

Universal-Bibliothek Nr. 8895

Umschlagabbildung der kartonierten Ausgabe:
Ludwig van Beethoven. Lithographie von Foller nach Zeichnungen
von Johann Peter Lyser und Martin Tejček (um 1838)
Gesamtherstellung: Reclam, Ditzingen. Printed in Germany 1993

ISBN 3-15-008895-X (kart.) ISBN 3-15-028895-9 (geb.)

Inhalt

Vorwort

»Dieser Beethoven ... was für ein Genie!« Nichts ist legitimer, denn die gegenteilige Haltung wäre ein noch dümmerer Snobismus.

Claude Debussy

Hätten alle Bücher der Welt Register, und es verfiele einer auf die Idee, nur die ins Regal sich zu stellen, die Beethoven *nicht* verzeichneten – er bekäme die Wand nicht voll? Müßte freilich über Platzmangel längst noch nicht stöhnen, wollte er, der Regal-Leere zu begegnen, auch den hauptsächlichen Beethoven-*Erwähnern* Einlaß gewähren – ihrer einer nämlich wäre genug, so wenig stünde ihnen allen der Sinn danach, in Wort und Ton sich zu unterscheiden? Wie, andererseits, sollten sie denn von ihm, dem Pathos-, dem Schicksals-, dem Urgewaltigen, künden: hat er nicht sein Los wie ein Held getragen; hat er nicht am liebsten beim Komponieren an Helden gedacht; und fühlen wir nicht beim Hören wie Helden uns selber? Sollten sie etwa Erstaunen darüber bekunden, wie unheldisch zart er sich geben könne, keine Konkurrenz, auch die Mozarts nicht, zu fürchten habe; um zirkelschlüssig dort zu landen, von wo sie ausgegangen: er, Beethoven, sei der Mann gewaltiger Wirkungen, auch wo er sich den Ausbruch spare? Daß Beethoven auf eben den Ausbruch so unmißverständlich oft aus ist wie er ihn gelegentlich höchst überraschenderweise im letzten Moment ausläßt: vom aufwärts drängenden *crescendo,* den Gipfel zum Greifen nah, *subito* ins *piano* abspringt – was bestätigte das nur wieder? Wie unberechenbar er sei und daß gerade darin seine Allgewalt begründet liege.

Mißverständnisse also? Zu denen Beethoven geradezu eingeladen habe. Apropos Taubheit – mit dem Heiligenstädter Testament und all den anderen herzzerreißenden Sonderlings-Dokumenten im Gefolge –: hat sie nicht den Hörern die zahlreich willkommene Gelegenheit aufgedrängt, erschütternde Programme in die heftig bewegte Musik hineinzu*sehen*, sie der Anstrengung jedenfalls überhoben, in sie – »Ohren auf!« – hineinzu*hören*? Apropos »Götterfunken«-Thema, wie er an ihm auf dem Weg zur Apotheose der Neunten herumgestutzt und -geschliffen hat, bis es endlich die »Volksgesangs«-Prüfung bestand: hat es sich nicht denen als Beweis anheimgegeben, die immer schon wußten, daß einzig das Einfache zähle, alles Komplexere nach Selbstbeweihräucherung rieche (und dabei außer Betracht ließen, daß Beethoven gern die Ein- für die Vielfalt als Ausgangspunkt nahm)? Und apropos »Schicksals«-Motiv der Fünften, wie er die terzenhörige, wiederholungssüchtige, einpaukkräftige Allerweltsfigur zur Arbeit antreibt: ist es ihr nicht gegeben wie keiner sonst, die Programmjünger und die Einfachheitsapostel zu vereinen (und daran zu erinnern, daß sie der gleichen Eltern Kinder sind)?

Alternativen denn? Den Blick auf die »Krankheit als Symbol«, aufs »deutsche Wesen«, auf die Leute zum Beispiel gerichtet (und aufs Beklagen wie Bewundern fix verzichtet): *Georg Groddeck* läßt, um zu erklären, warum »so viele Musiker taub geworden sind«, »das überaus kluge und doch auch überaus dumme Unbewußte des Menschen« reden: »Die Klänge, die mein physisches Ohr hört, übertönen die hohe Musik meiner Seele; so will ich denn dies physische Ohr lähmen, um mehr zu genießen.« *Heinrich Mann* fragt sich, die Neunte im Sinn, wie »ein Weg, der mit Beethoven begonnen hat«, »in kurzen hundert Jahren beim Hitler« hat enden können. *Balzac* hält daran fest, daß, wer nicht als Unwissender gelten, auf Beethoven als eine Mischung aus »Trubel« und »Geklimper« pfeifen, zu dem Satz »Er heißt mit Recht *bête à vent*« sich versteigen will, fürs »Verständnis« der Beethovenschen Musik »ein Studium« investieren müsse. – »Non admirare, non deplorare sed intelligere« lautete, zusammenfassend, vor bald eineinhalb Jahrhunderten schon das Motto des frühen Beethoven-Biographen *Wilhelm Lenz*.

Vergleichsweise handfest, die Nuancen der Musiker? Abgesehen davon, daß auch sie sich auf Politikersätze verstehen – dahingehend etwa, daß »gerade Beethoven derjenige Meister ist, bezüglich dessen Stellung zur allgemeinen Kultur sich heute Freund und Feind wohl am ehesten in Übereinstimmung befinden« *(Richard Strauss)* –: schreiten sie, auf der Suche nach ihrem Idol, durch Beethoven-Nacht zum Mozart-Licht *(Busoni);* malen, revoluzzerjünglingshaft, der Beethoven-Büste einen Schnurrbart an und wenden sich, musikantisch, in objektivere Zeiten zurück *(Hindemith)*; nehmen beim Komponieren ihr Beethoven-Bild an der Wand in den Blick, hoffend, »der Papa« möge »dort oben ein gutes Wort einlegen« für sie *(Dvořák);* visionieren, vom Odysseus-Mythos auf die Idee gebracht, einen Bankdirektor, der sich »beim letzten Satz der IX. Sinfonie an den Sitz« binden läßt, »um nicht seinen Nachbarn zu umarmen bei ›Alle Menschen werden Brüder‹« *(Eisler)*; sofern sie sich nicht mit der Einschätzung, Musik, auch die des »Siegers« Beethoven, sei etwas »gleichsam unmittelbar aus den ›Händen der Natur‹ Hervorgegangenes« und darin »den Frauen Nahes« *(Furtwängler),* davonmachen ins Land, wo die Poesiealben blühen und der Gartenlauben-Handel schwunghaft ist.

Bleibt: »Beethoven, der Mensch«. Der dem Puritaner *Alexander Wheelock Thayer* so wenig zum Vorbild taugen wollte, daß ihn Migräne-Anfälle plagten, bis er den Gegenstand seiner Bemühungen endgültig wechselte. Ob jener *Uraufführungs-Kritiker* bereits, nach dessen Beschreibung bei Beethoven ›die Fetzen fliegen‹: die Töne sich wie in ein und denselben Käfig gesperrte Tauben und Krokodile benehmen, sein Ideal (einer sich abseits haltenden Kunst) gefährdet sah? Der weltläufige *Paul Bekker* jedenfalls tröstete sich mit der Formel von den zwei »äußerst verschiedenartigen Kundgebungen einer Persönlichkeit«, »die in ihrer Kunst das Korrektiv ihres Lebens gibt«. So daß, »alles in Butter«, *August Halms* Beschwörung: »Verlören wir den Zugang zu Beethoven: keiner größeren, keiner jämmerlicher unverantwortlichen geistigen Verarmung könnten wir uns selber schuldig machen«, hinge, wo sie hingehört: in der Luft? Freilich ging es Halm ganz und gar um die Werke.

Womit schließlich hält es eine Text-Auswahl, die – wie die vorliegende – Erinnerungen eher zurückhaltend berücksichtigt, Gesamtdarstellungen zugunsten der besonderen Einzelheit vernachlässigt, das Widerspruchsvolle dem in sich und untereinander Ausgewogenen vorzieht? Mit einem Leser jedenfalls, der lieber Nuancen entdeckt als Konstanten abhakt. (Ältere Texte übrigens sind, was ihre Schreibweisen angeht, durchweg modernisiert, womit der Herausgeber lediglich seine Unempfindlichkeit gegenüber den exotischen Reizen des »Seyns« und »Thuns« einbekennt.)

PS. Ob er zuletzt noch der Meinung entgegenzutreten hätte, eine Auswahl sei um so besser, je mehr Leser von ihr sagen könnten: *so und nicht anders* (als hätten sie selber sie veranstaltet)? Er läßt es.

Paul Fiebig

Ludwig van Beethoven (1823).
Stich von Lazarus Sichling nach einem Ölgemälde
von Ferdinand Georg Waldmüller

Joseph Haydn

Haydn spricht von seinem Schüler Beethoven als dem »Großmogul«; Beethoven erklärt mit Bestimmtheit, »von Haydn nichts gelernt« zu haben: beide ›Gelegenheits-Äußerungen‹ sind überliefert. Erhalten haben sich auch zwei Briefe, die in ein und denselben Umschlag gesteckt wurden, nachdem Haydn und Beethoven sie einem Kopisten diktiert und unterzeichnet hatten. Empfänger: Kurfürst Maximilian Franz zu Bonn.

Wien, 23. November 1793

Euer Kurfürstliche Durchlaucht!

Ich nehme mir die Freiheit, Eurer Kurfürstlichen Durchlaucht einige musikalische Stücke, nämlich ein Quintett, eine achtstimmige Partie, ein Oboe-Konzert, Variationen fürs Fortepiano und eine Fuge von der Komposition meines lieben, mir gnädigst anvertrauten Schülers, Beethoven, untertänigst einzuschicken, welche, wie ich mir schmeichle, als ein empfehlender Beweis seines außer dem eigentlichen Studieren angewandten Fleißes von Eurer Kurfürstlichen Durchlaucht gnädigst werden aufgenommen werden. Kenner und Nicht-Kenner müssen aus gegenwärtigen Stücken unparteiisch eingestehen, daß Beethoven mit der Zeit die Stelle eines der größten Tonkünstler in Europa vertreten werde, und ich werde stolz sein, mich seinen Meister nennen zu können; nur wünsche ich, daß er noch eine geraume Zeit bei mir verbleiben dürfe.

Weil nun einmal von Beethoven die Rede ist, so erlauben Eure Kurfürstliche Durchlaucht, daß ich auch ein paar Worte von seinen ökonomischen Angelegenheiten sagen darf. Für das verflossene Jahr waren ihm 100 # [Dukaten] angewiesen. Daß diese Summe nicht hinreichend war, auch nur um bloß zu leben, davon sind Eure Kurfürstliche Durchlaucht wohl selbst überzeugt; indessen mögen Höchstdieselben Ihre guten Ursachen gehabt haben, ihn mit einer so geringen Summe in die große Welt zu schicken. In dieser Voraussetzung, und um ihn nicht unter die Hände der Wucherer fallen zu lassen, habe ich teils für ihn Bürgschaft geleistet, teils an Barem ihm so viel vorgestreckt, daß er mir 500 fl [Gulden] schuldig ist, woran kein Kreuzer ohne Notwendigkeit verwendet worden ist; die ich ihm hier anzuweisen bitte; und da auf Borg arbeiten lassen die Prozente immer vermehret, und überdies für einen Künstler wie Beethoven, sehr lästig ist; so glaubte ich, daß, wenn Eure Kurfürstliche Durchlaucht ihm für das künftige Jahr 1000 fl. anwiesen, Höchstdieselben die Gnade gegen ihn vollkommen machten, und ihn zugleich außer aller Not setzten. Denn die Meister, die ihm unumgänglich nötig sind, und der notwendige Aufwand, wenn er hier in mehreren Häusern eintritt, nehmen so viel weg, daß ihm nur das höchst Nötige an 1000 fl. übrig bleibt. Für die Verschwendung, die bei einem jungen Manne, der in die große Welt kommet, zu befürchten ist, glaube ich Eurer Kurfürstlichen Durchlaucht gutstehn zu können; denn ich habe aus hundert Umständen immer das Resultat bestätigt gefunden, daß er seiner Kunst alles ohne Zwang aufzuopfern im Stande ist; was bei so vielen einladenden Gelegenheiten zu bewundern ist, und in Absicht der höchsten Gnaden Eurer Kurfürstlichen Durchlaucht alle Sicherheit gibt, daß Höchstdieselben Ihre Gnaden mit Wucher an Beethoven verschwenden. In der Hoffnung, daß Eure Kurfürstliche Durchlaucht diese meine Bitte meinem lieben Schüler zu dessen fernerer Unterstützung mögen gnädigst zukommen lassen, bin ich mit tiefester Ehrfurcht

Eurer Kurfürstlichen Durchlaucht
untertänigst-gehorsamster
Joseph Haydn mppria
Kapellmeister v.
Fürst Nicolas Esterházy

Hochwürdigst, durchlauchtigster gnädigster Kurfürst und Herr Herr!

Der höchsten Gnade Euer Kurfürstlichen Durchlaucht mich ganz würdig zu machen, ist mein einziges Bestreben. Dieses Jahr habe ich in dieser Absicht alle meine Seelenkräfte zum Allgemeinen der Tonkunst verwendet, um in dem künftigen Jahre im Stande zu sein, Ihro Kurfürstlichen Durchlaucht etwas überschicken zu können, das Dero Großmut gegen mich und Dero Erhabenheit überhaupt näher kömmt als jenes, welches Euer Kurfürstlichen Durchlaucht durch Herrn Haydn überschikket wird. In der Zuversicht, daß Euer Kurfürstlichen Durchlaucht mir Dero einmal geschenkte Gunst nicht entziehen werden, bin ich in tiefester Ehrfurcht Euer Kurfürstlichen Durchlaucht alleruntertänigst gehorsamster

Ludwig van Beethoven

Johann Wolfgang von Goethe

»Zusammengefaßter, energischer, inniger habe ich noch keinen Künstler gesehen«, schrieb Goethe über die Begegnung mit Beethoven nach Hause. Beethovens Wort Verleger Härtel gegenüber nimmt sich aus, als wolle es als Kommentar auf Goethes weniger oft zitierten Nachsatz – »Ich begreife recht gut, wie er gegen die Welt wunderlich stehen muß« – gelesen werden: »Goethe behagt die Hofluft zu sehr, mehr als es einem Dichter ziemt.« Mit Carl Friedrich Zelter hat Goethe dann brieflich sich ausgetauscht:

An Zelter

Karlsbad, 2. September 1812

Beethoven habe ich in Töplitz kennen gelernt. Sein Talent hat mich in Erstaunen gesetzt; allein er ist leider eine ganz ungebändigte Persönlichkeit, die zwar gar nicht unrecht hat, wenn sie die Welt detestabel findet, aber sie freilich dadurch weder für sich noch für andere genußreicher macht. Sehr zu entschuldigen ist er hingegen und sehr zu bedauern, da ihn sein Gehör verläßt, das vielleicht dem musikalischen Teil seines Wesens weniger als dem geselligen schadet. Er, der ohnehin lakonischer Natur ist, wird es nun doppelt durch diesen Mangel.

G.

Ludwig van Beethoven. Radierung von Eduard Mandel (1856) nach einer Federzeichnung von Johann Peter Lyser (1833)

Zelter an Goethe

Berlin, 14. September 1812

Was Sie von Beethoven sagen, ist ganz natürlich. Auch ich bewundere ihn mit Schrecken. Seine eigenen Werke scheinen ihm heimliches Grauen zu verursachen. Eine Empfindung, die in der neuen Kultur viel zu leichtsinnig beseitigt wird. Mir erscheinen seine Werke wie Kinder, deren Vater ein Weib oder deren Mutter ein Mann wäre. Das letzte mir bekannt gewordne Werk (»Christus am Ölberge«) kommt mir vor wie eine Unkeuschheit, deren Grund und Ziel ein ewiger Tod ist. Die musikalischen Kritiker, welche sich auf alles besser zu verstehn scheinen als auf Naturell und Eigentümlichkeiten, haben sich auf die seltsamste Weise in Lob und Tadel über diesen Komponisten ergossen. Ich kenne musikalische Personen, die sich sonst bei Anhörung seiner Werke alarmiert, ja indigniert fanden und nun von einer Leidenschaft dafür ergriffen sind wie die Anhänger der griechischen Liebe. Wie wohl man sich dabei befinden kann, läßt sich begreifen, und was daraus entstehn kann, haben Sie in den »Wahlverwandtschaften« deutlich genug gezeigt.

Z.

E. T. A. Hoffmann

Hoffmanns Rezensenten-Tätigkeit steuerte einem frühen Höhepunkt zu, als die Leipziger »Allgemeine musikalische Zeitung« ihm die Besprechung Beethovenscher Sinfonien antrug. In zwei Juli-Nummern des Jahres 1810 ist als erste die der Fünften erschienen. Angenommen hat Hoffmann sich bis 1813 noch – soweit es Beethoven, wenn auch nicht dessen Sinfonien, angeht – der »Coriolan«-Ouvertüre, der beiden Klaviertrios op. 70, der C-Dur-Messe und der »Egmont«-Musik. Einiges davon geriet bald in weniger flüchtige, poetische Zusammenhänge: die Zwiegespräche der »Serapions-Brüder« wie die »Kreisleriana« der »Fantasiestücke in Callots Manier« [mit dem Untertitel »Blätter aus dem Tagebuche eines reisenden Enthusiasten«] (1814) trugen den Vorteil davon.

Beethovens Instrumental-Musik

Sollte, wenn von der Musik als einer selbständigen Kunst die Rede ist, nicht immer nur die Instrumental-Musik gemeint sein, welche jede Hülfe, jede Beimischung einer andern Kunst (der Poesie) verschmähend, das eigentümliche, nur in ihr zu erkennende Wesen dieser Kunst rein ausspricht? – Sie ist die romantischste aller Künste, beinahe möchte man sagen, allein echt romantisch, denn nur das Unendliche ist ihr Vorwurf. – Orpheus' Lyra öffnete die Tore des Orkus. Die Musik schließt dem Menschen ein unbekanntes Reich auf, eine Welt, die nichts gemein hat mit der äußern Sinnenwelt, die ihn umgibt, und in der er alle *bestimmten* Gefühle zurückläßt, um sich einer unaussprechlichen Sehnsucht hinzugeben.

Habt ihr dies eigentümliche Wesen auch wohl nur geahnt, ihr armen Instrumentalkomponisten, die ihr euch mühsam abquältet, bestimmte Empfindungen, ja sogar Begebenheiten darzustellen? – Wie konnte es auch denn nur einfallen, die der Plastik geradezu entgegengesetzte Kunst plastisch zu behandeln? Eure Sonnaufgänge, eure Gewitter, eure Batailles des trois Empereurs u. s. w. waren wohl gewiß gar lächerliche Verirrungen und sind wohlverdienterweise mit gänzlichem Vergessen bestraft.

In dem Gesange, wo die Poesie bestimmte Affekte durch Worte andeutet, wirkt die magische Kraft der Musik, wie das wunderbare Elixier der Weisen, von dem etliche Tropfen jeden Trank köstlicher und herrlicher machen. Jede Leidenschaft – Liebe – Haß – Zorn – Verzweiflung etc. wie die Oper sie uns gibt, kleidet die Musik in den Purpurschimmer der Romantik, und selbst das im Leben Empfundene führt uns hinaus aus dem Leben in das Reich des Unendlichen.

So stark ist der Zauber der Musik, und immer mächtiger werdend mußte er jede Fessel einer andern Kunst zerreißen.

Gewiß nicht allein in der Erleichterung der Ausdrucksmittel (Vervollkommnung der Instrumente, größere Virtuosität der Spieler), sondern in dem tieferen innigeren Erkennen des eigentümlichen Wesens der Musik liegt es, daß geniale Komponisten die Instrumental-Musik zu der jetzigen Höhe erhoben.

Mozart und Haydn, die Schöpfer der jetzigen Instrumental-Musik, zeigten uns zuerst die Kunst in ihrer vollen Glorie; wer sie da mit voller Liebe anschaute und eindrang in ihr innigstes Wesen, ist – Beethoven! – Die Instrumentalkompositionen aller drei Meister atmen einen gleichen romantischen Geist, welches in dem gleichen innigen Ergeifen des eigentümlichen Wesens der Kunst liegt; der Charakter ihrer Kompositionen unterscheidet sich jedoch merklich. – Der Ausdruck eines kindlichen heitern Gemüts herrscht in Haydns Kompositionen. Seine Sinfonien führen uns in unabsehbare grüne Haine, in ein lustiges buntes Gewühl glücklicher Menschen. Jünglinge und Mädchen schweben in Reihentänzen vorüber; lachende Kinder, hinter Bäumen, hinter Rosenbüschen lauschend, werfen sich neckend mit Blumen. Ein Leben voll Liebe, voll Seligkeit, wie vor der Sünde, in ewiger Jugend; kein Leiden, kein Schmerz, nur ein süßes wehmütiges Verlangen nach der geliebten Gestalt, die in der Ferne im Glanz des Abendrotes daher schwebt, nicht näher kommt, nicht verschwindet, und solange sie da ist, wird es nicht Nacht, denn sie selbst ist das Abendrot, von dem Berg und Hain erglühen. – In die Tiefen des Geisterreichs führt uns Mozart. Furcht umfängt uns, aber ohne Marter ist sie mehr Ahnung des Unendlichen.

Liebe und Wehmut tönen in holden Geisterstimmen; die Nacht geht auf in hellem Purpurschimmer, und in unaussprechlicher Sehnsucht ziehen wir nach den Gestalten, die freundlich uns in ihre Reihen winkend in ewigem Sphärentanze durch die Wolken fliegen. (Mozarts Sinfonie in Es-Dur unter dem Namen des Schwanengesanges bekannt.)

So öffnet uns auch Beethovens Instrumental-Musik das Reich des Ungeheuern und Unermeßlichen. Glühende Strahlen schießen durch dieses Reiches tiefe Nacht, und wir werden Riesenschatten gewahr, die auf- und abwogen, enger und enger uns einschließen und *uns* vernichten, aber nicht den Schmerz der unendlichen Sehnsucht, in welcher jede Lust, die schnell in jauchzenden

Tönen emporgestiegen, hinsinkt und untergeht, und nur in diesem Schmerz, der Liebe, Hoffnung, Freude, in sich verzehrend, aber nicht zerstörend, unsere Brust mit einem vollstimmigen Zusammenklange aller Leidenschaften zersprengen will, leben wir fort und sind entzückte Geisterseher!

Der romantische Geschmack ist selten, noch seltener das romantische Talent, daher gibt es wohl so wenige, die jene Lyra, deren Ton das wundervolle Reich des Romantischen aufschließt, anzuschlagen vermögen.

Haydn faßt das Menschliche im menschlichen Leben romantisch auf; er ist kommensurabler, faßlicher für die Mehrzahl.

Mozart nimmt mehr das Übermenschliche, das Wunderbare, welches im innern Geiste wohnt, in Anspruch.

Beethovens Musik bewegt die Hebel der Furcht, des Schauers, des Entsetzens, des Schmerzes, und erweckt eben jene unendliche Sehnsucht, welche das Wesen der Romantik ist. Er ist daher ein rein romantischer Komponist, und mag es nicht daher kommen, daß ihm Vokalmusik, die den Charakter des unbestimmten Sehnens nicht zuläßt, sondern nur durch Worte bestimmte Affekte, als in dem Reiche des Unendlichen empfunden, darstellt, weniger gelingt?

Den musikalischen Pöbel drückt Beethovens mächtiger Genius; er will sich vergebens dagegen auflehnen. – Aber die weisen Richter, mit vornehmer Miene um sich schauend, versichern: man könne es ihnen als Männer von großem Verstande und tiefer Einsicht aufs Wort glauben, es fehle dem guten B. nicht im mindesten an einer sehr reichen, lebendigen Fantasie, aber er verstehe sie nicht zu zügeln! Da wäre denn nun von Auswahl und Formung der Gedanken gar nicht die Rede, sondern er werfe nach der sogenannten genialen Methode alles so hin, wie es ihm augenblicklich die im Feuer arbeitende Fantasie eingebe. Wie ist es aber, wenn nur *Eurem* schwachen Blick der innere tiefe Zusammenhang jeder Beethovenschen Komposition entgeht? Wenn es nur an *Euch* liegt, daß Ihr des Meisters, dem Geweihten verständliche, Sprache nicht versteht, wenn Euch die Pforte des innersten Heiligtums verschlossen blieb? – In Wahrheit, der Meister, an Besonnenheit Haydn und Mozart ganz an die Seite zu stellen, trennt sein Ich von dem innern Reich der Töne und gebietet darüber als unumschränkter Herr. Ästhetische Meßkünstler haben oft im Shakespeare über gänzlichen Mangel innerer Einheit und inneren Zusammenhanges geklagt, indem dem tieferen Blick ein schöner Baum, Blätter, Blüten und Früchte aus einem Keim treibend, erwächst; so entfaltet sich auch nur durch ein sehr tiefes Eingehen in Beethovens Instrumental-Musik die hohe Besonnenheit, welche vom wahren Genie unzertrennlich ist und von dem Studium der Kunst genährt wird. Welches Instrumentalwerk Beethovens bestätigt dies alles wohl in höherm Grade, als die über alle Maßen herrliche tiefsinnige Sinfonie in c-Moll. Wie führt diese wundervolle Komposition in einem fort und fort steigenden Klimax den Zuhörer unwiderstehlich fort in das Geisterreich des Unendlichen. Nichts kann einfacher sein, als der nur aus zwei Takten bestehende Hauptgedanke des ersten Allegros, der anfangs im Unisono dem Zuhörer nicht einmal die Tonart bestimmt. Den Charakter der ängstlichen, unruhvollen Sehnsucht, den dieser Satz in sich trägt, setzt das melodiöse Nebenthema nur noch mehr ins klare! – Die Brust von der Ahnung des Ungeheuern, Vernichtung Drohenden gepreßt und beängstet, scheint sich in schneidenden Lauten gewaltsam Luft machen zu wollen, aber bald zieht eine freundliche Gestalt glänzend daher und erleuchtet die tiefe grauenvolle Nacht. (Das liebliche Thema in G-Dur, das erst von dem Horn in Es-Dur berührt wurde.) – Wie einfach – noch einmal sei es gesagt – ist das Thema, das der Meister dem Ganzen zum Grunde legte, aber wie wundervoll reihen sich ihm alle Neben- und Zwischensätze durch ihr rhythmisches Verhältnis so an, daß sie nur dazu dienen, den Charakter des Allegros, den jenes Hauptthema nur andeutete, immer mehr und mehr zu entfalten. Alle Sätze sind kurz, beinahe alle nur aus zwei, drei Takten bestehend, und noch dazu verteilt in beständigem Wechsel der Blas- und der Saiteninstrumente; man sollte glauben, daß aus solchen Elementen nur etwas Zerstückeltes, Unfaßbares entstehen könne, aber statt dessen ist es eben jene Einrichtung des Ganzen, sowie die beständige aufeinander folgende Wiederholung der Sätze und einzelner Akkorde, die das Gefühl einer unnennbaren Sehnsucht bis zum höchsten Grade steigert. Ganz davon abgesehen, daß die kontrapunktische Behandlung von dem tiefen Studium der Kunst zeugt, so sind es auch die Zwischensätze, die beständigen Anspielungen auf das Hauptthema, welche dartun, wie der hohe Meister das Ganze mit allen den leidenschaftlichen Zügen im Geist auffaßte und durchdachte. – Tönt nicht wie eine holde Geisterstimme, die unsre Brust mit Hoffnung und Trost erfüllt, das liebliche Thema des Andante con moto in As-Dur? – Aber auch hier tritt der furchtbare Geist, der im Allegro das Gemüt ergriff und ängstete, jeden Augenblick drohend aus der Wetterwolke hervor, in die er verschwand, und vor seinen Blitzen entfliehen schnell die freundlichen Gestalten, die uns umgaben. – Was soll ich von der Menuett sagen? – Hört die eignen Modulationen, die Schlüsse in dem dominanten Akkorde Dur, den der Baß als Tonika des folgenden Themas in Moll aufgreift – das immer sich um einige Takte erweiternde Thema selbst! Ergreift Euch nicht wieder jene unruhvolle, unnennbare Sehnsucht, jene Ahnung des wunderbaren Geisterreichs, in welchem der Meister herrscht? Aber wie blendendes Sonnenlicht strahlt das prächtige Thema des Schlußsatzes in dem jauchzenden Jubel des ganzen Orchesters. – Welche wunderbare kontrapunktische Verschlingungen verknüpfen sich hier wieder zum Ganzen. Wohl mag manchem alles vorüberrauschen wie eine geniale Rhapsodie, aber das Gemüt jedes sinnigen Zuhörers wird gewiß von einem Gefühl, das eben jene unnennbare ahnungsvolle Sehnsucht ist, tief und innig ergriffen, und bis zum Schlußakkord, ja noch in den Momenten nach demselben, wird er nicht heraustreten können aus dem wunderbaren Geisterreiche, wo Schmerz und Lust, in Tönen gestaltet, ihn umfingen. – Die Sätze ihrer innern Einrichtung nach, ihre Ausführung, Instrumentierung, die Art wie sie aneinandergereiht sind, alles arbeitet auf einen Punkt hinaus; aber vorzüglich die innige Verwandtschaft des Themas untereinander ist es, welche jene Einheit erzeugt, die nur allein vermag den Zuhörer in *einer* Stimmung festzuhalten. Oft wird diese Verwandtschaft dem Zuhörer klar, wenn er sie aus der Verbindung zweier Sätze heraushört, oder in den zwei verschiedenen Sätzen gemeinen Grundbaß entdeckt, aber eine tiefere Verwandtschaft, die sich auf jene Art nicht dartut, spricht oft nur aus dem Geiste zum Geiste, und eben diese ist es, welche unter den Sätzen der beiden Allegros und der Menuett herrscht, und die besonnene Genialität des Meisters herrlich verkündet.

Wie tief haben sich doch deine herrlichen Flügel-Kompositionen, du hoher Meister! meinem Gemüte eingeprägt; wie schal und nichtsbedeutend erscheint mir doch nun alles, was nicht dir, dem sinnigen Mozart und dem gewaltigen Genius Sebastian Bach angehört. – Mit welcher Lust empfing ich dein siebzigstes Werk, die beiden herrlichen Trios, denn ich wußte ja wohl, daß ich sie nach weniger Übung bald gar herrlich hören würde. Und so gut ist es mir ja denn heute abend geworden, so daß ich noch jetzt wie einer, der in den mit allerlei seltenen Bäumen, Gewächsen und wunderbaren Blumen umflochtenen Irrgängen eines fantastischen Parks wandelt und immer tiefer und tiefer hineingerät, nicht aus den wundervollen Wendungen und Verschlingungen deiner Trios herauszukommen vermag. Die holden Sirenen-Stimmen deiner in bunter Mannigfaltigkeit prangenden Sätze locken mich immer tiefer und tiefer hinein. – Die geistreiche Dame, die heute *mir*, dem Kapellmeister Kreisler, recht eigentlich zu Ehren das Trio Nro. 1 gar herrlich spielte, und vor deren Flügel ich noch sitze und schreibe, hat es mich recht deutlich einsehen lassen, wie nur das, was der *Geist* gibt, zu achten, alles übrige aber vom Übel ist.

Eben jetzt habe ich auswendig einige frappante Ausweichungen der beiden Trios auf dem Flügel wiederholt. – Es ist doch wahr, der Flügel (Flügel-Pianoforte) bleibt ein mehr für die Harmonie als für die Melodie brauchbares Instrument. Der feinste Ausdruck, dessen das Instrument fähig ist, gibt der Melodie nicht das regsame Leben in tausend und tausend Nuancierungen, das der Bogen des Geigers, der Hauch des Bläsers hervorzubringen imstande ist. Der Spieler ringt vergebens mit der unüberwindlichen Schwierigkeit, die der Mechanism, der die Saiten durch einen Schlag vibrieren und ertönen läßt, ihm entgegensetzt. Dagegen gibt es (die noch immer weit beschränktere Harfe abgerechnet) wohl kein Instrument, das, so wie der Flügel, in vollgriffigen Akkorden das Reich der Harmonie umfaßt und seine Schätze in den wunderbarsten Formen und Gestalten dem Kenner entfaltet. Hat die Fantasie des Meisters ein ganzes Tongemälde mit reichen Gruppen, hellen Lichtern und tiefen Schattierungen ergriffen, so kann er es am Flügel ins Leben rufen, daß es aus der innern Welt farbicht und glänzend hervortritt. Die vollstimmige Partitur, dieses wahre musikalische Zauberbuch, das in seinen Zeichen alle Wunder der Tonkunst, den geheimnisvollen Chor der mannigfaltigsten Instrumente bewahrt, wird unter den Händen des Meisters am Flügel belebt, und ein in dieser Art gut und vollstimmig vorgetragenes Stück aus der Partitur möchte dem wohlgeratnen Kupferstich, der einem großen Gemälde entnommen, zu vergleichen sein. Zum Fantasieren, zum Vortragen aus der Partitur, zu einzelnen Sonaten, Akkorden usw. ist daher der Flügel vorzüglich geeignet, so wie nächstdem Trios, Quartetten, Quintetten etc., wo die gewöhnlichen Saiteninstrumente hinzutreten, schon deshalb ganz in das Reich der Flügel-Komposition gehören, weil, sind sie in der wahren Art, d. h. wirklich vierstimmig, fünfstimmig usw. komponiert, hier es ganz auf die harmonische Ausarbeitung ankommt, die das Hervortreten einzelner Instrumente in glänzenden Passagen von selbst ausschließt.

Einen wahren Widerwillen hege ich gegen all die eigentlichen Flügel-Konzerte. (Mozartsche und Beethovensche sind nicht sowohl Konzerte, als Sinfonien mit obligatem Flügel.) Hier soll die Virtuosität des einzelnen Spielers in Passagen und im Ausdruck der Melodie geltend gemacht werden; der beste Spieler auf dem schönsten Instrumente strebt aber vergebens nach *dem,* was z. B. der Violinist mit leichter Mühe erringt.

Jedes Solo klingt nach dem vollen Tutti der Geiger und Bläser steif und matt, und man bewundert die Fertigkeit der Finger u. dergl., ohne daß das Gemüt recht angesprochen wird.

Wie hat doch der Meister den eigentümlichsten Geist des Instruments aufgefaßt und in der dafür geeignetsten Art gesorgt!

Ein einfaches, aber fruchtbares, zu den verschiedensten kontrapunktischen Wendungen, Abkürzungen usw. taugliches, singbares Thema liegt jedem Satze zum Grunde, alle übrigen Nebenthemata und Figuren sind dem Hauptgedanken innig verwandt, so daß sich alles zur höchsten Einheit durch alle Instrumente verschlingt und ordnet. So ist die Struktur des Ganzen; aber in diesem künstlichen Bau wechseln in rastlosem Fluge die wunderbarsten Bilder, in denen Freude und Schmerz, Wehmut und Wonne neben- und ineinander hervortreten. Seltsame Gestalten beginnen einen luftigen Tanz, indem sie bald zu einem Lichtpunkt verschweben, bald funkelnd und blitzend auseinanderfahren, und sich in mannigfachen Gruppen jagen und verfolgen; und mitten in diesem aufgeschlossenen Geisterreiche horcht die entzückte Seele der unbekannten Sprache zu, und versteht alle die geheimsten Ahnungen, von denen sie ergriffen.

Nur *der* Komponist drang wahrhaft in die Geheimnisse der Harmonie ein, der durch sie auf das Gemüt des Menschen zu wirken vermag; ihm sind die Zahlenproportionen, welche dem Grammatiker ohne Genius nur tote starre Rechenexempel bleiben, magische Präparate, denen er eine Zauberwelt entsteigen läßt.

Unerachtet der Gemütlichkeit, die vorzüglich in dem ersten Trio, selbst das wehmutsvolle Largo nicht ausgenommen, herrscht, bleibt doch der Beethovensche Genius ernst und feierlich. Es ist, als meinte der Meister, man könne von tiefen, geheimnisvollen Dingen, selbst wenn der Geist, mit ihnen innig vertraut, sich freudig und fröhlich erhoben fühlt, nie in gemeinen, sondern nur in erhabenen herrlichen Worten reden; das Tanzstück der Isispriester kann nur ein hochjauchzender Hymnus sein.

Die Instrumental-Musik muß, da wo sie nur durch sich als Musik wirken und nicht vielleicht einem bestimmten dramatischen Zweck dienen soll, alles unbedeutend Spaßhafte, alle tändelnden Lazzi vermeiden. Es sucht das tiefe Gemüt für die Ahnungen der Freudigkeit, die herrlicher und schöner als hier in der beengten Welt, aus einem unbekannten Lande herübergekommen, ein inneres, wonnevolles Leben in der Brust entzündet, einen höheren Ausdruck, als ihn geringe Worte, die nur der befangenen irdischen Lust eigen, gewähren können. Schon dieser Ernst aller Beethovenschen Instrumental- und Flügel-Musik verbannt alle die halsbrechenden Passagen auf und ab mit beiden Händen, alle die seltsamen Sprünge, die possierlichen Capriccios, die hoch in die Luft gebauten Noten mit fünf- und sechsstrichigem Fundament, von denen die Flügel-Kompositionen neuester Art erfüllt sind. – Wenn von bloßer Fingerfertigkeit die Rede ist, haben die Flügel-Kompositionen des Meisters gar keine besondere Schwierigkeit, da die wenigen Läufe, Triolenfiguren u. d. m. wohl jeder geübte Spieler in der Hand haben muß; und doch ist ihr Vortrag bedingt recht schwer. Mancher sogenannte Virtuose verwirft des Meisters Flügelkomposition, indem er dem Vorwurfe: sehr schwer! noch hinzufügt: und sehr undankbar! – Was nun die Schwierigkeit betrifft, so gehört zum richtigen, bequemen Vortrag Beethovenscher Komposition nichts Geringeres, als daß man ihn begreife, daß man tief in sein Wesen eindringe, daß man im Bewußtsein eigner Weihe es kühn wage, in den Kreis der magischen Erscheinungen zu treten, die sein mächtiger Zauber hervorruft. Wer diese Weihe nicht in sich fühlt, wer die heilige Musik nur als Spielerei, nur zum Zeitvertreib in leeren Stunden, zum augenblicklichen Reiz stumpfer Ohren, oder zur eignen Ostentation tauglich betrachtet, der bleibe ja davon. Nur einem solchen steht auch der Vorwurf: und höchst undankbar! zu. Der echte Künstler lebt nur in dem Werke, das er in dem Sinne des Meisters aufgefaßt hat und nun vorträgt. Er verschmäht es, auf irgend eine Weise seine Persönlichkeit geltend zu machen, und all sein Dichten und Trachten geht nur dahin, alle die herrlichen, holdseligen Bilder und Erscheinungen, die der Meister mit magischer Gewalt in sein Werk verschloß, tausendfarbig glänzend ins rege Leben zu rufen, daß sie den Menschen in lichten funkelnden Kreisen umfangen und seine Fantasie, sein innerstes Gemüt entzündend, ihn raschen Fluges in das ferne Geisterreich der Töne tragen.

Clemens Brentano

Beethovens überaus erfolgreiche Schlachtmusik »Wellingtons Sieg« hatte Brentano vermutlich bereits bei einer der Aufführungen im Dezember 1813 gehört. Vor der Wiederholung des »treffenden und doch würdigen Tonstükkes« am 2. Januar 1814 hat er Vier Lieder von Beethoven an sich selbst »geschwinde hingeschrieben« und dem Komponisten geschickt. Den sowohl überarbeiteten als angereicherten Gedichtzyklus ließ er Anfang 1815 erscheinen als:

Nachklänge Beethovenscher Musik

1.

Einsamkeit, du Geisterbronnen,
Mutter aller heilgen Quellen,
Zauberspiegel innrer Sonnen,
Die berauschet überschwellen,
Seit ich durft in deine Wonnen
Das betrübte Leben stellen,
Seit du ganz mich überronnen
Mit den dunklen Wunderwellen,
Hab zu tönen ich begonnen,
Und nun klingen all die hellen
Sternenchöre meiner Seele,
Deren Takt ein Gott mir zähle,
Alle Sonnen meines Herzens,
Die Planeten meiner Lust,
Die Kometen meines Schmerzens,
Klingen hoch in meiner Brust.

In dem Monde meiner Wehmut,
Alles Glanzes unbewußt,
Kann ich singen und in Demut
Vor den Schätzen meines Innern,
Vor der Armut meines Lebens,
Vor der Allmacht meines Strebens
Dein, o Ewger, mich erinnern!
Alles andre ist vergebens.

2.

Gott, dein Himmel faßt mich in den Haaren,
Deine Erde zieht mich in die Hölle,
Gott, wie soll ich doch mein Herz bewahren,
Daß ich deine Schätze sicherstelle,
Also fleht der Sänger und es fließen
Seine Klagen hin wie Feuerbronnen,
Die mit weiten Meeren ihn umschließen;
Doch inmitten hat er Grund gewonnen,
Und er wächst zum rätselvollen Riesen.
Memnons Bild, des Aufgangs erste Sonnen,
Ihre Strahlen dir zur Stirne schießen,
Klänge, die die alte Nacht ersonnen
Tönest du, den jüngsten Tag zu grüßen:
Auserwählt sind wen'ge, doch berufen
Alle, die da hören, an die Stufen. –

3.

Selig, wer ohne Sinne
Schwebt, wie ein Geist auf dem Wasser,
Nicht wie ein Schiff – die Flaggen
Wechslend der Zeit, und Segel
Blähend, wie heute der Wind weht,

Nein ohne Sinne, dem Gott gleich,
Selbst sich nur wissend und dichtend
Schafft er die Welt, die er selbst ist,
Und es sündigt der Mensch drauf,
Und es war nicht sein Wille!
Aber geteilet ist alles.
Keinem ward alles, denn jedes
Hat einen Herrn, nur der Herr nicht;
Einsam ist er und dient nicht,
So auch der Sänger!

4.

Nichts weiß ich von dir, o Wellington,
Aber die Welle
Tönt deinen Namen so brittisch.
Kleinod der Erde, England
Eiland, vom Meere gegürtet
Jungfräulich, Arche auf grünenden
Hügeln ruhend, der Sündflut
Bist du entrücket, dich lieb ich,
Nicht um handelbequeme
Gestalt in mancher Vollendung,
Nein um dich nur, denn heilig
Sind wohl die Inseln. Die Sterne
Gürtet umsonst nicht das Blau,
und die sehenden Augen,
Wunderinseln des Lichtes,
Schwimmen umsonst nicht im Glanz;
Was umarmt ist, ist Tempel,
Freistatt des Geistes, der die Welt trägt.
Wer möchte sonst leben?

5.

Wer hat die Schlacht geschlagen,
Wer hat die Schlacht getönt,
Wer hat den Sichelwagen,
Der über das Blutfeld dröhnt,
Harmonisch hinübergetragen,
Daß sich der Schmerz versöhnt?
Wen hat in heißen Tagen
Ein solcher Kranz gekrönt,
Wer darf so herrlich ragen,
Von Sieg und Kunst verschönt.
Wellington in Tones Welle
Woget und wallet die Schlacht,
Wie eines Vulkanes Helle,
Durch die heilige Sternennacht.
Er spannt dir das Roß aus dem Wagen,
Und zieht dich mit Wunderakkorden
Durch ewig tönende Pforten.
Triumph, auf Klängen getragen!
Wellington, Viktoria!
Beethoven, Gloria!

Carl Maria von Weber

Am 21. September 1823 kam Weber, begleitet von seinem »treuen Schüler« Julius Benedikt, aus Dresden kommend in Wien an. Die vom Kärntnertortheater in Auftrag gegebene »Euryanthe« war bis auf die Ouvertüre fertig; jetzt ging es an die Vorbereitung der Aufführung (25. Oktober). Weber mußte »sein Publikum« finden, es galt herumzuhorchen, erfolgbefördernd zu handeln. Was war eigentlich mit dem »über den Parteien [der deutschen und der italienischen] wandelnden« Beethoven, dem er, korrespondierend, längst »freundschaftlich« verbunden war? Sohn Max Maria von Weber berichtet:

Eine im Steinerschen Geschäfte [jener berühmten Musikbörse im Paternostergäßchen zu Wien, wo die großen Herren von Note und Feder täglich flüchtig einsprachen und, beim Durchblättern der neuesten Musikerscheinungen, ihre Meinung meist sehr rückhaltlos und in mehr als lapidarem Stile zum besten gaben] in Gegenwart Haslingers, des Abbé Stadler und Julius Benedikts in bezug auf Webers neues Werk getane Äußerung des Altmeisters Beethoven, die Weber durch Benedikt zu Ohren kam, ließ ihn auch das unangenehme Gefühl verwinden, das ihn bisher, trotz seiner Sehnsucht, Beethoven kennen zu lernen, veranlaßt hatte, den Besuch bei ihm immer noch aufzuschieben. Er fürchtete, beim Gegenüberstehen Auge in Auge, von dem hochverehrten Meister, durch Rauhheit der Formen oder unschöne Kundgebungen seiner Krankheit, vielleicht sogar verletzende Barschheit, ein mit der Größe seiner moralischen Erscheinung unharmonisches Bild zu erhalten.

Beethoven war zu Steiner in seiner kurzen Weise hereingeschossen und hatte zu ihm gesagt: »Es freut mich, daß sie wieder ein deutsches Werk verlegen. Ich habe viel Gutes von Webers Oper gehört. Ich hoffe sie wird ihm und Ihnen viel Geld und Ehre einbringen!« Jetzt mußten alle Rücksichten weichen.

Durch Haslinger angemeldet, fuhr Weber am 5. Oktober mit diesem und Benedikt hinaus nach Baden, wo der graue Löwe bis spät im Herbste zu hausen pflegte.

[...]

Die drei Männer waren erregt, als sie in das öde, fast ärmliche Zimmer traten, das der große Ludwig bewohnte. Der Raum war in der größten Unordnung. Musik, Geld, Kleidungsstücke auf dem Fußboden, auf dem unsaubern Bette Wäsche gehäuft, der offenstehende Flügel mit dickem Staub bedeckt, zerbrochenes Kaffeegeschirr auf dem Tische.

Beethoven trat ihnen entgegen.

Benedikt sagt: so muß Lear oder die ossianischen Barden ausgesehen haben. Das Haar dick, grau, in die Höhe stehend, hie und da ganz weiß, Stirne und Schädel wunderbar breit gewölbt und hoch, wie ein Tempel, die Nase viereckig, wie die eines Löwen, der Mund edel geformt und weich, das Kinn breit, mit jenen wunderbaren Muschelfalten, die alle seine Porträts zeigen, und aus zwei Kinnbackenknochen gebildet, die dafür geschaffen schienen, die härtesten Nüsse knacken zu können. Über das breite, blatternarbige Gesicht war dunkle Röte verbreitet, unter den finster zusammengezogenen, buschigen Brauen blickten kleine, leuchtende Augen mild auf die Eintretenden, die zyklopisch viereckige Gestalt, welche die Webers nur wenig überragte, war in einen schäbigen, an den Ärmeln zerrissenen Hausrock gekleidet.

Beethoven erkannte Weber, ehe er ihm genannt war, schloß ihn in die Arme und rief: »Da bist du ja, du Kerl, du bist ein Teufelskerl! Grüß dich Gott!« und nun reichte er ihm gleich jene berühmte Schreibtafel und es entspann sich ein Gespräch, während dessen Beethoven zunächst die Musikalien vom Sofa warf und dann sich ungeniert in Gegenwart seiner Gäste zum Ausgehen ankleidete.

Beethoven klagte bitter über seine Lage; schimpfte auf die Theater-Verwaltung, die Konzertunternehmer, das Publikum, die Italiener, den Geschmack, besonders aber über die Undankbarkeit seines Neffen. Weber, der sehr bewegt war, riet ihm, sich diesen widerlichen, entmutigenden Verhältnissen zu entreißen und eine Kunstreise durch Deutschland zu machen, wo er sehen werde, was die Welt von ihm halte. – »Zu spät!« rief Beethoven, machte die Pantomime des Klavierspielens und schüttelte den Kopf. »So gehen Sie nach England, das Sie bewundert«, schrieb Weber. »Zu spät!« schrie Beethoven, nahm Weber demonstrierend unter die Arme und zog ihn mit nach dem Sauerhof, wo er speiste.

Hier war Beethoven ganz Herzlichkeit und Wärme gegen Weber. Dieser schreibt:

»etc. Wir brachten den Mittag miteinander zu, sehr fröhlich und vergnügt. Dieser rauhe, zurückstoßende Mensch machte mir ordentlich die Cour, bediente mich bei Tische mit einer Sorgfalt wie seine Dame. Kurz, dieser Tag wird mir immer denkwürdig bleiben, so wie allen, die dabei waren. Es gewährte mir eine eigne Erhebung, mich von diesem großen Geiste mit so liebevoller Achtung überschüttet zu sehen. etc.«

Beethoven lenkte das Gespräch auf »Euryanthe«, was Weber indes ablehnte. Da fragte Beethoven Haslinger über den Tisch: »Wie ist das Buch?« und während Weber aufschrieb: »Ganz erträglich! voll schöner Stellen«, hatte Beethoven Haslingers Kopfschütteln gesehen, lachte laut auf und rief: »Immer die alte Geschichte! Die deutschen Dichter können keinen guten Text zusammenbringen!« »Und Fidelio?« schrieb Weber. »Das ist ein französisches Original«, sagte Beethoven, »ins Italienische und dann erst ins Deutsche übersetzt.« »Und welche Texte halten Sie für die besten?« frug Weber. »Vestalin und Wasserträger!« rief Beethoven ohne Besinnen. –

So verkehrten die großen Meister in Liebe miteinander, und die andern saßen dabei und sahen, wie sich die Stirnen zusammenneigten, hinter denen die »Eroica« und die c-Moll-Symphonie und »Fidelio«, und »Freischütz« und »Leier und Schwert« und »Preziosa« gewohnt hatten und – des Schönen noch viel wohnte, und verglichen Webers schmalen, langen, dünnumlockten Schädel, sein feines, geistvolles, zartes Gesicht mit Beethovens breitem, dichtbewaldeten Hirngewölbe, seinem geröteten Löwenangesicht, und dachten, wie Verschiedneres als diese beiden nicht auf Erden sei, wie die Individualität beider aber so wunderbar das Wesen ihres Genius spiegle, und wie doch diese so abweichend gestalteten Hüllen derselbe göttliche Funken erhelle, dieselbe Tönewelt erfülle und über beiden der Schimmer der Unsterblichkeit schwebe. – Beim Abschiede umarmte und küßte Beethoven Weber mehrere Male, behielt lange seine schmale Hand in seiner Faust und rief: »Glück auf zur neuen Oper! Wenn ich kann, komme ich zur ersten Aufführung!«

Tief bewegt und erhoben kehrte Weber nach Wien zurück.

So war eine äußere Annäherung zwischen diesen großen Menschen in schöner Form angebahnt. In ihrem Schaffen konnten sie sich nie ganz verstehen und schätzen, sonst wäre Beethoven eben nicht Beethoven und Weber nicht Weber gewesen, aber sie hätten sich gelten lassen und als Menschen immer lieber gewinnen können, wenn nicht böse, auf eine kleine Jugendsünde Webers gestützte Zwischenträgereien das gute Vernehmen bald wieder in gewisser Weise gestört hätten, ohne daß die Meister sich jemals gegenseitig hindernd in den Weg getreten wären.

»Jugendsünde«? Auf Webers ab 1809 entworfenen Roman »Tonkünstlers Leben« ist angespielt. Für Kapitel 22 war geplant, daß der Ich-Erzähler sich »im Traume plötzlich in den Konzertsaal versetzt« sieht, unter die zu lebendigen Personen erweckten Instrumente des Orchesters, von denen ein jedes behauptet: »Ohne mich ist nichts!«

Auf einmal trat der Kalkant in den Saal, und erschrocken fuhren die Instrumente auseinander, denn sie kannten seine gewaltige Hand, die sie zusammenpackte und den Proben entgegentrug. »Wartet«, rief er, »rebelliert Ihr schon wieder? Wartet! Gleich wird die Sinfonia Eroica von Beethoven aufgelegt werden, und wer dann noch ein Glied oder eine Klappe rühren kann, der melde sich.«

»Ach, nur das nicht!« baten alle. »Lieber eine italienische Oper, da kann man doch noch zuweilen dabei nikken,« meinte die Bratsche.

»Larifari!« rief der Kalkant, »man wird Euch schon lehren. Glaubt Ihr, daß in unsern aufgeklärten Zeiten, wo man über alle Verhältnisse wegvoltigiert, Euretwegen ein Komponist seinem göttlichen riesenhaften Ideen-Schwunge entsagen wird? Gott bewahre! Es ist nicht mehr von Klarheit und Deutlichkeit, Haltung der Leidenschaft, wie die alten Künstler, Gluck, Händel und

Mozart wähnten, die Rede. *Nein,* hört das Rezept der neuesten Symphonie, das ich soeben von Wien erhalte, und urteilt darnach: *Erstens,* ein langsames Tempo, voll kurzer abgerissener Ideen, wo ja keine mit der andern Zusammenhang haben darf; alle Viertelstunden drei oder vier Noten! – Das spannt! Dann ein dumpfer Paukenwirbel und mysteriöse Bratschensätze, alles mit der gehörigen Portion General-Pausen und Halte geschmückt; endlich, nachdem der Zuhörer vor lauter Spannung auf das Allegro Verzicht getan, ein wütendes Tempo, in welchem aber hauptsächlich dafür gesorgt sein muß, daß kein Hauptgedanke hervortritt, und dem Zuhörer desto mehr selbst zu suchen übrig bleibt: Übergänge von einem Tone in den andern dürfen nicht fehlen; man braucht sich aber deswegen nicht zu genieren, man braucht z. B. wie Paër in der Leonore nur einen Lauf durch die halben Töne zu machen, und auf dem Tone, in den man gern will, stehen zu bleiben, so ist die Modulation fertig. Überhaupt vermeide man alles Geregelte, denn die Regel fesselt nur das Genie.« –

Da riß plötzlich eine Saite an der über mir hängenden Gitarre, und ich erwachte voll Schrecken, indem ich durch meinen Traum auf dem Wege war, ein großer Komponist im neuesten Genre, oder – ein Narr zu werden.

Franz Schubert

Schubert, der »Melodienselige« – ein von Selbstzweifeln Geplagter, zu Anfang wie zuletzt, und besonders, wenn er an Beethoven dachte? Die Anfangsszene zeigt ihn als Schüler des Wiener Stadtkonvikts, im Gespräch mit Josef von Spaun, »Musikdirektor« im Schülerorchester. Das Finale mag uns daran erinnern, daß er kürzlich noch bei Hoforganist Sechter sich »eifrig mit kontrapunktischen Übungen« beschäftigte …

Um diese Zeit [etwa 1812] war man denn doch aufmerksam auf dieses Talent geworden. Der alte Hoforganist Ruzicka erhielt den Auftrag, Schubert Stunden im Generalbaß zu geben. Schon nach der zweiten Stunde sagte mir der würdige alte Mann ganz gerührt in Gegenwart Schuberts, »dem kann ich nichts lehren, der hat's vom lieben Herrgott gelernt«.

Nun waren die Schranken gefallen. Der Vater erkannte das große Talent seines Sohnes und ließ ihn gewähren, und nun begann die Reihe seiner Lieder und Sonaten. Auch einige Quartetten stammen aus dieser ersten Zeit.

Als er mir eines Tages einige kleine Lieder von Klopstock vorsang und ich davon unendlich erfreut war, schaute er mir treuherzig in die Augen und sagte: »Glauben Sie denn wirklich, daß etwas aus mir werden wird?« Ich umarmte ihn und sagte, »es ist ja jetzt schon viel aus Ihnen geworden, und die Zeit wird noch viel und großes aus Ihnen machen«. Er sagte dann ganz kleinlaut »heimlich im stillen hoffe ich wohl selbst noch etwas aus mir machen zu können, aber wer vermag nach Beethoven noch etwas zu machen?«

Ludwig Nohl über Schubert

Franz Schubert wünschte sehr, das cis-Moll-Quartett des Meisters (op. 131, komponiert im Frühjahre 1826, also ein Jahr vor Beethovens Tode) zu hören. Die Herren Holz, Karl Groß, Baron König spielten es ihm zuliebe, es war nur noch Dolezalek, Klavierlehrer, zugegen. Schubert kam in solche Entzückung, Begeisterung und ward so angegriffen, daß alle für ihn fürchteten. Ein kleines Übelbefinden, das vorhergegangen und noch nicht gründlich gehoben war, steigerte sich riesig, ging in Typhus über, und Schubert war nach fünf Tagen tot. Das cis-Moll-Quartett war die letzte Musik, die er gehört! Dem Liederkönig hatte der König der Harmonie freundlich zur Überfahrt geboten! Die beiden gelangten ohne Obolen ins Reich der Seligen!

VARIATIONEN
über ein französisches Lied für das
Piano-Forte auf vier Hände
VERFASST UND DEM
Hn. Ludwig van Beethoven
Zugeeignet von seinem Verehrer und Bewunderer
Franz Schubert.
10tes Werk.
Eigenthum der Verleger.
Wien bey Cappi und Diabelli, Graben No. 1133.

Titelblatt des Erstdrucks von Franz Schuberts »Variationen über ein französisches Lied für das Piano-Forte auf vier Hände, Hrn Ludwig van Beethoven zugeeignet« (1822)

Felix Mendelssohn Bartholdy

Daß er »Beethoven kennt und verehrt wie so leicht niemand wieder«, attestierte ihm Robert Schumann. Womit, zum Beispiel, gesagt war, daß alle, die keine »Beethovener« waren (noch welche werden wollten), Mendelssohn besser aus dem Weg gegangen wären, in Frankfurt wie in München. Aus einem Brief an Carl Friedrich Zelter, Komponist und Musikpädagoge in Berlin:

München, 22. Juni 1830

Lieber Herr Professor!

[...] Als Sie mich vor 9 Jahren im Goetheschen Hause einführten, wußten Sie recht gut, welch ein wichtiges Geschenk und welch ein Glück das für mich sei; ich konnte es aber nicht wissen, und Ihnen nicht genug dankbar für ein Geschenk sein, dessen Wert mir noch zu unbekannt war; jetzt aber, wo ich mich an Goethe und den Seinigen erquickt und erwärmt habe, wie noch nie, wo ich eine Reihe unvergeßlicher Tage da erlebt, wo mir jede Stunde Belehrung, Freude und Ehre von neuem gebracht hat, jetzt weiß ich's wohl zu schätzen, und kann eben darum wieder nicht recht danken. [...]

Oft habe ich des Vormittags dem Goethe vorspielen müssen; er wollte einen Begriff davon haben, wie die Musik sich fortgebildet habe, und verlangte deshalb von den verschiedenen Komponisten, wie sie einander folgten, etwas zu hören. An den Beethoven wollte er nicht gern heran; ich konnte es ihm aber nicht ersparen, da er hören wollte wo es jetzt »mit den Tönen sich hingewendet habe« und spielte ihm das erste Stück der c-Moll-Sinfonie, das ihm auch sehr gefiel. [...] – Eines Mittags meinte er, ob ich nicht das Handwerk grüßen wolle, und zu dem Organisten gehen, damit er mich die Orgel in der Stadtkirche sehen und hören ließe. Das tat ich denn, und habe mich recht über das Instrument gefreut. [...] Der Organist, nachdem er mir gesagt hatte, ich möge wählen, ob er mir was Gelehrtes, oder was für die Leute vorspielen sollte (denn für die Leute müsse man nur schlechte, leichte Sachen komponieren), gab denn auf mein Bitten was Gelehrtes; es war aber nicht viel an dem Dinge; er modulierte hin und her bis man schwindlig wurde, und es wollte nicht neu werden; er machte eine Menge Eintritte, und es wollte keine Fuge werden. Als ich ihm was spielen sollte, ließ ich die d-Moll-Toccata von Sebastian los, und meinte das sei gelehrt, und zugleich auch für die Leute, d. h. für gewisse; aber siehe, kaum hatte ich angefangen, so schickte der Superintendent seinen Bedienten, und ließ sagen: man möchte gleich mit dem Orgelspiel aufhören, da es Wochentag sei und der Lärm ihn im Studieren störe. Über die Geschichte hat sich Goethe sehr erbaut. – Hier, in München, machen es die Musiker nun ganz wie der Organist; sie meinen gute Musik sei allerdings eine Gottesgabe, aber nur so in abstracto, denn sobald sie etwas spielen, so ist es das dümmste, abgeschmackteste was sie nur finden können, und wenn das den Leuten dann wie natürlich nicht gefällt, so meinen sie es läge nur daran, daß es noch zu ernsthaft wäre. Selbst die besten Klavierspieler hier wußten kaum, daß Mozart und Haydn auch für das Klavier geschrieben hätten; Beethoven kannten sie nur vom Hörensagen; Kalkbrenner, Field, Hummel nennen sie klassische oder gelehrte Musik. Da habe ich denn nun mehrere Mal gespielt, und die Zuhörer so ungemein empfänglich und auffassend gefunden, daß ich mich doppelt über jene Frivolitäten ärgerte; und neulich in einer soirée bei der

Gräfin R***, die darin den Ton angeben soll, brach ich aus. Die jungen Damen, die angemessene Sachen recht hübsch hätten spielen können, zerbrachen sich die Finger an Herzschen Springer- und Seiltänzerkünsten, und es wollte nichts verfangen; als ich denn nun aufgefordert wurde, so dachte ich: wenn ihr euch langweilt, ist's eure Strafe, und spielte frisch die Sonate aus cis-Moll von Beethoven. Wie ich fertig bin, sehe ich, daß es den größten Effekt gemacht hat; die Damen hatten geweint, die Herren disputierten über die Bedeutung; jetzt mußte ich den Klavierspielerinnen eine Menge Sonaten von Beethoven aufschreiben, die sie spielen sollten; am folgenden Morgen ließ die Gräfin ihren Klavierlehrer kommen und verlangte von ihm eine Ausgabe guter Musik, aber wirklich guter, von Mozart, Beethoven und Weber. Diese Geschichte ist nun in München herumgekommen, und es macht den gutgesinnten Musikern viel Spaß, daß ich mich zum Prediger in der Wüsten aufgeworfen (ich hatte nämlich nachher noch der ersten Klavierspielerin hier eine lange Rede gehalten, ihr vorgeworfen, daß sie nichts beitrüge, die großen Werke hier kennen zu lehren, und daß sie den Leuten folge, statt ihren Geschmack zu leiten, und sie hatte Besserung gelobt. Seitdem spiele ich nur immer was mir Vergnügen macht, wenn es auch noch so ernsthaft sei, und man hört mir mit Aufmerksamkeit zu. [...] – Leben Sie wohl für heut, lieber Herr Professor. Die herzlichsten Grüße für die Ihrigen und Wünsche für Ihr Wohl und Ihre Heiterkeit von

Ihrem treuen

Felix Mendelssohn Bartholdy.

Bettine von Arnim

»[...] eigentlich kann man Dir nichts geben, weil Du Dir alles entweder schaffst oder nimmst«, schrieb Goethe tatsächlich an Bettine von Arnim, am 10. Mai 1810. Tatsächlich? Ja: sie hat sich auch die Briefe von und an Goethe »geschaffen«, die jedenfalls, die sie 1835 in »Goethes Briefwechsel mit einem Kinde« veröffentlichte. Das heißt, genauer: nicht alle; viele. Die meisten? Für die drei Beethoven mehr als nur beiläufig betreffenden haben sich Originale nicht erhalten. Ohnehin ging es Clemens Brentanos Schwester um die »höhere Wahrheit«, mochte sie nun der »Eitelkeit oder gar der Frechheit«, der »Überspanntheit«, der »Tollheit« beschuldigt werden.

An Goethe

Wien, 28. Mai [1810]

Wie ich diesen sah, von dem ich Dir jetzt sprechen will, da vergaß ich der ganzen Welt, schwindet mir doch auch die Welt, wenn mich Erinnerung ergreift – ja sie schwindet. Mein Horizont fängt zu meinen Füßen an, wölbt sich um mich, und ich stehe im Meer des Lichts, das von Dir ausgeht, und in aller Stille schweb ich gelassenen Flugs über Berg und Tal zu Dir. – Ach, lasse alles sein, mache Deine lieben Augen zu, leb in mir einen Augenblick, vergesse, was zwischen uns liegt, die weiten Meilen und auch die lange Zeit. – Von da aus, wo ich Dich zum letztenmal sah, sehe mich an; ständ ich doch vor Dir! – Könnt ich's Dir deutlich machen! Der tiefe Schauder, der mich schüttelt, wenn ich eine Weile der Welt mit zugesehen habe, wenn ich dann hinter mich sehe in die

Einsamkeit und fühle, wie fremd mir alles ist. Wie kömmt's, daß ich dennoch grüne und blühe in dieser Öde? – Wo kömmt mir der Tau, die Nahrung, die Wärme, der Segen her? – Von dieser Liebe zwischen uns, in der ich mich selbst so lieblich fühle. – Wenn ich bei Dir wär, ich wollte Dir viel wiedergeben für alles. – Es ist Beethoven, von dem ich Dir jetzt sprechen will, und bei dem ich der Welt und Deiner vergessen habe; ich bin zwar unmündig, aber ich irre darum nicht, wenn ich ausspreche (was jetzt vielleicht keiner versteht und glaubt), er schreitet weit der Bildung der ganzen Menschheit voran, und ob wir ihn je einholen? – Ich zweifle; möge er nur leben, bis das gewaltige und erhabene Rätsel, was in seinem Geiste liegt, zu seiner höchsten Vollendung herangereift ist, ja, möge er sein höchstes Ziel erreichen, gewiß, dann läßt er den Schlüssel zu einer himmlischen Erkenntnis in unseren Händen, die uns der wahren Seligkeit um eine Stufe näher rückt.

Vor Dir kann ich's wohl bekennen, daß ich an einen göttlichen Zauber glaube, der das Element der geistigen Natur ist, diesen Zauber übt Beethoven in seiner Kunst; alles, wessen er Dich darüber belehren kann, ist reine Magie, jede Stellung ist Organisation einer höheren Existenz, und so fühlt Beethoven sich auch als Begründer einer neuen sinnlichen Basis im geistigen Leben; Du wirst wohl herausverstehen, was ich sagen will, und was wahr ist. Wer könnte uns diesen Geist ersetzen? Von wem könnten wir ein Gleiches erwarten? – Das ganze menschliche Treiben geht wie ein Uhrwerk an ihm auf und nieder, er allein erzeugt frei aus sich das Ungeahnte, Unerschaffne, was sollte diesem auch der Verkehr mit der Welt, der schon vor Sonnenaufgang am heiligen Tagwerk ist und nach Sonnenuntergang kaum um sich sieht, der seines Leibes Nahrung vergißt und von dem Strom der Begeisterung im Flug an den Ufern des flachen Alltagslebens vorübergetragen wird; er selber sagte: »Wenn ich die Augen aufschlage, so muß ich seufzen; denn, was ich sehe, ist gegen meine Religion, und die Welt muß ich verachten, die nicht ahnt, daß Musik höhere Offenbarung ist als alle Weisheit und Philosophie, sie ist der Wein, der zu neuen Erzeugungen begeistert, und ich bin der Bacchus, der für die Menschen diesen herrlichen Wein keltert und sie geistestrunken macht, wenn sie dann wieder nüchtern sind, dann haben sie allerlei gefischt, was sie mit aufs Trockne bringen. – Keinen Freund hab ich, ich muß mit mir allein leben; ich weiß aber wohl, daß Gott mir näher ist wie den andern in meiner Kunst, ich gehe ohne Furcht mit ihm um, ich hab ihn jedesmal erkannt und verstanden, mir ist auch gar nicht bange um meine Musik, die kann kein bös Schicksal haben, wem sie sich verständlich macht, der muß frei werden von all dem Elend, womit sich die andern schleppen.« – Dies alles hat mir Beethoven gesagt, wie ich ihn zum erstenmal sah, mich durchdrang ein Gefühl von Ehrfurcht, wie er sich mit so freundlicher Offenheit gegen mich äußerte, da ich ihm doch ganz unbedeutend sein mußte; auch war ich verwundert; denn man hatte mir gesagt, er sei ganz menschenscheu und lasse sich mit niemand in ein Gespräch ein. Man fürchtete sich, mich zu ihm zu führen, ich mußte ihn allein aufsuchen, er hat drei Wohnungen, in denen er abwechselnd sich versteckt, eine auf dem Lande, eine in der Stadt und die dritte auf der Bastei, da fand ich ihn im dritten Stock; unangemeldet trat ich ein, er saß am Klavier, ich nannte meinen Namen, er war sehr freundlich und fragte: ob ich ein Lied hören wolle, was er eben komponiert habe; – dann sang er scharf und schneidend, daß die Wehmut auf den Hörer zurückwirkte: »Kennst du das Land?« –

»Nicht wahr, es ist schön«, sagte er begeistert, »wunderschön! Ich will's noch einmal singen«, er freute sich über meinen heiteren Beifall. »Die meisten Menschen sind *gerührt* über etwas Gutes, das sind aber keine *Künstlernaturen,* Künstler sind feurig, die weinen nicht«, sagte er. Dann sang er noch ein Lied von Dir, das er auch in diesen Tagen komponiert hatte: *»Trocknet nicht Tränen der ewigen Liebe.«* – Er begleitete mich nach Hause und unterwegs sprach er eben das viele Schöne über die Kunst, dabei sprach er so laut und blieb auf der Straße stehen, daß Mut dazugehörte zuzuhören, er sprach mit großer Leidenschaft und viel zu überraschend, als daß ich nicht auch der Straße vergessen hätte, man war sehr verwundert, ihn mit mir in eine große Gesellschaft, die bei uns zum Diner war, eintreten zu sehen. Nach Tische setzte er sich unaufgefordert ans Instrument und spielte lang und wunderbar, sein Stolz fermentierte zugleich mit seinem Genie; in solcher Aufregung erzeugt sein Geist das Unbegreifliche, und seine Finger leisten das Unmögliche. Seitdem kommt er alle Tage, oder ich gehe zu ihm. Darüber versäume ich Gesellschaften, Galerien, Theater und sogar den Stephansturm. Beethoven sagt: »Ach, was wollen Sie da sehen! Ich werde Sie abholen, wir gehen gegen Abend durch die Allee von Schönbrunn.« Gestern ging ich mit ihm in einen herrlichen Garten, in voller Blüte, alle Treibhäuser offen, der Duft war betäubend; Beethoven blieb in der drückenden Sonnenhitze stehen und sagte: »Goethes Gedichte behaupten nicht allein durch den Inhalt, auch durch den Rhythmus eine große Gewalt über mich, ich werde gestimmt und aufgeregt zum Komponieren durch diese Sprache, die wie durch Geister zu höherer Ordnung sich aufbaut und das Geheimnis der Harmonien schon in sich trägt. Da muß ich denn von dem Brennpunkt der Begeisterung die Melodie nach allen Seiten hin ausladen, ich verfolge sie, hole sie mit Leidenschaft wieder ein, ich sehe sie dahinfliehen, in der Masse verschiedener Aufregungen verschwinden, bald erfasse ich sie mit erneuter Leidenschaft, ich kann mich nicht von ihr trennen, ich muß mit raschem Entzücken in allen Modulationen sie vervielfältigen, und im letzten Augenblick da triumphiere ich über den ersten musikalischen Gedanken, sehen Sie, das ist eine Symphonie; ja, Musik ist so recht die Vermittelung des geistigen Lebens zum sinnlichen. Ich möchte mit Goethe hierüber sprechen, ob der mich verstehen würde? – Melodie ist das sinnliche Leben der Poesie. Wird nicht der geistige Inhalt eines Gedichts zum sinnlichen Gefühl durch die Melodie? – Empfindet man nicht in dem Lied der Mignon ihre ganze sinnliche Stimmung durch die Melodie? Und erregt diese Empfindung nicht wieder zu neuen Erzeugungen? – Da will der Geist zu schrankenloser Allgemeinheit sich ausdehnen, wo alles in allem sich bildet zum Bett der *Gefühle,* die aus dem einfachen musikalischen Gedanken entspringen, und die sonst ungeahnt verhallen würden; *das* ist Harmonie, *das* spricht sich in meinen Symphonien aus, der Schmelz vielseitiger Formen wogt dahin in einem Bett bis zum Ziel. Da fühlt man denn wohl, daß ein Ewiges, Unendliches, nie ganz zu Umfassendes in allem Geistigen liege, und obschon ich bei meinen Werken immer die Empfindung des Gelingens habe, so fühle ich einen ewigen Hunger, was mir eben erschöpft schien, mit dem letzten Paukenschlag, mit dem ich meinen Genuß, meine musikalische Überzeugung den Zuhörern einkeilte, wie ein Kind von neuem anzufangen. Sprechen Sie mit Goethe von mir, sagen Sie ihm, er soll meine Symphonien hören, da wird er mir recht geben, daß Musik der einzige unverkörperte Eingang in eine höhere Welt des Wissens ist, die wohl den

Menschen umfaßt, daß er aber nicht sie zu fassen vermag. – Es gehört Rhythmus des Geistes dazu, um Musik in ihrer Wesenheit zu fassen, sie gibt Ahnung, Inspiration himmlischer Wissenschaften, und was der Geist sinnlich von ihr empfindet, das ist die Verkörperung geistiger Erkenntnis. – Obschon die Geister von ihr leben, wie man von der Luft lebt, so ist es noch ein anders, sie mit dem Geiste *begreifen;* – je mehr aber die Seele ihre sinnliche Nahrung aus ihr schöpft, je reifer wird der Geist zum glücklichen Einverständnis mit ihr. – Aber wenige gelangen dazu; denn so wie Tausende sich um der Liebe willen vermählen und die Liebe in diesen Tausenden sich nicht einmal offenbart, obschon sie alle das Handwerk der Liebe treiben, so treiben Tausende einen Verkehr mit der Musik und haben doch ihre Offenbarung nicht; auch *ihr* liegen die hohen Zeichen des Moralsinns zum Grunde wie jeder Kunst, alle echte Erfindung ist ein moralischer Fortschritt. – Sich selbst ihren unerforschlichen Gesetzen unterwerfen, vermöge dieser Gesetze den eignen Geist bändigen und lenken, daß er ihre Offenbarungen ausströme, das ist das isolierende Prinzip der Kunst; von ihrer Offenbarung aufgelöst werden, das ist die Hingebung an das Göttliche, was in Ruhe seine Herrschaft an dem Rasen ungebändigter Kräfte übt und so der Phantasie die höchste Wirksamkeit verleihet. So vertritt die Kunst allemal die Gottheit, und das menschliche Verhältnis zu ihr ist Religion, was wir durch die Kunst erwerben, das ist von Gott, göttliche Eingebung, die den menschlichen Befähigungen ein Ziel steckt, was er erreicht.

Wir wissen nicht, was uns Erkenntnis verleihet; das fest verschloßne Samenkorn bedarf des feuchten, elektrisch warmen Bodens, um zu treiben, zu denken, sich auszusprechen. Musik ist der elektrische Boden, in dem der Geist lebt, denkt, erfindet. Philosophie ist ein Niederschlag ihres elektrischen Geistes; ihre Bedürftigkeit, die alles auf ein Urprinzip gründen will, wird durch sie gehoben, obschon der Geist dessen nicht mächtig ist, was er durch sie erzeugt, so ist er doch glückselig in dieser Erzeugung, so ist echte Erzeugung der Kunst, unabhängig, mächtiger als der Künstler selbst, kehrt durch ihre Erscheinung zum Göttlichen zurück, hängt nur darin mit dem Menschen zusammen, daß sie Zeugnis gibt von der Vermittelung des Göttlichen in ihm.

Musik gibt dem Geist die Beziehung zur Harmonie. Ein Gedanke abgesondert, hat doch das Gefühl der Gesamtheit der Verwandtschaft im Geist; so ist jeder Gedanke in der Musik in innigster, unteilbarster Verwandtschaft mit der Gesamtheit der Harmonie, die Einheit ist.

Alles Elektrische regt den Geist zu musikalischer, fließender, ausströmender Erzeugung.

Ich bin elektrischer Natur. – Ich muß abbrechen mit meiner unerweislichen Weisheit, sonst möchte ich die Probe versäumen, schreiben Sie an Goethe von mir, wenn Sie mich verstehen, aber verantworten kann ich nichts und will mich auch gern belehren lassen von ihm.« – Ich versprach ihm, so gut ich's begreife, Dir alles zu schreiben. – Er führte mich zu einer großen Musikprobe mit vollem Orchester, da saß ich im weiten unerhellten Raum in einer Loge ganz allein; einzelne Streiflichter stahlen sich durch Ritzen und Astlöcher, in denen ein Strom bunter Lichtfunken hin und her tanzte, wie Himmelsstraßen mit seligen Geistern bevölkert.

Da sah ich denn diesen ungeheuren Geist sein Regiment führen. O Goethe! Kein Kaiser und kein König hat so das Bewußtsein seiner Macht, und daß alle Kraft von ihm ausgehe, wie dieser Beethoven, der eben noch im

Garten nach einem Grund suchte, wo ihm denn alles herkomme; verstünd ich ihn so, wie ich ihn fühle, dann wüßt ich alles. Dort stand er, so fest entschlossen, seine Bewegungen, sein Gesicht drückten die Vollendung seiner Schöpfung aus, er kam jedem Fehler, jedem Mißverstehen zuvor, kein Hauch war willkürlich, alles war durch die großartige Gegenwart seines Geistes in die besonnenste Tätigkeit versetzt. – Man möchte weissagen, daß ein solcher Geist in späterer Vollendung als Weltherrscher wieder auftreten werde.

Gestern abend schrieb ich noch alles auf, heute morgen las ich's ihm vor, er sagte: »*Hab ich das gesagt?* – Nun dann hab ich einen Raptus gehabt«; er las es noch einmal aufmerksam und strich das oben aus und schrieb zwischen die Zeilen; denn es ist ihm drum zu tun, daß Du ihn verstehst.

Erfreue mich nun mit einer baldigen Antwort, die dem Beethoven beweist, daß Du ihn würdigst. Es war ja immer unser Plan, über Musik zu sprechen, ja, ich wollte auch, aber durch Beethoven fühl ich nun erst, daß ich der Sache nicht gewachsen bin.

Bettine.

An Bettine

6. Juni 1810

Dein Brief, herzlich geliebtes Kind, ist zur glücklichen Stunde an mich gelangt, Du hast dich brav zusammengenommen, um mir eine große und schöne Natur in ihren Leistungen wie in ihrem Streben, in ihren Bedürfnissen, wie in dem Überfluß ihrer Begabtheit darzustellen, es hat mir großes Vergnügen gemacht, dies Bild eines wahrhaft genialen Geistes in mich aufzunehmen, ohne ihn klassifizieren zu wollen, gehört doch ein psychologisches Rechnungskunststück dazu, um das wahre Fazit der Übereinstimmung da herauszuziehen, indessen fühle ich keinen Widerspruch gegen das, was sich von Deiner raschen Explosion erfassen läßt; im Gegenteil möchte ich Dir für einen innern Zusammenhang meiner Natur, mit dem, was sich aus diesen mannigfaltigen Äußerungen erkennen läßt, einstweilen einstehen, der gewöhnliche Menschenverstand würde vielleicht Widersprüche darin finden, was aber ein solcher vom Dämon Besessener ausspricht, davor muß ein Laie Ehrfurcht haben, und es muß gleichviel gelten, ob er aus Gefühl oder aus Erkenntnis spricht; denn hier walten die Götter und streuen Samen zu künftiger Einsicht, von der nur zu wünschen ist, daß sie zu ungestörter Ausbildung gedeihen möge; bis sie indessen allgemein werde, da müssen die Nebel vor dem menschlichen Geist sich erst teilen. Sage Beethoven das Herzlichste von mir, und daß ich gern Opfer bringen würde, um seine persönliche Bekanntschaft zu haben, wo denn ein Austausch von Gedanken und Empfindungen gewiß den schönsten Vorteil brächte, vielleicht vermagst Du so viel über ihn, daß er sich zu einer Reise nach Karlsbad bestimmen läßt, wo ich doch beinah jedes Jahr hinkomme und die beste Muße haben würde, von ihm zu hören und zu lernen; ihn belehren zu wollen, wäre wohl selbst von Einsichtigern als ich Frevel, da ihm sein Genie vorleuchtet und ihm oft wie durch einen Blitz Hellung gibt, wo wir im Dunkel sitzen und kaum ahnen, von welcher Seite der Tag anbrechen werde.

Sehr viel Freude würde es mir machen, wenn Beethoven mir die beiden komponierten Lieder von mir schikken wollte, aber hübsch deutlich geschrieben, ich bin sehr begierig sie zu hören, es gehört mit zu meinen erfreulichsten Genüssen, für die ich sehr dankbar bin, wenn ein solches Gedicht früherer Stimmung mir durch eine Melodie (wie Beethoven ganz richtig erwähnt) wieder aufs neue versinnlicht wird.

[...] G.

An Goethe

Liebster Freund! Dem Beethoven hab ich Deinen schönen Brief mitgeteilt, soweit es ihn anging, er war voll Freude und rief: »Wenn ihm jemand Verstand über Musik beibringen kann, so bin ich's.« Die Idee, Dich im Karlsbad aufzusuchen, ergriff er mit Begeistrung, er schlug sich vor den Kopf und sagte: »Konnte ich das nicht schon früher getan haben? – Aber wahrhaftig, ich hab schon daran gedacht, ich hab's aus Timidität unterlassen, die neckt mich manchmal, als ob ich kein rechter Mensch wär, aber vor dem Goethe fürchte ich mich nun nicht mehr.« – Rechne daher darauf, daß Du ihn im nächsten Jahr siehst.

[...]

Beide Lieder von Beethoven sind hier beigelegt, die beiden andern sind von mir, Beethoven hat sie gesehen und mir viel Schönes darüber gesagt, daß wenn ich mich dieser Kunst gewidmet hätte, ich große Hoffnungen darauf bauen könnte; ich aber streife sie nur im Flug; denn meine Kunst ist Lachen und Seufzen in einem Säckelchen, und über die ist mir keine.

[...] Bettine.

Porträtskizze Beethovens von Johann Peter Lyser, in einer Radierung von Eduard Mandel (1856), mit den faksimilierten Unterschriften von Beethoven und Lyser

Robert Schumann

... legte sie 1835 der »feurigen« Hälfte seiner »Doppelnatur« in den Mund, die

Fastnachtsrede von Florestan

– wobei er die »milde« Hälfte namens »Eusebius« nicht vernachlässigte, als es darum ging, den so philosophisch ansprüchlichen wie musikalisch unbedarften Auslegern und Aburteilern von Beethovens Neunter eins auszuwischen.

Florestan stieg auf den Flügel und sprach:

Versammelte Davidsbündler, d. i. Jünglinge und Männer, die Ihr totschlagen sollet die Philister, musikalische und sonstige, vorzüglich die längsten. –

Ich schwärme nie, Beste! – Wahrhaftig, ich kenne die Symphonie besser als mich. Kein Wort verlier ich drüber. Es klingt alles so totledern darauf, Davidsbündler. Ordentliche Ovidische Tristien feierte ich, hörte anthropologische Kollegien. Man kann schwerlich wild über manches sein, schwerlich viele Satiren mit dem Gesichte malen, schwerlich tief genug als Jean Paulscher Gianozzo im Luftballon sitzen, damit die Menschen nur nicht glauben, man bekümmere sich um selbige, so tief, tief unten ziehen zweibeinige Gestalten, die man so heißt, durch eine sehr enge Schlucht, die man allenfalls das Leben nennen könnte. – Gewiß, ich ärgerte mich gar nicht, so wenig als ich hörte. Hauptsächlich lachte ich über Eusebius. Ein rechter Schelm war er, als er einen dicken Mann so anfuhr. Der hatte ihn nämlich während des

Adagios geheimnisvoll gefragt: hat Beethoven nicht auch eine Schlachtsymphonie geschrieben, Herr? – Das ist eben die Pastoralsymphonie, Herr, sagte unser Euseb gleichgiltig – Ah, ah, richtig – dehnte der Dicke fort sich besinnend.

Der Mensch muß wohl Nasen verdienen, sonst hätte ihm Gott keine gegeben. Viel vertragen sie, diese Publikums, worüber ich die herrlichsten Dinge berichten könnte; z. B. als ihr, Kniff, mir einmal umwendetet im Konzert bei einem Fieldschen Notturno. Das Publikum besah sich zur Hälfte schon inwendig, es schlief nämlich. Unglücklicherweise erwisch ich auf einem der abgelebtesten Flügelschweife, der sich je in eine Zuhörerschaft schwang, statt des Pedals den Janitscharenzug, glücklicherweise piano genug, als daß ich mir den Wink des Zufalls konnte entgehen lassen, das Publikum glauben zu machen, es ließe sich in der Ferne eine Art Marsch hören, den ich von Zeit zu Zeit in leisen Schlägen wiederholte. Natürlich trug Eusebius das Seinige zur Verbreitung bei; das Publikum rauchte aber vor Lob. –

Ähnliche Geschichten fielen mir während des Adagios eine Menge ein, als der erste Akkord im Endsatz einbrach. Was ist er weiter, Kantor, (sagte ich zu einem zitternden neben mir,) als ein Dreiklang mit vorgehaltener Quinte in einer etwas verzwickten Versetzung, weil man nicht weiß, ob man das Pauken-A oder das Fagotten-F für Baßton nehmen soll? Sehen Sie nur Türk, 19. Teil, S. 7! – »Ah, Herr, Sie sprechen sehr laut und spaßen bestimmt.« – Mit leiser, fürchterlicher Stimme sagte ich ihm ins Ohr: Kantor, nehmen Sie sich vor den Gewittern in acht! Der Blitz schickt keinen Livreebedienten, eh er einschlägt, höchstens einen Sturm vorher und drauf einen Donnerkeil. Das ist so seine Manier. – »Vorbereitet müssen solche Dissonanzen dennoch« – da stürzte schon die andere herein. Kantor, die schöne Trompetenseptime vergibt euch. –

Ganz erschöpft von meiner Sanftmut war ich, ich hatte gut mit meinen Fäusten gestreichelt. –

Jetzt gabst du mir eine schöne Minute, Musikdirektor, als du das Tempo des tiefen Themas in den Bässen so herrlich auf der Linie trafst, daß ich vieles vergaß vom Ärger am ersten Satz, in dem trotz des bescheidenen Verhüllens in der Überschrift: »un poco maestoso«, die ganze langsam schreitende Majestät eines Gottes spricht.

»Was mag wohl Beethoven sich unter den Bässen gedacht haben?« – Herr, antwortete ich, schwerlich genug; Genies pflegen Spaß zu machen, – es scheint eine Art Nachtwächtergesang: – – Weg war die schöne Minute und der Satan wieder los. Und wie ich nun diese Beethovener ansah, wie sie da standen mit glotzenden Augen und sagten: das ist von unserm Beethoven, das ist ein deutsches Werk – im letzten Satz befindet sich eine Doppelfuge – man hat ihm vorgeworfen, er prästiere dergleichen nicht, – aber wie hat er es getan – ja, das ist *unser* Beethoven. Ein anderer Chor fiel ein: es scheinen im Werk die Dichtgattungen enthalten zu sein, im ersten Satz das Epos, im zweiten der Humor, im dritten die Lyrik, im vierten (die Vermischung aller) das Drama. Wieder ein anderer legte sich geradezu aufs Loben: ein gigantisches Werk wär es, kolossal, den ägyptischen Pyramiden vergleichbar. Noch andere malten: die Symphonie stelle die Entstehungsgeschichte des Menschen dar – erst Chaos – dann der Ruf der Gottheit: »es werde Licht« – nun ginge die Sonne auf über den ersten Menschen, der entzückt wäre über solche Herrlichkeit – kurz das ganze erste Kapitel des Pentateuchs sei sie. – –

Ich ward toller und stiller. Und wie sie eifrig nachlasen

im Text und endlich klatschten, da packte ich Eusebius beim Arm und zog ihn die hellen Treppen hinunter mit ringsum lächelnden Gesichtern.

Unten im Laternendunkel sagte Eusebius wie vor sich hin: Beethoven – was liegt in diesem Wort! Schon der tiefe Klang der Silben wie in eine Ewigkeit hineintönend. Es ist, als könne es kein anderes Schriftzeichen für diesen Namen geben. – Eusebius, sagte ich wirklich ruhig, unterstehst du dich auch, Beethoven zu loben? Wie ein Löwe würde er sich vor euch aufgerichtet und gefragt haben: wer seid ihr denn, die ihr das wagt? – Ich rede nicht zu dir, Eusebius, du bist ein Guter – muß denn aber ein großer Mann immer tausend Zwerge im Gefolge haben? Ihn, der so strebte, der so rang unter unzähligen Kämpfen, glauben sie zu verstehen, wenn sie lächeln und klatschen? Sie, die mir nicht Rechenschaft vom einfachsten musikalischen Gesetz geben können, wollen sich anmaßen, einen Meister im Ganzen zu beurteilen? Diese, die ich sämtlich in die Flucht schlage, lass ich nur das Wort Kontrapunkt fallen, – diese, die ihm vielleicht das und jenes nachempfinden und nun gleich ausrufen: oh, das ist so recht auf unser Corpus gemacht – diese, die über Ausnahmen reden wollen, deren Regeln sie nicht kennen – diese, die an ihm nicht das Maß bei sonst gigantischen Kräften, sondern eben das Übermaß schätzen, – seichte Weltmenschen, – wandelnde Werthers Leiden – rechte verlebte großtuige Knaben – diese wollen ihn lieben, ja loben? – –

Davidsbündler, im Augenblick wüßt ich niemanden, der das dürfte, als einen schlesischen Landedelmann, der vor kurzem so an einen Musikhändler schrieb:

Geehrter Herr,

Nun bin ich bald mit meinem Musikschrank in Ordnung. Sie sollten ihn sehen, wie er prächtig ist. Innen

Alabastersäulen, Spiegel mit seidenen Vorhängen, Büsten von Komponisten, kurz prächtig. Um ihn aber auf das Köstlichste zu schmücken, bitte ich mir noch sämtliche Werke von Beethoven zu schicken, *da ich diesen sehr gern habe.*

Was ich aber sonst noch zu sagen hätte, wüßt ich meines Erachtens kaum. –

Eduard Mörike

Mörike, nein, hat Beethoven nicht ›auf der Reise nach Wien‹ nachträglich begleitet. Auch zu einem Huldigungspoem sah er sich nicht veranlaßt. Daß gleichwohl sein den Hexameter-Ernst nicht scheuendes »Märchen« (von 1837/38) hier Aufnahme findet, liegt an einer Notiz Theodor W. Adornos, dahingehend, daß eben dieses Gedicht »einer Interpretation Beethovens recht nahe kommt«. Wie weit Adornos Beobachtung reicht, hat eine ins Detail gehende Untersuchung jüngst vorweisen können.[1]

Märchen vom sichern Mann

Soll ich vom sicheren Mann ein Märchen erzählen, so höret!
– Etliche sagen, ihn habe die steinerne Kröte geboren.
Also heißet ein mächtiger Fels in den Bergen des Schwarzwalds,
Stumpf und breit, voll Warzen, der häßlichen Kröte vergleichbar.
Darin lag er und schlief bis nach den Tagen der Sündflut.
Nämlich es war sein Vater ein Waldmensch, tückisch und grausam,
Allen Göttern ein Greul und allen Nymphen gefürchtet.
Ihm nicht durchaus gleich ist der Sohn, doch immer ein Unhold;
Riesenhaft an Gestalt, von breitem Rücken und Schultern.

1 Vgl. Elvira Seiwert, *Die Beethoven-Szenarien des »Doktor Faustus«*, Kassel [i. Vorb.].

Ehmals ging er fast nackt, unehrbarlich; aber seit Menschen-
Denken im rauh grauhärenen Rock, mit schrecklichen Stiefeln.
Grauliche Borsten bedecken sein Haupt und es starret der Bart ihm.
(Heimlich besucht ihn, heißt es, der Igelslocher Balbierer
In der Höhle, woselbst er ihm dient wie der sorgsame Gärtner,
Wenn er die Hecken stutzt mit der unermeßlichen Schere.)
Lauter Nichts ist sein Tun und voll von törichten Grillen:
Wenn er herniedersteigt vom Gebirg bei nächtlicher Weile,
Laut im Gespräch mit sich selbst, und oft ingrimmigen Herzens
Weg- und Meilenzeiger mit *einem* gemessenen Tritt knickt
(Denn die hasset er bis auf den Tod, unbilligerweise);
Oder auch wenn er zur Winterzeit ins beschneiete Blachfeld
Oft sich der Länge nach streckt und, aufgestanden, an seinem
Konterfei sich ergötzt, mit bergerschütterndem Lachen.

Aber nun lag er einmal mittags in seiner Behausung,
Seinen geliebtesten Fraß zu verdaun, saftstrotzende Rüben,
Zu dem geräucherten Speck, den die Bauern ihm bringen vertragsweis;
Plötzlich erfüllete wonniger Glanz die Wände der Höhle:

Lolegrin stand vor ihm: der liebliche Götterjüngling,
Welcher ein Lustigmacher bestellt ist seligen Göttern,
(Sonst nur auf Orplid* gesehn, denn andere Lande vermied er)
Weylas schalkischer Sohn, mit dem Narrenkranz um die Schläfe,
Zierlich aus blauen Glocken und Küchenschelle geflochten.
Er nun red'te den Ruhenden an mit trüglichem Ernste:
»Suckelborst, sicherer Mann, sei gegrüßt! und höre vertraulich
Was die Himmlischen dir durch meine Sendung entbieten.
– Sämtlich ehren sie deinen Verstand und gute Gemütsart,
Sowie deine Geburt: es war dein Vater ein Halbgott,
Und desgleichen auch hielten sie dich stets; aber in *einem*
Bist du ihnen nicht recht; das sollt du jetzo vernehmen.
Bleibe nur, Lieber, getrost so liegen – ich setze bescheiden
Mich auf den Absatzrand hier deines würdigen Stiefels,
Der wie ein Felsblock ragt, und unschwer bin ich zu tragen.

Siehe, Serachadan zeugete dich mit der Riesenkröte,
Seine unsterbliche Kraft in ihrem Leibe verschließend,
Da sie noch lebend war; doch gleich nach ihrer Empfängnis
Ward sie verwandelt in Stein und hauchte dein Vater den Geist aus.

* Eine fabelhafte Insel, deren Beschützerin die Göttin *Weyla* ist.

Aber du schliefest im Mutterleib neun Monde und drüber,
Denn im zehnten kamen die großen Wasser auf Erden;
Vierzig Tage lang strömte der Regen und vierzig Nächte
Auf die sündige Welt, so Tiere wie Menschen ersäufend;
Eine einzige See war über die Lande ergossen,
Über Gebirg und Tal, und deckte die wolkigen Gipfel.
Doch du lagest zufrieden in deinem Felsen verborgen,
So wie die Auster ruht in festverschlossenen Schalen,
Oder des Meeres Preis, die unbezahlbare Perle.
Götter segneten deinen Schlaf mit hohen Gesichten,
Zeigten der Schöpfung Heimliches dir, wie alles geworden:
Erst, wie der Erdball, ganz mit wirkenden Kräften geschwängert,
Einst dem dunkelen Nichts entschwebte, zusamt den Gestirnen;
Wie mit Gras und Kraut sich zuerst der Boden begrünte,
Wie aus der Erde Milch, so sie hegt im inneren Herzen,
Wurde des Fleisches Gebild, das zarte, darinnen der Geist wohnt,
Tier- und Menschengeschlecht, denn erdgeboren sind beide.
Zudem sang dir dein Traum der Völker späteste Zukunft,
Sowie der Throne Wechselgeschick und der Könige Taten,
Ja, du sahst den verborgenen Rat der ewigen Götter.
Solches vergönnten sie dir, auf daß du, ein herrlicher Lehrer
Oder ein Seher, die Wahrheit wiederum andern verkündest;
Nicht den Menschen sowohl, die da leben und wandeln auf Erden –

Ihnen ja dient nur wenig zu wissen, – ich meine die Geister
Unten im Schattengefild, die alten Weisen und Helden,
Welche da traurig sitzen und forschen das hohe Verhängnis,
Schweigsam immerdar, des erquicklichen Wortes entbehrend.
Aber vergebens harren sie dein, dieweil du ja gänzlich
Deines erhabnen Berufs nicht denkst. Laß, Alter, mich offen
Dir gestehen, so, wie du es bisher getrieben, erscheinst du
Weder ein Halbgott, noch ein Begeisteter, sondern ein Schweinpelz.
Greulichem Fraß nachtrachtest du nur und sinnest auf Unheil;
Steigest des Nachts in den Fluß, bis über die Kniee gestiefelt,
Trennest die Bänder los an den Flößen und schleuderst die Balken
Weit hinein in das Land, den ehrlichen Flößern zum Torten.
Taglang trollest du müßig umher im wilden Gebirge,
Ahmest das Grunzen des Keulers nach und lockest sein Weibchen,
Greifest, wenn sie nun rennt durch den Busch, die Sau bei den Ohren,
Zwickst die wütende, grausam an ihrem Geschreie dich weidend.
Siehe, dies wissen wir wohl, denn jegliches sehen die Götter.
Aber du reize sie länger nicht mehr! es möchte dich reuen.
Schmeidige doch ein weniges deine borstige Seele!

Suche zusammen dein Wissen und lichte die rußigen Kammern
Deines Gehirns und besinne dich wohl auf alles und jedes,
Was dir geoffenbart; dann nimm den Griffel und zeichn es
Fein mit Fleiß in ein Buch, damit es daure und bleibe;
Leg den Toten es aus in der Unterwelt! Sicherlich weißt du
Wohl die Pfade dahin und den Eingang, welcher dich nicht schreckt,
Denn du bist ja der sichere Mann mit den wackeren Stiefeln.
Lieber, und also scheid ich. Ade! wir sehen uns wieder.«

Sprach es, der schelmische Gott, und ließ den Alten alleine.
Der nun war wie verstürzt und stand ihm fast der Verstand still.
Halblaut hebt er zu brummen erst an und endlich zu fluchen,
Schandbare Worte zumal, gottloseste, nicht zu beschreiben.
Aber nachdem die Galle verraucht war und die Empörung,
Hielt er inne und schwieg; denn jetzo gemahnte der Geist ihn,
Nicht zu trotzen den Himmlischen, deren doch immer die Macht ist,
Sondern zu folgen vielmehr. Und alsbald wühlt sein Gedanke
Rückwärts durch der Jahrtausende Wust, bis tief wo er selber

Noch ein Ungeborener träumte die Wehen der
Schöpfung,
(Denn so sagte der Gott und Götter werden nicht
lügen).
Aber da deucht es ihm Nacht, dickfinstere; wo er
umhertappt,
Nirgend ist noch ein Halt und noch kein Nagel
geschlagen,
Anzuhängen die Wucht der wundersamen Gedanken,
Welche der Gott ihm erregt in seiner erhabenen Seele;
Und so kam er zu nichts und schwitzete wie ein
Magister.
Endlich ward ihm geschenkt, daß er flugs dahin sich
bedachte:
Erst ein Buch sich zu schaffen, ein unbeschriebenes,
großes,
Seinen Fäusten gerecht und wert des künftigen Inhalts.
Wie er solches erreicht, o Muse, dies hilf mir
verkünden!

Längst war die Sonne hinab, und Nacht beherrschte den
Erdkreis
Seit vier Stunden, da hebt der sichere Mann sich vom
Lager,
Setzet den runden Hut auf das Haupt und fasset den
Wander-
Stab und verlässet die Höhle. Gemächlich steigt er
bergaufwärts,
Red't mit sich selber dabei und brummt nach seiner
Gewohnheit.

Aber nun hub sich der Mond auch schon in leuchtender
Schöne
Rein am Forchenwalde herauf und erhellte die Gegend,

Samt der Höhe von Igelsloch, wo nun Suckelborst anlangt.
Kaum erst hatte der Wächter die zwölfte Stunde gerufen,
Alles ist ruhig im Dorf und nirgend ein Licht mehr zu sehen,
Nicht in den Kunkelstuben gesellig spinnender Mägdlein,
Nicht am einsamen Stuhle des Webers oder im Wirtshaus,
Mann und Weib im Bette, die Last des Tages verschlafend.

Suckelborst tritt nun sacht vor die nächstgelegene Scheuer,
Misset die zween Torflügel, die Höhe sowohl wie die Breite,
Still mit zufriedenem Blick (auch waren sie nicht von den kleinsten,
Aber er selbst war größer denn sie, dieweil er ein Riese).
Schloß und Riegel betrachtet er wohl, kneipt dann mit dem Finger
Ab den Kloben und öffnet das Tor und hebet die Flügel
Leicht aus den Angeln und lehnt an die Wand sie übereinander.
Alsbald schaut er sich um nach des Nachbars Scheuer und schreitet
Zu demselben Geschäft und raubet die mächtigen Tore,
Stellt zu den vorigen sie an die Wand und also fort macht er
Weiter im Gäßchen hinauf, bis er dem fünften und sechsten

Bauern auf gleiche Weise die Tenne gelüftet. Am Ende
Überzählt er die Stücke: es waren gerade ein Dutzend
Blätter, und fehlte nur noch, daß er mit sauberen Stricken
Hinten die Öhre der Angeln verband, da war es ein Schreibbuch,
Gar ein stattliches; doch dies blieb ein Geschäft für daheime.
Also nimmt er es unter den Arm, das Werk, und trollt sich.

Unterdes war aufschauernd vom Schlaf der schnarchenden Bauern
Einer erwacht und hörte des schwer Entwandelnden Fußtritt.
Hastig entrauscht er dem Lager und stößt am niedrigen Fenster
Rasch den Schieber zurück und horcht und sieht mit Entsetzen
Rings im mondlichen Dorf der Scheuern finstere Rachen
Offen stehn; da fährt er voll Angst in die lederne Hose
(Beide Füße verkehrt, den linken macht er zum rechten),
Rüttelt sein Weib und redet zu ihr die eifrigen Worte:
»Käthe! steh auf! Der sichere Mann – ich hab ihn vernommen –
Hat wie der Feind im Flecken hantiert und die Scheuern geplündert!
Schau im Hause mir nach und im Stall! ich laufe zum Schulzen.«
Also stürmt er hinaus. Doch tut er selber im Hof erst
Noch einen Blick in die Ställe, ob auch sein Vieh noch vorhanden;
Aber da fehlte kein Schweif, und es muht ihm entgegen die Schecke,

Meint, es wär Fütternszeit; er aber enteilt in die Gasse,
Klopft unterwegs dem Büttel am Laden und ruft ihm das Wort zu:
»Michel, heraus! mach Lärm! Der sichere Mann hat den Flecken
Heimgesucht und die Scheuern erbrochen und übel gewirtschaft't!«
Solches noch redend hinweg schon lief er und weckte den Schultheiß,
Weckte den Bürgermeister und andere seiner Gefreund'te.
Alsbald wurden die Straßen lebendig, es staunten die Männer,
Stießen Verwünschungen aus, im Chor lamentierten die Weiber,
Jeder durchmusterte seinen Besitz, und wenig getröstet,
Als kein größerer Schaden herauskam, fielen mit Unrecht
Über den Wächter die grimmigsten her und schrien: »Du Schlafratz!
Du keinnütziger Tropf!« und ballten die bäurischen Fäuste,
Ihn zu bläuen, und nahmen auch nur mit Mühe Vernunft an.
Endlich zerstreuten sie sich zur Ruhe; doch stellte der Schultheiß
Wachen noch auf für den Fall, daß der Unhold noch einmal käme.

Suckelborst hatte derweil schon wieder die Höhle gewonnen,
Welche von vorn gar weit und hoch in den Felsen sich wölbte.

Duftende Kiefern umschatteten, riesige, dunkel den Eingang.
Hier denn leget er nieder die ungeheueren Tore,
Und sich selber dazu, des goldenen Schlafes genießend.

Aber sobald die Sonne nur zwischen den Bäumen hereinschien,
Gleich an die Arbeit machet er sich, die Tore zu heften.
Saubere Stricke schon lagen bereit, gestohlene freilich;
Und er ordnet die Blätter mit sinnigen Blicken und füget
Vorn und hinten zur Decke die schönsten (sie waren des Schulzen,
Künstlich über das Kreuz mit roten Leisten beschlagen).
Aber auf einmal jetzt, in des stattlichen Werkes Betrachtung,
Wächst ihm der Geist, und er nimmt die mächtige Kohle vom Boden,
Legt vor das offene Buch sich nieder und schreibet aus Kräften,
Striche, so grad wie krumm, in unnachsagbaren Sprachen,
Kratzt und schreibt und brummelt dabei mit zufriedenem Nachdruck.
Anderthalb Tag arbeitet er so, kaum gönnet er Zeit sich,
Speise zu nehmen und Trank, bis die letzte Seite gefüllt ist,
Endlich am Schluß denn folget das Punktum, groß wie ein Kindskopf.
Tief aufschnaufend erhebet er sich, sein Buch zuschmetternd.

Jetzo, nachdem er das Herz sich gestärkt mit reichlicher Mahlzeit,
Nimmt er den Hut und den Stock und reiset. Auf einsamen Pfaden

Stets gen Mitternacht läuft er, denn dies ist der Weg zu den Toten.
Schon mit dem siebenten Morgen erreicht er die finstere Pforte.
Purpurn streifte soeben die Morgenröte den Himmel,
Welche den lebenden Menschen das Licht des Tages verkündet,
Als er hinabwärts stieg, furchtlos, die felsigen Hallen.
Aber er hatte der Stunden noch zweimal zwölfe zu wandeln
Durch der Erde gewundenes Ohr, wo ihn Lolegrin heimlich
Führete, bis er die Schatten ersah, die, luftig und schwebend,
Dämmernde Räume bewohnen, die Bösen sowohl wie die Guten.

Vorn bei dem Eingang sammelte sich unliebsames Kehricht
Niederen Volks: trugsinnende Krämer und Kuppler und Metzen,
Lausige Dichter dabei und unzählbares Gesindel.
Diese, zu schwatzen gewohnt, zu Possen geneigt und zu Händeln,
Mühten vergebens sich ab, zu erheben die lispelnde Stimme, –
Denn hellklingendes Wort ist nicht den Toten verliehen –
Und so winkten sie nur mit heftig bewegter Gebärde,
Stießen und zerrten einander als wie im Gewühle des Jahrmarkts.
Weiter dagegen hinein sah man ruhmwürdige Geister,
Könige, Helden und Sänger, geschmückt mit ewigem Lorbeer;

Ruhig ergingen sie sich und saßen, die einen zusammen,
Andre für sich, und es trennte die weit zerstreueten Gruppen
Hügel und Fels und Gebüsch und die finstere Wand der Zypressen.

Kaum nun war der sichere Mann in der Pforte erschienen,
Aufrecht die hohe Gestalt, mit dem Weltbuch unter dem Arme,
Sieh, da betraf die Schatten am Eingang tödliches Schrecken.
Auseinander stoben sie all, wie Kinder vom Spielplatz,
Wenn es im Dorfe nun heißt: »Der Hummel* ist los!« und »da kommt er!«
Doch der sichere Mann, vorschreitend, winkete gnädig
Ringsumher, da kamen sie näher und standen und gafften.

Suckelborst lehnet nunmehr sein mächtiges Manuskriptum
Gegen den niedrigen Hügel, den rundlichen, welchem genüber
Er selbst Platz zu nehmen gedenkt auf moosigem Felsstück.
Doch erst leget er Hut und Stock zur Seite bedächtig,
Streicht mit der breiten Hand sich den beißenden Schweiß von der Stirne,
Räuspert sich, daß die Hallen ein prasselndes Echo versenden,
Sitzet nieder sodann und beginnt den erhabenen Vortrag.

* Schwäbisch, für *Bulle*.

Erst, wie der Erdball, ganz mit wirkenden Kräften geschwängert,
Einst dem dunkelen Nichts entschwebte zusamt den Gestirnen,
Wie mit Gras und Kraut sich zuerst der Boden begrünte,
Wie aus der Erde Milch, so sie hegt im inneren Herzen,
Wurde des Fleisches Gebild, das zarte, darinnen der Geist wohnt,
Tier und Menschengeschlecht, denn erdgeboren sind beide.

Solches, nach bestem Verstand und soweit ihn der Dämon erleuchtet,
Lehrte der Alte getrost, und still aufhorchten die Schatten.
Aber es hatte der Teufel, das schwarze, gehörnete Scheusal,
Sich aus fremdem Gebiet des unterirdischen Reiches
Unberufen hier eingedrängt, neugierig und boshaft,
Wie er wohl manchmal pflegt, wenn er Kundschaft suchet und Kurzweil.
Und er stellte sich hinter den Sprechenden, ihn zu verhöhnen,
Schnitt Gesichter und reckte die Zung und machete Purzel-
Bäum, als ein Aff, und reizte die Seelen beständig zu lachen.
Wohl bemerkt' es der sichere Mann, doch tat er nicht also,
Sondern er redete fort, in würdiger Ruhe beharrend.
Indes trieb es der andere nur um desto verwegner,
Schob am Ende den Schwanz, den gewichtigen, langen, dem Alten

Sacht in die Hintertasche des Rocks, als wenn es ihn fröre:
Plötzlich da greifet der sichere Mann nach hinten, gewaltig
Mit der Rechten erfaßt er den Schweif und reißet ihn schnellend
Bei der Wurzel heraus, daß es kracht – ein gräßlicher Anblick.
Laut aufbrüllet der Böse, die Tatzen gedeckt auf die Wunde,
Dreht im rasenden Schmerz wie ein Kreisel sich, schreiend und winselnd,
Und schwarz quoll ihm das Blut wie rauchendes Pech aus der Wunde;
Dann, wie ein Pfeil zur Seite gewandt, mit Schanden entrinnt er
Durch die geschwind eröffnete Gasse der staunenden Seelen,
Denn nach der eigenen Hölle verlangt ihn, wo er zu Haus war;
Und man hörte noch weit aus der Ferne des Flüchtigen Wehlaut.

Aber es standen die Scharen umher von Grausen gefesselt,
Ehrfurchtsvoll zum sicheren Mann die Augen erhoben.
Dieser hielt noch und wog den wuchtigen Schweif in den Händen,
Den bisweilen ein zuckender Schmerz noch leise bewegte.
Sinnend schaut' er ihn an und sprach die prophetischen Worte:

»Wie oft tut der sichere Mann dem Teufel ein Leides?
Erstlich heute, wie eben geschehn, ihr saht es mit Augen;
Dann ein zweites, ein drittes Mal in der Zeiten Vollendung:
Dreimal rauft der sichere Mann dem Teufel den Schweif aus.
Neu zwar sprosset hervor ihm derselbige, aber nicht ganz mehr;
Kürzer gerät er, je um ein Dritteil, bis daß er welket.
Gleichermaßen vergeht dem Bösen der Mut und die Stärke,
Kindisch wird er und alt, ein Bettler, von allen verachtet.
Dann wird ein Festtag sein in der Unterwelt und auf der Erde;
Aber der sichere Mann wird ein lieber Genosse den Göttern.«

Sprach es, und jetzo legt' er den Schweif in das Buch als ein Zeichen,
Sorgsam, daß oben noch just der haarige Büschel heraussah,
Denn er gedachte für jetzt nicht weiter zu lehren, und basta
Schmettert er zu den Deckel des ungeheueren Werkes,
Faßt es unter den Arm, nimmt Hut und Stock und empfiehlt sich.
Unermeßliches Beifallklatschen des sämtlichen Pöbels
Folgte dem Trefflichen nach, bis er ganz in der Pforte verschwunden,
Und es rauschte noch lang und tosete freudiger Aufruhr.

Aber Lolegrin hatte, der Gott, das ganze Spektakel
Heimlich mit angesehn und gehört, in Gestalt der Zikade
Auf dem hangenden Zweig der schwarzen Weide sich wiegend.
Jetzo verließ er den Ort und schwang sich empor zu den Göttern,
Ihnen treulich zu melden die Taten des sicheren Mannes
Und das himmlische Mahl mit süßem Gelächter zu würzen.

Nikolaus Lenau

Der die Zeile schrieb: »In den Rausch wird jedes Herz gezogen« und, indem er die Macht der Musik bekunden wollte, aus Erfahrung sprach und von sich: Lenau hatte das Violinspiel erlernt und es nicht etwa, erwachsen geworden, aufgegeben; vielmehr – Trost in ihm gesucht? Und Verständnis gefunden? Wie er im folgenden, mit »Wien, im Spätherbst 1840« datierten Gedicht seinen »Zwiespalt« in dem des andern, des »Meisters«, ›aufgehoben‹ fand?

Beethovens Büste

Traurig kehrt ich eines Abends
In mein einsam düstres Zimmer,
Überraschend drin entgegen
Blinkte mir ein Freudenschimmer.

Mit dem sichern Blick der Liebe
Hatt ein Freund den Spalt getroffen,
Wo des Unmuts düstre Zelle
Blieb dem Strahl der Freude offen.

Ha! ich fand des Mannes Büste,
Den ich höchst als Meister ehre
Nebst dem schroffen Urgebirge
Und dem grenzenlosen Meere.

Ein Gewitter in den Alpen,
Stürme auf dem Ozeane

Und das große Herz Beethovens,
Laut im heiligen Orkane,

Sind die Wecker mir des Mutes,
Der das Schicksal wagt zu fodern,
Der den letzten Baum des Edens
Lächelnd sieht sich zu Asche lodern.

Kämpfen lern ich ohne Hassen,
Glühend lieben und entsagen
Und des Todes Wonneschauer,
Wenn Beethovens Lieder klagen;

Wenn sie jubeln, Leben schmetternd,
Daß die tiefsten Gräber klüften
Und ein dionysisch Taumeln
Rauschet über allen Grüften.

Wenn sie zürnen, hör ich rasseln
Menschenwillens heil'ge Speere
Und besiegt zum Abgrund, heulend,
Flüchten die Dämonenheere. –

Sanftes Wogen, holdes Rieseln;
Sind des Weltmeers kühle Wellen
Süß beseelt zu Liebesstimmen?
Wie sie steigen, sinken, schwellen!

Auf der glatten Muscheldiele
Halten Nixen ihren Reigen,
Keime künft'ger Nachtigallen
Träumen auf Korallenzweigen.

Horch! noch leiser! dem Naturgeist
Abgelauschte Lieder sind es,
Die er flüstert in das erste
Träumen eines schönen Kindes;

Die er spielt auf Mondstrahlsaiten,
Ob dem Abgrund ausgespannten,
Deren Rhythmen in der Erdnacht
Starren zu Kristallenkanten;

Und nach deren Zaubertakten
Rose läßt die Knospe springen,
Kranich aus des Herbstes Wehmut
Lüftet seine Wanderschwingen. –

Ach, Coriolan! vorüber
Ist das Ringen, wilde Pochen,
Plötzlich sind's die letzten Töne,
Dumpf verhallend und gebrochen.

Wie der Held im schönen Frevel
Überstürmte alle Schranken,
Dann – der tragisch Überwundne
Stehn geblieben in Gedanken.

Sinnend starrt er in den Boden,
Sein Verhängnis will Genüge;
Fallen muß er, stummes Leiden
Zuckt um seine edlen Züge. –

Horch! im Zwiespalt dieser Töne
Klingt der Zeiten Wetterscheide,
Jetzo rauschen sie Versöhnung
Nach der Menschheit Kampf und Leide.

Ludwig van Beethoven.
Bronzebüste von Franz Klein (1812)

In der Symphonien Rauschen,
Heiligen Gewittergüssen,
Seh ich Zeus auf Wolken nahn und
Christi blut'ge Stirne küssen;

Hört das Herz die große Liebe
Alles in die Arme schließen,
Mit der alten Welt die neue
In die ewige zerfließen.

Franz Graf von Pocci

Eifrigst gesammelt wurden sie bald, die Anekdoten, wie heute noch üblich; und die nichtssagendste wurde als die echteste gepriesen. Der bayerische Graf italienischer Herkunft – der, komponierend, dichtend, zeichnend, als »gemütvolles Original« eingeschätzt wurde, das freilich zur Satire neigte – hat die seine 1840 mitgeteilt:

Das großartige Fest, welches Fürst S ... auf seinem Landsitze unweit Wien gegeben und wozu nicht nur die vornehme, sondern auch ein Teil der Künstler- und Gelehrtenwelt geladen war, ging zu Ende. Die Blumen, welche die Festsäle schmückten, waren dem Verwelken – die Tausende von Kerzen, die sie erhellt hatten, dem Erlöschen nahe. Ein Teil der Gesellschaft fuhr in die Kaiserstadt zurück, ein anderer war im Schlosse selbst beherbergt, und ein dritter suchte in den nahegelegenen Land- und Gasthäusern sein Unterkommen. Durch den Gesandten unsres Hofes vorgestellt und eingeführt, war es mir, der erst vor kurzem in Wien angelangt, um so interessanter, hier an einem Abende den Glanz der Wiener Gesellschaft vereinigt zu sehen. Halb betäubt, ganz ermüdet, suchte ich vergebens einen Fiaker, um in die Stadt zurückzufahren; es blieb mir nichts zu tun übrig, als mich denjenigen anzuschließen, welche in den Gasthöfen Ruhe und Nachtlager aufschlugen. Als ich in den nächstgelegenen eintrat, war eben der Kellner mit einem Herrn in lebhaftem Gespräche begriffen, der, gleiche Absichten hegend, über die Stätte seiner Nachtruhe verhandelte. Die Worte des Kellners: »Ich kann Ihnen nur noch ein Zimmer mit zwei Betten anbieten, und Sie sind nicht sicher, ob nicht ein Schlafgenosse« – unterbrach ich (den Faden des Gespräches erfassend), indem ich sprach: »Daß nicht ein Schlafgenosse Ihnen zugeteilt wird«, und erbat mir das zweite Bett des erwähnten Zimmers. »Wir wollen nicht viel Federlesens machen, mein Herr; wir sind beide müde und werden uns in einem Zimmer wohl vertragen«, war die rasch erfolgende Antwort des Fremden, die dem Kellner jede weitere Erklärung ersparte und mir die gewünschte Ruhe verschaffte. – Unser Gemach ward uns angewiesen; wir betraten es stillschweigend, und es schien, als ob ein jeder von uns beiden zu müde gewesen sei, mit seinem Zeltgenossen nähere Bekanntschaft zu machen. Ich entkleidete mich schnell, legte mich zu Bett und wünschte meinem Unbekannten »Gute Nacht« mit der Bitte, das Licht auszulöschen. Ein ziemlich trockenes »Wird geschehen« war die kurze Erwiderung. Eben diese ziemlich barsch gesprochenen Worte waren es aber, die mich aufmerksam machten und veranlaßten, meinen Mann mehr ins Auge zu fassen. Es war eine Gestalt mittlerer Größe, gedrungenen Körperbaues, ein wahres Bild männlicher Kraft und edlen Selbstbewußtseins. Langsam und gedankenvoll legte er seine Kleider ab, zog ein Täfelchen aus der Rocktasche und notierte sich einiges emsig und mit rasch bewegter Hand unter leisem Brummen, löschte endlich das Licht und warf sich aufs Bett. Dieses originelle Benehmen hatte mich kaum aus meiner Schlaftrunkenheit erweckt, als mein Erstaunen um so mehr gesteigert ward, da der Unbekannte plötzlich aus dem Bette sprang, sich allmählich in der Dämmerung des anbrechenden Morgens wieder ankleidete, seinen Hut nahm und im Begriffe war, das Zimmer zu verlassen. – »Was tun Sie denn, mein Herr?« rief ich erstaunt. – »Lassen Sie sich nicht stören, schon graut der Morgen, sehen Sie nicht den rötlichen Streifen am Horizonte?« – »Allerdings, aber wir wollten ja beide ruhen!« – »Was Ruhe, wenn die Sonne aufgehen will!« – »Lassen wir sie aufgehen und schlafen wir!« – »Hören Sie die Akkorde im Osten? Ich muß Ideen schöpfen!« – Mit diesen Worten war mein Freund schon zur Tür hinaus, ich aber schlief in dem Gedanken ein, daß er nicht ganz bei Trost sei. – Spät war ich erwacht. Als ich in der Gaststube das Frühstück verzehrte, erkundigte ich mich bei meinem Wirte, wer denn mein sonderbarer Stubengenosse gewesen? »Ei, Sie kennen den Herrn van Beethoven nicht?« war die überraschende Antwort.

Doch, auch er, keine Frage, kann etwas beitragen; aus seiner 1840 erstmals erschienenen »Biographie von Ludwig van Beethoven« den Schlußabschnitt zum Beispiel:

Schon oft wurde von Kunstfreunden an den Verfasser die Frage gestellt, ob Beethoven wohl jemals die Hoffnung laut werden ließ, daß seinen Werken einstens die verdiente Würdigung zuteil werden würde? Diese Frage konnte mit voller Gewißheit niemals beantwortet werden. Die musikalischen Zustände der letzten zehn Jahre seines Lebens im allgemeinen mußten jeden Gedanken an eine Zukunft seiner Werke verscheuchen, hatte er doch bis auf die Symphonien und Quartette fast alle übrigen Schöpfungen bereits so gut wie tot gesehen. Es lebt indes eine leise Vermutung in mir, er könne dennoch auf ein Wiedererstehen sämtlicher Werke, wenn auch in fernerer Zeit, gehofft haben, und zwar knüpft sich diese Vermutung an Nachstehendes:

Goethe in der Einleitung zu dem Kapitel im West-östlichen Divan, das die Überschrift »Besserem Verständnis« trägt und sich mit der Dichtkunst der alten Hebräer, Araber, Perser und mit den Dichtern des letzteren Volkes beschäftigt, führt an: »Ich habe die Schriften meiner ersten Jahre ohne Vorwort in die Welt gesandt, ohne auch nur im mindesten anzudeuten, wie es damit gemeint sei; dies geschah im Glauben an die Nation, daß sie früher oder später das Vorgelegte benutzen werde. Und so gelang mehreren meiner Arbeiten augenblickliche Wirkung, andere, nicht ebenso faßlich und eindringend, bedurften, um anerkannt zu werden, mehrere Jahre. Indessen gingen auch diese vorüber, und ein zweites, drittes nachwachsendes Geschlecht entschädigt mich doppelt und dreifach für die Unbilden, die ich von meinen früheren Zeitgenossen zu erdulden hatte.«

Der letzte Satz dieses Zitates findet sich in dem vorhandenen Exemplar des Goetheschen Buches von Beethovens Hand zur Seite angestrichen, aber noch besonders in einem der Tagebücher abgeschrieben. Man erinnert sich [...] wie Beethoven zu lesen pflegte und welche Bedeutung derlei Abschriften haben. Sollte demnach dieser Satz nicht einen Trostgrund zu eigener Beruhigung über die selbst auch erlebten Unbilden seiner Zeitgenossen enthalten? Dafür fehlt allerdings Gewißheit, aber zu zweifeln ist erlaubt.

Noch anderes soll mit Vorstehendem in Verbindung gebracht werden. Bei dem Andrängen der italienischen Tonfluten zu Anfang des 3. Jahrzehnts und in einem Gespräche mit unserem Meister im Freundeskreise über diese fast trostlosen Erscheinungen hörten wir Beethoven mit Emphase erwidern: »Nun, den Platz in der Kunstgeschichte können sie mir doch nicht nehmen!« – Dies schien also der einzige Hoffnungsanker zu sein, an welchem der große Beethoven wenigstens seinen Namen festgebunden sah – und damit schien er sich zu begnügen. Hätte er doch nur eine geringe Tantième von jeder Ausgabe seiner Werke beziehen können, falls er einige der umfangreichen noch erlebt hätte! In dem Buche des Schicksals war es jedoch anders bestimmt. Die oftmals ausgesprochenen Worte: »Ich schreibe Noten aus Nöten«, sollten für sein ganzes Leben eine Wahrheit bleiben.

Wie Beethoven an Schindler geraten und festhalten konnte? Gert Jonke *läßt, in seiner (termingerecht zur 150-Jahr-Feier der Schindler-Biographie erschienenen) »Theatersonate« namens »Sanftwut oder Der Ohrenmaschinist«, einen mit Thomas Bernhardscher Beschimpfungswortgewalt ausgestatteten Beethoven als ersten den Kopf darüber schütteln – und handeln.*

Jetzt wird Er auch noch anmaßend![1] Daß ich mir das nicht bieten lassen darf, sollte Er einsehen. Und soviel sollte Er eigentlich wissen, daß Er mit mir in dergleichen Ihm unwiderstehlich sympathisch intriganten Geschmacklosigkeit, seiner überwältigenden Verleumdungsgroßzügigkeit in seiner derart hochtrabend kleinlauten Großmäuligkeit und großmäuligen Kleinheit mit mir nicht treibt. Auch habe ich es ja nicht nur geahnt, sondern längst schon gewußt: Er ist ein mir auf übelkeiterregend wohlgesonnene Weise ganz mieser, heimtückisch treuherzig falscher Hund! Und wie Er sich bei mir einzuschleichen verstanden hat mit seiner ganzen Höflichkeitsunverschämtheit! Mit unglaublich beschämender Begeisterung, und zwar in seiner durchaus mich übervorteilenden Zuvorkommenheit, hat Er es immer leicht gehabt, mir in seiner vordergründig hinterhältigen Direktheit vorzugeben, mich vor der Welt schützen zu wollen, indem Er seine heimtückisch aufopfernd fadenscheinige vorteilhaft hinderliche Hilfsbereitschaft stets zum günstigsten Eigenbelang ausübte.

Bis Er mich so weit hatte, daß ich Ihn sogar als einen zwar kuriosen Biographen gewähren ließ, was Ihm auf-

1 Schindler hat gerade mehrmals gefragt und ins Konversationsheft geschrieben, ob Beethoven ihn nicht höre oder vielmehr nicht hören wolle.

grund seiner oft ganz absichtlich ungeschickt zurückhaltend maskierten Anmaßungsbescheidenheit und Bescheidenheitsanmaßung gelungen ist, mit der Er mich dann auch in plumper Raffiniertheit auszukundschaften, wenn nicht auszuspionieren pflegte, indem Er noch aus jedem mir längst aufkommenden Argwohn noch mehr Vertrauen als bisher herauszuschlagen verstand. Natürlich hätte ich Ihn anhand seines allzu wichtigtuerisch zurückhaltenden Benehmens schon längst entlarven müssen, denn allzu vieles hat schon den Anschein erweckt, als sei ich bereits in faszinierend hingerissener Peinlichkeit eine von Ihm lebend durch die Straßen Wiens bewegte Gestalt seines baldigen Buches über die Figur meines von da an von Ihm erfundenen und somit bestimmten künftig erlogenen Lebens. Aber endlich hat Er nun gezeigt, um wen es sich bei Ihm tatsächlich handelt:

Einer mit einer derart reichhaltigen Gefühlsarmseligkeit und musikalischen Durchschnittsarroganz ausgestatteten Person ist diese Musik,[2] wie Er sie vorhin gehört hat, entzogen und somit wohl unerreichbar. In seiner so außerordentlich charakterfesten Gewöhnlichkeit ist es Ihm immer unmöglich gewesen, das Ungewöhnliche zu erfassen. Deshalb hat Er auch jetzt nichts davon hören wollen und mir gegenüber so getan, als höre Er nichts, weil es Ihm tatsächlich gelungen sein mag, dermaßen eindringlich wegzuhören mit Hilfe seiner Ihn so enthusiastisch begeisternden Abneigung.

2 Beethoven, der sich »als eine lebend bewegte Pflanze« fühlt, »die in ihrem Inneren aus Klängen besteht«, hatte sich »ein riesiges Gestell mit zwei monströsen ohrenabwärtsragenden Trichtern um den Kopf geschnallt«, an den Flügel gesetzt und gespielt, ohne eine Taste zu berühren, wissend, »daß die Musik aus ihm selbst heraus tönt«, wovon Schindler freilich nichts hören konnte.

Indessen gibt Er nur vor, einfach gar nichts gehört zu haben, weil Er vor allem verhindern will, daß ich die Sonate tatsächlich in der Akademie[3] öffentlich darstelle. Weil Er sich vor meinem persönlichen Auftritt nicht nur mit dieser Musik fürchtet und seine »Weihe des Hauses« und seinen »Glorreichen Augenblick« in höchster Gefahr wähnt. Vielleicht gar nicht so zu Unrecht, da sein Haussegen und sein glorreicher Augenblick wirklich in erhebliches Wanken geriete schon durch mein bloßes Erscheinen mit dieser zugegebenermaßen alle bisherigen Ausmaße, äußeren Erscheinungsformen und allen bisherigen Augenschein bei weitem ins Riesenhafte übersteigenden um meinen Kopf verschraubt angeschnallten scheinbaren Gehörsmaschine, die zu tragen alles andere als ein Vergnügen ist und nicht besserem Hören, sondern dazu dient, das Musikstück, das man ist, indem man so vollständig insgesamt dazu sich verwandelt, daß man nur mehr als solches noch richtig weiterleben kann und als nichts anderes sonst, aus dem Inneren nach außen dringen zu lassen. Aber Ihm das genauer, in einer auch noch wissenschaftlichen Manier zu erläutern, hindert mich sowohl die beinahe brillante Kleinlichkeit seiner virtuos vertrottelten Stumpfsinnigkeitsintelligenz als auch der für mich noch wichtigere Umstand, daß es Ihn nicht im geringsten was angeht, weder Ihn noch sonst irgendwen. Also mache Er sich weiters keine unnötigen Gedanken darüber. Auch was seine »Weihe des Hauses« und seinen

3 Schindler ist mit der Vorbereitung einer Akademie beauftragt; als zweiten Programmpunkt denkt Beethoven sich neuerdings, von ihm selbst gespielt, die »Hammerklaviersonate«, aus der er eben, zum Beweis, daß er sie »sehr wohl darzustellen vermag«, größere Teile geboten, ohne daß Schindler, s. o., etwas davon gehört (jedoch momentweise gefühlt?) hat.

»Glorreichen Augenblick« betrifft. Keine Angst! Ich werde Ihm beides nicht stören, indem ich diese Akademie hiermit absage. Unterbreche Er also alle noch dahingehenden Vorbereitungen. Am liebsten würde ich Ihm ja auch verbieten, bei sich zu Hause dauernd meine früheren Sonaten[4] zu spielen, die Ihm bestenfalls zu traurigen Klang-Komposthaufen der widerlichsten Klavierausscheidungssekrete des seinen Mißhandlungen zum Opfer gefallenen Hammerflügels geraten. Doch liegt dies außerhalb meiner Möglichkeit. Aber ich verbiete Ihm, je wieder eines meiner Werke in der Öffentlichkeit zur Aufführung zu bringen. Nicht nur dieses Konzert ist hiemit gestrichen, sondern wir haben auch künftighin nichts mehr miteinander zu schaffen. Ich möchte Ihm auch möglichst weder hier noch sonstwo wieder begegnen.

Nun pack Er endlich all sein Zeug, das Er noch bei mir hat, und verschwinde Er! Das, was noch von mir bei Ihm ist, schicke Er mit dem Wagen. Daß Er sich nicht erlaube, hier persönlich bei mir wieder aufzutauchen. Ich würde, noch ehe Er das Stiegenhaus ganz heraufgekommen wäre, gezielt über Seinem Kopfe rechtzeitig genug den Hosenboden öffnen, um somit diesem Hause dabei behilflich zu werden, diese seine elende Kriechercorpusfigur schleunigst hausauswärts, zurück auf die Gasse wieder hinaus zu exkrementieren, wofür selbst das schäbige und seines ständig vollgepißten Mörtels wegen vor

4 Schindler, der gelernte Jurist, der lieber Diplomat geworden wäre und inzwischen sich, wie Beethoven es nennt, »zu einem diplomatischen Musikanten hochzuarbeiten vorgenommen«, »setzt« sich zu Hause mit Beethoven-Sonaten »auseinander« und bittet den »Meister« regelmäßig, wenn er einen Satz »gar nicht fassen« kann, diesen mit ihm »durchzugehen«.

Feuchtigkeit verrottete Gemäuer dieses Gebäudes sich mir gegenüber zum größten Dank verpflichtet fühlen würde!

Schindler hat schnellstens seine Sachen zusammengerafft und flüchtet.

Richard Wagner

Seine Ausflüge in die Musikgeschichte hat Wagner – auch Wohlwollende haben das so gesehen – unternommen, um sich eine Ahnengalerie zu schaffen. Dem Sinfoniker Beethoven kam dabei eine Zeigefinger-Rolle zu; er hat auf den Musikdramatiker Wagner zu deuten und zu bestätigen: ›Der hat vollendet, was ich begonnen.‹ Passend, daß der zu Anfang der 1840er Jahre in Paris auf internationalen Ruhm Ausgehende sich als Erzähler präsentierte, der im »vollen Verständnis« für Beethoven, das er aus erster Hand gewinnt, sich von niemandem, erst recht von keinem Ausländer, übertreffen läßt.

Eine Pilgerfahrt zu Beethoven

Not und Sorge, du Schutzgöttin des deutschen Musikers, falls er nicht etwa Kapellmeister eines Hoftheaters geworden ist, – Not und Sorge, deiner sei auch bei dieser Erinnerung aus meinem Leben sogleich die erste rühmendste Erwähnung getan! Laß dich besingen, du standhafte Gefährtin meines Lebens! Du hieltest treu zu mir und hast mich nie verlassen, lächelnde Glückswechsel hast du stets mit starker Hand von mir abgewehrt, hast mich stets gegen Fortunens lästige Sonnenblicke beschützt! Mit schwarzem Schatten hast du mir stets die eitlen Güter dieser Erde verhüllt: habe Dank für deine unermüdliche Anhänglichkeit! Aber kann es sein, so suche dir mit der Zeit einmal einen andern Schützling, denn bloß der Neugierde wegen möchte ich gern einmal erfahren, wie es sich auch *ohne* dich leben ließe. Zum wenigsten bitte ich dich, ganz besonders unsere politischen Schwärmer zu plagen, die Wahnsinnigen, die Deutschland mit aller Gewalt unter *ein* Zepter vereinigen wollen: – es würde ja dann nur ein einziges Hoftheater, somit nur eine einzige Kapellmeisterstelle geben! Was sollte dann aus meinen Aussichten, aus meinen einzigen Hoffnungen werden, die schon jetzt nur bleich und matt vor mir schweben, jetzt – wo es doch der deutschen Hoftheater so viele gibt? – Jedoch – ich sehe, ich werde frevelhaft. Verzeih, o Schutzgöttin, den soeben ausgesprochenen, vermessenen Wunsch! Du kennst aber mein Herz und weißt, wie ich dir ergeben bin und ergeben bleiben werde, selbst wenn es in Deutschland tausend Hoftheater geben würde! Amen!

– Vor diesem meinem täglichen Gebete beginne ich nichts, also auch nicht die Aufzeichnung meiner Pilgerfahrt zu Beethoven.

Für den Fall, daß dieses wichtige Aktenstück nach meinem Tode veröffentlicht werden dürfte, halte ich es aber auch noch für nötig, zu sagen, wer ich bin, weil ohnedies vielleicht vieles darin unverständlich bleiben könnte. Wisset daher, Welt und Testaments-Vollstrekker!

Eine mittelmäßige Stadt des mittleren Deutschlands ist meine Vaterstadt. Ich weiß nicht recht, wozu man mich eigentlich bestimmt hatte, nur entsinne ich mich, daß ich eines Abends zum ersten Male eine Beethovensche Symphonie aufführen hörte, daß ich darauf Fieber bekam, krank wurde und, als ich wieder genesen, Musiker geworden war. Aus diesem Umstande mag es wohl kommen, daß, wenn ich mit der Zeit wohl auch andere schöne Musik kennen lernte, ich doch Beethoven vor allem liebte, verehrte und anbetete. Ich kannte keine Lust mehr, als mich so ganz in die Tiefe dieses Genius zu versenken, bis ich mir endlich einbildete, ein Teil desselben geworden zu sein, und als dieser kleinste Teil fing ich an, mich selbst zu achten, höhere Begriffe und Ansichten zu bekommen, kurz *das* zu werden, was die Gescheiten gewöhnlich einen Narren nennen. Mein Wahnsinn war aber sehr gutmütiger Art und schadete niemandem; das Brot, was ich in diesem Zustande aß, war sehr trocken, und der Trank, den ich trank, sehr wässerig, denn Stundengeben wirft bei uns nicht viel ab, verehrte Welt und Testaments-Vollstrecker!

So lebte ich einige Zeit in meinem Dachstübchen, als mir eines Tages einfiel, daß der Mann, dessen Schöpfung ich über alles verehrte, ja noch *lebe*. Es war mir unbegreiflich, bis dahin noch nicht daran gedacht zu haben. Mir war nicht eingefallen, daß Beethoven vorhanden sein, daß er Brot essen und Luft atmen könne, wie unsereins; dieser Beethoven lebte ja aber in Wien und war auch ein armer deutscher Musiker!

Nun war es um meine Ruhe geschehen! Alle meine Gedanken wurden zu dem einen Wunsch: *Beethoven zu sehen!* Kein Muselmann verlangte gläubiger, nach dem Grabe seines Propheten zu wallfahrten, als ich nach dem Stübchen, in dem Beethoven wohnte.

Wie aber es anfangen, um mein Vorhaben ausführen zu können? Nach Wien war eine große Reise, und es bedurfte Geld dazu; ich Armer gewann aber kaum, um das Leben zu fristen! Da mußte ich denn außerordentliche Mittel ersinnen, um mir das nötige Reisegeld zu verschaffen. Einige Klaviersonaten, die ich nach dem Vorbilde des Meisters komponiert hatte, trug ich hin zum Verleger, der Mann machte mir mit wenigen Worten klar, daß ich ein Narr sei mit meinen Sonaten; er gab mir aber den Rat, daß, wollte ich mit der Zeit durch Kompositionen ein paar Taler verdienen, ich anfangen sollte, durch Galopps und Potpourris mir ein kleines Renommee zu machen. – Ich schauderte; aber meine Sehnsucht, Beethoven zu sehen, siegte; ich komponierte Galopps und Potpourris, konnte aber in dieser Zeit aus Scham mich nie überwinden, einen Blick auf Beethoven zu werfen, denn ich fürchtete, ihn zu entweihen. Zu meinem Unglück bekam ich aber diese ersten Opfer meiner Unschuld noch gar nicht einmal bezahlt, denn mein Verleger erklärte mir, daß ich mir erst einen kleinen Namen machen müßte. Ich schauderte wiederum und fiel in Verzweiflung. Diese Verzweiflung brachte aber auch einige vortreffliche Galopps hervor. Wirklich erhielt ich Geld dafür, und endlich glaubte ich genug gesammelt zu haben, um damit mein Vorhaben auszuführen. Darüber waren aber zwei Jahre vergangen, während ich immer befürchtete, Beethoven könne sterben, ehe ich mir durch Galopps und Potpourris einen Namen gemacht habe. Gott sei Dank, er hatte den Glanz meines Namens erlebt! – Heiliger Beethoven, vergib mir dieses Renommee, es ward erworben, um dich sehen zu können!

Ha, welche Wonne! Mein Ziel war erreicht! Wer war seliger als ich! Ich konnte mein Bündel schnüren und zu Beethoven wandern. Ein heiliger Schauer erfaßte mich, als ich zum Tore hinausschritt und mich dem Süden zuwandte! Gern hätte ich mich wohl in eine Diligence gesetzt, nicht weil ich die Strapaze des Fußgehens scheute – (o, welche Mühseligkeiten hätte ich nicht freudig für dieses Ziel ertragen!) – sondern weil ich auf diese Art schneller zu Beethoven gelangt wäre. Um aber Fuhrlohn zahlen zu können, hatte ich noch zu wenig für meinen Ruf als Galoppkomponist getan. Somit ertrug ich alle Beschwerden und pries mich glücklich, so weit zu sein, daß sie mich ans Ziel führen konnten. O, was schwärmte ich, was träumte ich! Kein Liebender konnte seliger sein, der nach langer Trennung zur Geliebten seiner Jugend zurückkehrt. –

So zog ich in das schöne Böhmen ein, das Land der Harfenspieler und Straßensänger. In einem kleinen Städtchen traf ich auf eine Gesellschaft reisender Musikanten; sie bildeten ein kleines Orchester, zusammengesetzt aus einem Baß, zwei Violinen, zwei Hörnern, einer Klarinette und einer Flöte; außerdem gab es eine Harfnerin und zwei Sängerinnen mit schönen Stimmen. Sie spielten Tänze und sangen Lieder; man gab ihnen Geld, und sie wanderten weiter. Auf einem schönen schattigen Plätzchen neben der Landstraße traf ich sie wieder an; sie hatten sich da gelagert und hielten ihre Mahlzeit. Ich gesellte mich zu ihnen, sagte, daß ich auch ein wandernder Musiker sei, und bald wurden wir Freunde. Da sie Tänze spielten, frug ich sie schüchtern, ob sie auch meine Galopps schon spielten? Die Herrlichen! Sie kannten meine Galopps nicht! O, wie mir das wohl tat!

Ich frug, ob sie nicht auch andere Musik als Tanzmusik machten? »Ei wohl,« antworteten sie, »aber nur für uns, und nicht vor den vornehmen Leuten«. – Sie packten ihre Musikalien aus – ich erblickte das große Septuor von Beethoven; staunend frug ich, ob sie auch dies spielten?

»Warum nicht?« – entgegnete der älteste; – »Joseph hat eine böse Hand und kann jetzt nicht die zweite Violine spielen, sonst wollten wir uns gleich damit eine Freude machen.«

Außer mir, ergriff ich sogleich die Violine Josephs, versprach, ihn nach Kräften zu ersetzen, und wir begannen das Septuor.

O, welches Entzücken! Hier, an einer böhmischen Landstraße, unter freiem Himmel das Beethovensche Septuor von Tanzmusikanten, mit einer Reinheit, einer

Präzision und einem so tiefen Gefühle vorgetragen, wie selten von den meisterhaftesten Virtuosen! – Großer Beethoven, wir brachten dir ein würdiges Opfer!

Wir waren soeben im Finale, als – die Chaussee bog sich an dieser Stelle bergauf – ein eleganter Reisewagen langsam und geräuschlos herankam und endlich dicht bei uns stillhielt. Ein erstaunlich langer und erstaunlich blonder junger Mann lag im Wagen ausgestreckt, hörte unserer Musik mit ziemlicher Aufmerksamkeit zu, zog eine Brieftasche heraus und notierte einige Worte. Darauf ließ er ein Goldstück aus dem Wagen fallen und weiter fortfahren, indem er zu seinem Bedienten wenige englische Worte sprach, woraus mir erhellte, daß dies ein Engländer sein müsse.

Dieser Vorfall verstimmte uns; zum Glück waren wir mit dem Vortrage des Septuors fertig. Ich umarmte meine Freunde und wollte sie begleiten, sie aber erklärten, daß sie von hier aus die Landstraße verlassen und einen Feldweg einschlagen würden, um für diesmal zu ihrem Heimatsdorfe zurückzukehren. Hätte nicht Beethoven selbst meiner gewartet, ich würde sie gewiß auch dahin begleitet haben. So aber trennten wir uns gerührt und schieden. Später fiel mir auf, daß niemand das Goldstück des Engländers aufgehoben hatte. –

Im nächsten Gasthof, wo ich einkehrte, um meine Glieder zu stärken, saß der Engländer bei einem guten Mahle. Er betrachtete mich lange; endlich sprach er mich in einem passabeln Deutsch an.

»Wo sind Ihre Kollegen?« frug er.

»Nach ihrer Heimat«, sagte ich.

»Nehmen Sie Ihre Violine, und spielen Sie noch etwas« – fuhr er fort – »hier ist Geld!«

Das verdroß mich; ich erklärte, daß ich nicht für Geld spielte, außerdem auch keine Violine hätte, und setzte ihm kurz auseinander, wie ich mit jenen Musikanten zusammengetroffen war.

»Das waren gute Musikanten« – versetzte der Engländer – »und die Symphonie von Beethoven war auch sehr gut.«

Diese Äußerung frappierte mich; ich frug ihn, ob er Musik treibe?

»Yes« – antwortete er – »ich spiele zweimal in der Woche die Flöte, Donnerstags blase ich Waldhorn und Sonntags komponiere ich.«

Das war viel; ich erstaunte. – In meinem Leben hatte ich nichts von reisenden englischen Musikern gehört; ich fand daher, daß sie sich sehr gut stehen müßten, wenn sie in so schönen Equipagen ihre Wanderungen ausführen könnten. – Ich frug, ob er Musiker von Profession sei?

Lange erhielt ich gar keine Antwort; endlich brachte er sehr langsam hervor, daß er viel Geld habe.

Mein Irrtum wurde mir einleuchtend, denn ich hatte ihn jedenfalls mit meiner Frage beleidigt. Verlegen schwieg ich und verzehrte mein einfaches Mahl.

Der Engländer, der mich abermals lange betrachtet hatte, begann aber wieder. »Kennen Sie Beethoven?« – frug er mich.

Ich entgegnete, daß ich noch nie in Wien gewesen sei und jetzt eben im Begriff stehe, dahin zu wandern, um die heißeste Sehnsucht zu befriedigen, die ich hege, den angebeteten Meister zu sehen.

»Woher kommen Sie?« – frug er. – »Von L . . .« – »Das ist nicht weit! Ich komme von England und will auch Beethoven kennen lernen. Wir werden beide ihn kennen lernen; er ist ein sehr berühmter Komponist.« –

Welch wunderliches Zusammentreffen! – dachte ich bei mir. Hoher Meister, wie verschiedene ziehst du nicht an! Zu Fuß und zu Wagen wandert man zu dir! – Mein Engländer interessierte mich; ich gestehe aber, daß ich ihn seiner Equipage wegen wenig beneidete. Es war mir, als wäre meine mühselige Pilgerfahrt zu Fuße heiliger und frömmer, und ihr Ziel müßte mich mehr beglücken, als jenen, der in Stolz und Hoffart dahin zog.

Da blies der Postillion; der Engländer fuhr fort, nachdem er mir zugerufen, er würde Beethoven eher sehen als ich.

Ich war kaum einige Stunden zu Fuße gefolgt, als ich ihn unerwartet wieder antraf. Es war auf der Landstraße. Ein Rad seines Wagens war gebrochen; mit majestätischer Ruhe saß er aber noch darin, sein Bedienter hinten auf, trotzdem daß der Wagen ganz auf der Seite hing. Ich erfuhr, daß man den Postillion zurückerwartete, der nach einem ziemlich entfernten Dorf gelaufen sei, um einen Schmied herbeizuschaffen. Man hatte schon lange gewartet; da der Bediente nur englisch sprach, entschloß ich mich, selbst nach dem Dorfe zu gehen, um Postillion und Schmied anzutreiben. Wirklich traf ich den ersten in einer Schenke, wo er beim Branntwein sich nicht sonderlich um den Engländer kümmerte; doch brachte ich ihn mit dem Schmied bald zu dem zerbrochenen Wagen zurück. Der Schade war geheilt; der Engländer versprach mir, mich bei Beethoven anzumelden, und – fuhr davon.

Wie sehr war ich verwundert, als ich am folgenden Tage ihn wiederum auf der Landstraße antraf! Diesmal, aber ohne zerbrochenem Rad, hielt er ganz ruhig mitten auf dem Wege, las in einem Buche und schien zufrieden zu sein, als er mich meines Weges daherkommen sah.

»Ich habe hier schon sehr viele Stunden gewartet,« sagte er, »weil mir hier eingefallen ist, daß ich unrecht getan habe, Sie nicht einzuladen, mit mir zu Beethoven zu fahren. Das Fahren ist viel besser als das Gehen. Kommen Sie in den Wagen.«

Ich war abermals erstaunt. Eine kurze Zeit schwankte ich wirklich, ob ich sein Anerbieten nicht annehmen sollte; bald aber erinnerte ich mich des Gelübdes, das ich gestern getan hatte, als ich den Engländer dahinrollen sah: ich hatte mir gelobt, unter allen Umständen meine Pilgerschaft zu Fuß zu wallen. Ich erklärte das laut. Jetzt erstaunte der Engländer; er konnte mich nicht begreifen. Er wiederholte sein Anerbieten, und daß er schon viele Stunden auf mich gewartet habe, obgleich er im Nachtquartier durch die gründliche Reparatur des zerbrochenen Rades sehr lange aufgehalten worden sei. Ich blieb fest, und er fuhr verwundert davon.

Eigentlich hatte ich eine geheime Abneigung gegen ihn, denn es drang sich mir wie eine düstere Ahnung auf, daß mir dieser Engländer großen Verdruß anrichten würde. Zudem kam mir seine Verehrung Beethovens, sowie sein Vorhaben, ihn kennen zu lernen, mehr wie die gekkenhafte Grille eines reichen Gentlemans als das tiefe, innige Bedürfnis einer enthusiastischen Seele vor. Deshalb wollte ich ihn lieber fliehen, um durch eine Gemeinschaft mit ihm meine fromme Sehnsucht nicht zu entweihen.

Aber als ob mich mein Geschick darauf vorbereiten wollte, in welchen gefährlichen Zusammenhang ich mit diesem Gentleman noch geraten sollte, traf ich ihn am Abend desselben Tages abermals, vor einem Gasthofe haltend und, wie es schien, mich erwartend. Denn er saß rückwärts in seinem Wagen und sah die Straße zurück mir entgegen.

»Sir«, – redete er mich an, – »ich habe wieder sehr viele Stunden auf Sie gewartet. Wollen Sie mit mir zu Beethoven fahren?«

Diesmal mischte sich zu meinem Erstaunen ein heimliches Grauen. Diese auffallende Beharrlichkeit, mir zu dienen, konnte ich mir unmöglich anders erklären, als daß der Engländer, meine wachsende Abneigung gegen sich gewahrend, mir zu meinem Verderben sich aufdrängen wollte. Mit unverhaltenem Verdrusse schlug ich abermals sein Anerbieten aus. Da rief er stolz:

»Goddam, Sie schätzen Beethoven wenig. Ich werde ihn bald sehen!« Eilig flog er davon. –

Diesmal war es wirklich das letztemal, daß ich auf dem noch langen Wege nach Wien mit diesem Inselsohne zusammentraf. Endlich betrat ich die Straßen Wiens; das Ende meiner Pilgerfahrt war erreicht. Mit welchen Gefühlen zog ich in dieses Mekka meines Glaubens ein! Alle Mühseligkeiten der langen und beschwerlichen Wanderschaft waren vergessen; ich war am Ziele, in den Mauern, die Beethoven umschlossen.

Ich war zu tief bewegt, um sogleich an die Ausführung meiner Absicht denken zu können. Zunächst erkundigte ich mich zwar nach der Wohnung Beethovens, jedoch nur um mich in dessen Nähe einzulogieren. Ziemlich gegenüber dem Hause, in welchem der Meister wohnte, befand sich ein nicht zu vornehmer Gasthof; ich mietete mir ein kleines Kämmerchen im fünften Stock desselben, und dort bereitete ich mich nun auf das größte Ereignis meines Lebens, auf einen Besuch bei Beethoven vor.

Nachdem ich zwei Tage ausgeruht, gefastet und gebetet, Wien aber noch mit keinem Blick näher betrachtet hatte, faßte ich denn Mut, verließ meinen Gasthof und ging schräg gegenüber in das merkwürdige Haus. Man sagte mir, Herr Beethoven sei nicht zugegen. Das war mir gerade recht; denn ich gewann Zeit, um mich von neuem zu sammeln. Da mir aber den Tag über noch viermal derselbe Bescheid, und zwar mit einem gewissen gesteigerten Tone, gegeben ward, hielt ich diesen Tag für einen Unglückstag und gab mißmutig meinen Besuch auf.

Als ich zu meinem Gasthof zurückwanderte, grüßte mir aus dem ersten Stock desselben mein Engländer ziemlich leutselig entgegen.

»Haben Sie Beethoven gesehen?« rief er mir zu.

»Noch nicht: er war nicht anzutreffen,« entgegnete ich, verwundert über mein abermaliges Zusammentreffen mit ihm. Auf der Treppe begegnete er mir und nötigte mich mit auffallender Freundlichkeit in sein Zimmer. »Mein Herr,« sagte er, »ich habe Sie heute schon fünfmal in Beethovens Haus gehen sehen. Ich bin schon viele Tage hier und habe in diesem garstigen Hotel Quartier genommen, um Beethoven nahe zu sein. Glauben Sie mir, es ist sehr schwer, Beethoven zu sprechen; dieser Gentleman hat sehr viele Launen. Ich bin am Anfange sechsmal zu ihm gegangen und bin stets zurückgewiesen worden. Jetzt stehe ich sehr früh auf und setze mich bis spät abends an das Fenster, um zu sehen, wann Beethoven ausgeht. Der Gentleman scheint aber *nie* auszugehen.«

»So glauben Sie, Beethoven sei auch heute zu Hause gewesen und habe mich abweisen lassen?« rief ich bestürzt. »Versteht sich, Sie und ich, wir sind abgewiesen. Und das ist mir sehr unangenehm, denn ich bin nicht gekommen, Wien kennen zu lernen, sondern Beethoven.«

Das war für mich eine sehr trübe Nachricht. Nichtsdestoweniger versuchte ich am andern Tage wieder mein Heil, jedoch abermals vergebens, – die Pforten des Himmels waren mir verschlossen.

Mein Engländer, der meine fruchtlosen Versuche stets mit der gespanntesten Aufmerksamkeit vom Fenster aus beobachtete, hatte nun auch durch Erkundigungen Sicherheit erhalten, daß Beethoven nicht auf die Straße heraus wohne. Er war sehr verdrießlich, aber grenzenlos beharrlich. – Dafür war meine Geduld bald verloren, denn ich hatte dazu wohl mehr Grund als er; eine Woche war allmählich verstrichen, ohne daß ich meinen Zweck erreichte, und die Einkünfte meiner Galopps erlaubten mir durchaus keinen langen Aufenthalt in Wien. Nach und nach begann ich zu verzweifeln.

Ich teilte meine Leiden dem Wirte des Gasthofes mit. Dieser lächelte und versprach mir, den Grund meines Unglücks anzugeben, wenn ich gelobte, ihn nicht dem Engländer zu verraten. Meinen Unstern ahnend, tat ich das verlangte Gelübde.

»Sehen Sie wohl,« – sagte nun der ehrliche Wirt – »es kommen hier sehr viele Engländer her, um Herrn von Beethoven zu sehen und kennen zu lernen. Dies verdrießt aber Herrn von Beethoven sehr, und er hat eine solche Wut gegen die Zudringlichkeit dieser Herren, daß er es jedem Fremden rein unmöglich macht, vor ihn zu gelangen. Er ist ein sonderlicher Herr, und man muß ihm dies verzeihen. Meinem Gasthofe ist dies aber recht zuträglich, denn er ist gewöhnlich stark von Engländern besetzt, die durch die Schwierigkeit, Herrn Beethoven zu sprechen, genötigt sind, länger, als es sonst der Fall sein würde, meine Gäste zu sein. Da Sie jedoch versprechen, mir diese Herrn nicht zu verscheuchen, so hoffe ich ein Mittel ausfindig zu machen, wie Sie an Herrn Beethoven herankommen können.«

Das war sehr erbaulich; ich kam also nicht zum Ziele, weil ich armer Teufel als Engländer passierte! O, meine Ahnung war gerechtfertigt; der Engländer war mein Verderben! – Augenblicklich wollte ich aus dem Gasthofe ziehen, denn jedenfalls wurde in Beethovens Hause jeder für einen Engländer gehalten, der hier logierte, und schon deshalb war ich also im Bann. Dennoch hielt mich aber das Versprechen des Wirtes, daß er mir eine Gelegenheit verschaffen wollte, Beethoven zu sehen und zu sprechen, zurück. Der Engländer, den ich nun im Innersten verabscheute, hatte währenddem allerhand Intrigen und Bestechungen angefangen, jedoch immer ohne Resultat.

So verstrichen wiederum mehrere fruchtlose Tage, während welcher der Ertrag meiner Galopps sichtlich abnahm, als mir endlich der Wirt vertraute, daß ich Beethoven nicht verfehlen könnte, wenn ich mich in einen gewissen Biergarten begeben wollte, wo dieser sich fast täglich zu einer bestimmten Stunde einzufinden pflege. Zugleich erhielt ich von meinem Ratgeber unfehlbare Nachweisungen über die Persönlichkeit des großen Meisters, die es mir möglich machen sollten, ihn zu erkennen. Ich lebte auf und beschloß, mein Glück nicht auf morgen zu verschieben. Es war mir unmöglich, Beethoven beim Ausgehen anzutreffen, da er sein Haus stets durch eine Hintertür verließ; somit blieb mir nichts übrig als der Biergarten. Leider suchte ich den Meister aber sowohl an diesem, als an den nächstfolgenden zwei Tagen dort vergebens auf. Endlich, am vierten, als ich wiederum zur bestimmten Stunde meine Schritte dem verhängnisvollen Biergarten zuwandte, mußte ich zu meiner Verzweiflung gewahr werden, daß mich der Engländer vorsichtig und bedächtig von fern verfolgte. Der Unglückliche, fortwährend an sein Fenster postiert, hatte es sich nicht entgehen lassen, daß ich täglich zu einer gewissen Zeit nach derselben Richtung hinausging; dies hatte ihn frappiert, und sogleich vermutend, daß ich eine Spur entdeckt habe, Beethoven aufzusuchen, hatte er beschlossen, aus dieser meiner vermutlichen Entdeckung Vorteil zu ziehen. Er erzählte mir alles dies mit der größten Unbefangenheit und erklärte zugleich, daß er mir überallhin folgen wollte. Vergebens war mein Bemühen, ihn zu hintergehen und glauben zu machen, daß ich einzig vorhabe, zu meiner Erholung einen gemeinen Biergarten zu besuchen, der viel zu unfashionabel sei, um von Gentlemans seinesgleichen beachtet zu werden; er blieb unerschütterlich bei seinem Entschlusse, und ich hatte mein Geschick zu verfluchen. Endlich versuchte ich Unhöflichkeit und suchte ihn durch Grobheit von mir zu entfernen; weit davon aber, sich dadurch aufbringen zu lassen, begnügte er sich mit einem sanften Lächeln. Seine fixe Idee war: Beethoven zu sehen, – alles übrige kümmerte ihn nicht.

Und in Wahrheit, diesen Tag sollte es geschehen, daß ich endlich zum ersten Male den großen Beethoven zu Gesicht bekam. Nichts vermag meine Hingerissenheit, zugleich aber auch meine Wut zu schildern, als ich, an der Seite meines Gentlemans sitzend, den Mann sich nähern sah, dessen Haltung und Aussehen vollständig der Schilderung entsprachen, die mir mein Wirt von dem Äußern des Meisters entworfen hatte. Der lange, blaue Überrock, das verworrene, struppige graue Haar, dazu aber die Mienen, der Ausdruck des Gesichts, wie sie nach einem guten Porträt lange meiner Einbildungskraft vorgeschwebt hatten. Hier war ein Irrtum unmöglich: im ersten Augenblick hatte ich ihn erkannt! Mit schnellen, kurzen Schritten kam er an uns vorbei; Überraschung und Ehrfurcht fesselten meine Sinne.

Der Engländer verlor keine meiner Bewegungen; mit neugierigem Blicke beobachtete er den Ankömmling, der sich in die entfernteste Ecke des um diese Stunde noch unbesuchten Gartens zurückzog, Wein bringen ließ und dann einige Zeit in einer nachdenkenden Stellung verblieb. Mein laut schlagendes Herz sagte mir: er ist es! Ich vergaß für einige Augenblicke meinen Nachbar und betrachtete mit gierigem Auge und mit unsäglicher Bewegung den Mann, dessen Genius ausschließlich all meine Gedanken und Gefühle beherrschte, seit ich gelernt zu denken und zu fühlen. Unwillkürlich begann ich, leise vor mich hinzusprechen, und verfiel in eine Art Monolog, der mit den nur zu bedeutsamen Worten schloß: *Beethoven, du bist es also, den ich sehe?*

Nichts entging meinem heillosen Nachbar, der, nahe zu mir herabgebeugt, mit verhaltenem Atem mein Flüstern belauscht hatte. Aus meiner tiefen Ekstase ward ich aufgeschreckt durch die Worte: »Yes! dieser Gentleman ist Beethoven! Kommen Sie, und stellen wir uns ihm sogleich vor!«

Voll Angst und Verdruß hielt ich den verwünschten Engländer beim Arme zurück.

»Was wollen Sie tun?« rief ich, – »wollen Sie uns kompromittieren – hier an diesem Orte – so ganz ohne alle Beobachtung der Schicklichkeit?«

»O« – entgegnete er – »dies ist eine vortreffliche Gelegenheit, wir werden nicht leicht eine bessere finden.«

Damit zog er eine Art von Notenheft aus der Tasche und wollte direkt auf den Mann im blauen Überrock losgehen. Außer mir, erfaßte ich den Unsinnigen bei den Rockschößen und rief ihm die Heftigkeit zu: »Sind Sie des Teufels?«

Dieser Vorgang hatte die Aufmerksamkeit des Fremden auf sich gezogen. Mit einem peinlichen Gefühle schien er zu erraten, daß er der Gegenstand unserer Aufregung sei, und nachdem er hastig sein Glas geleert, erhob er sich, um fortzugehen. Kaum hatte dies aber der Engländer gewahrt, als er sich mit großer Gewalt von mir losriß, daß er mir einen seiner Rockschöße in der Hand zurückließ und sich Beethoven in den Weg warf.

Dieser suchte ihm auszuweichen; der Nichtswürdige kam ihm aber zuvor, machte ihm eine herrliche Verbeugung nach den Regeln der neuesten englischen Mode und redete ihn folgendermaßen an:

»Ich habe die Ehre, mich dem sehr berühmten Kompositeur und sehr ehrenwerten Herrn Beethoven vorzustellen.«

Er hatte nicht nötig, mehr hinzuzufügen, denn nach den ersten Worten schon hatte Beethoven, nachdem er einen Blick auf mich geworfen, sich mit einem eiligen Seitensprunge abgewandt und war mit Blitzesschnelle aus dem Garten verschwunden. Nichtsdestoweniger war der unerschütterliche Brite eben im Begriff, dem Entflohenen nachzulaufen, als ich mich in wütender Bewegung an den letzten seiner Rockschöße anhing. Einigermaßen verwundert hielt er an und rief mit seltsamen Tone:

»Goddam! dieser Gentleman ist würdig, Engländer zu sein! Er ist gar ein großer Mann, und ich werde nicht säumen, seine Bekanntschaft zu machen.«

Ich blieb versteinert; dieses schauderhafte Abenteuer vernichtete mir alle Hoffnung, den heißesten Wunsch meines Herzens erfüllt zu sehen.

In der Tat wurde mir begreiflich, daß von nun an jeder Schritt, mich Beethoven auf eine gewöhnliche Art zu nähern, vollkommen fruchtlos geworden sei. Bei meinen gänzlich zerrütteten Vermögenszuständen hatte ich mich nur noch zu entscheiden, ob ich augenblicklich unverrichteterdinge meine Heimfahrt antreten oder einen letzten verzweifelten Schritt tun sollte, mich an mein Ziel zu bringen. Bei dem ersten Gedanken schauderte ich bis in das Innerste meiner Seele. Wer mußte, so nah an den Pforten des höchsten Heiligtumes, diese für immer sich schließen sehen, ohne nicht in Vernichtung zu fallen! Ehe ich also das Heil meiner Seele aufgab, wollte ich noch einen Verzweiflungsschritt tun. Welcher Schritt aber war es, welcher Weg, den ich gehen sollte? Lange konnte ich nichts Durchgreifendes ersinnen. Ach, all mein Bewußtsein war gelähmt; nichts bot sich meiner aufgeregten Einbildungskraft dar, als die Erinnerung dessen, was ich erleben mußte, als ich den Rockschoß des entsetzlichen Engländers in den Händen hielt. Beethovens Seitenblick auf mich Unglückseligen in dieser furchtbaren Katastrophe war mir nicht entgangen; ich fühlte, was dieser Blick zu bedeuten hatte: er hatte mich zum Engländer gemacht!

Was nun beginnen, um den Argwohn des Meisters zu enttäuschen? Alles kam darauf an, ihn wissen zu lassen, daß ich eine einfache deutsche Seele sei, voll irdischer Armut, aber überirdischem Enthusiasmus.

So entschied ich mich denn endlich, mein Herz auszuschütten, zu schreiben. Dies geschah. Ich schrieb; erzählte kurz meine Lebensgeschichte, wie ich zum Musiker geworden war, wie ich ihn anbetete, wie ich ihn einmal hätte kennen lernen wollen, wie ich zwei Jahre opferte, mir einen Namen als Galoppkomponist zu machen, wie ich meine Pilgerfahrt antrat und vollendete, welche Leiden der Engländer über mich brachte, und welche grausame Lage gegenwärtig die meinige sei. Indem ich bei dieser Aufzählung meiner Leiden mein Herz sich merklich erleichtern fühlte, verfiel ich in der Wollust dieses Gefühles sogar in einen gewissen Grad von Vertraulichkeit; ich flocht meinem Briefe ganz freimütige und ziemlich starke Vorwürfe ein über die ungerechte Grausamkeit des Meisters, mit der ich Ärmster von ihm behandelt ward. Mit wahrhafter Begeisterung schloß ich endlich diesen Brief; es flimmerte mir vor den Augen, als ich die Adresse: »An Herrn Ludwig van Beethoven« –

schrieb. Ich sprach noch ein stilles Gebet und gab diesen Brief selbst in Beethovens Hause ab.

Als ich voll Enthusiasmus zu meinem Hotel zurückkehrte, o Himmel! – wer brachte mir auch da wieder den furchtbaren Engländer vor meine Augen! Von seinem Fenster aus hatte er auch diesen meinen letzten Gang beobachtet; er hatte in meinen Mienen die Freude der Hoffnung gelesen, und das war genug, um mich wiederum seiner Macht verfallen zu lassen. Wirklich hielt er mich auf der Treppe an mit der Frage: »Gute Hoffnung? Wann werden wir Beethoven sehen?«

»Nie, nie!« – schrie ich in Verzweiflung – »*Sie* will Beethoven nie im Leben wieder sehen! Lassen Sie mich, Entsetzlicher, wir haben nichts gemein!«

»Sehr wohl haben wir gemein« – entgegnete er kaltblütig – »wo ist mein Rockschoß, Sir? Wer hat Sie autorisiert, mir ihn gewaltsam zu entwenden? Wissen Sie, daß Sie schuld sind an dem Benehmen Beethovens gegen mich? Wie konnte er es konvenabel finden, sich mit einem Gentleman einzulassen, der nur *einen* Rockschoß hatte!«

Außer mir, diese Schuld auf mich gewälzt zu sehen, rief ich: »Herr, den Rockschoß sollen Sie zurück haben; mögen Sie ihn schamvoll zum Andenken aufbewahren, wie Sie den großen Beethoven beleidigten und einen armen Musiker in das Verderben stürzten! Leben Sie wohl, mögen wir uns nie wieder sehen!«

Er suchte, mich zurückzuhalten und zu beruhigen, indem er mich versicherte, daß er noch sehr viele Röcke im besten Zustande besitze; ich solle ihm nur sagen, wann uns Beethoven empfangen wollte. – Rastlos stürmte ich aber hinauf zu meinem fünften Stock; da schloß ich mich ein und erwartete Beethovens Antwort.

Wie aber soll ich beschreiben, was in mir, was um

mich vorging, als ich wirklich in der nächsten Stunde ein kleines Stück Notenpapier erhielt, auf welchem mit flüchtiger Hand geschrieben stand:

»Entschuldigen Sie, Herr R. ..., wenn ich Sie bitte, mich erst morgen vormittag zu besuchen, da ich heute beschäftigt bin, ein Paket Musikalien auf die Post zu liefern. Morgen erwarte ich Sie. Beethoven.«

Zuerst sank ich auf meine Knie und dankte dem Himmel für diese außerordentliche Huld; meine Augen trübten sich mit den inbrünstigsten Tränen. Endlich brach aber mein Gefühl in wilde Lust aus; ich sprang auf, und wie ein Rasender tanzte ich in meinem kleinen Zimmer umher. Ich weiß nicht recht, was ich tanzte, nur entsinne ich mich, daß ich zu meiner großen Scham plötzlich inneward, wie ich einen meiner Galopps dazu pfiff. Diese betrübende Entdeckung brachte mich wieder zu mir selbst. Ich verließ mein Stübchen, den Gasthof, und stürzte freudetrunken in die Straßen Wiens.

Mein Gott, meine Leiden hatten mich ganz vergessen gemacht, daß ich in Wien sei. Wie entzückte mich das heitere Treiben der Bewohner dieser Kaiserstadt. Ich war in einem begeisterten Zustande und sah alles mit begeisterten Augen. Die etwas oberflächliche Sinnlichkeit der Wiener dünkte mich frische Lebenswärme; ihre leichtsinnige und nicht sehr unterscheidende Genußsucht galten mir für natürliche und offene Empfänglichkeit für alles Schöne. Ich erforschte die fünf täglichen Theaterzettel. Himmel! Da erblickte ich auf dem *einen* angezeigt: *Fidelio,* Oper von Beethoven.

Ich mußte in das Theater, und mochten die Einkünfte meiner Galopps noch so sehr zusammengeschmolzen sein. Als ich im Parterre ankam, begann soeben die Ouvertüre. Es war dies die Umarbeitung der Oper, die früher unter dem Titel »Leonore« zur Ehre des tiefsinnigen

Wiener Publikums durchgefallen war. Auch in dieser zweiten Gestalt hatte ich die Oper noch nirgends aufführen hören; man denke sich also das Entzücken, welches ich empfand, als ich das herrliche Neue hier zum ersten Male vernahm! Ein sehr junges Mädchen gab die Leonore; diese Sängerin schien sich aber schon in so früher Jugend mit dem Genius Beethovens vermählt zu haben. Mit welcher Glut, mit welcher Poesie, wie tieferschütternd stellte sie dies außerordentliche Weib dar! Sie nannte sich *Wilhelmine Schröder.* Sie hat sich das hohe Verdienst erworben, Beethovens Werk dem deutschen Publikum erschlossen zu haben; denn wirklich sah ich an diesem Abende selbst die oberflächlichen Wiener vom gewaltigsten Enthusiasmus ergriffen. Mir für mein Teil war der Himmel geöffnet; ich war verklärt und betete den Genius an, der mich – gleich Florestan – aus Nacht und Ketten in das Licht und die Freiheit geführt hatte.

Ich konnte die Nacht nicht schlafen. Was ich soeben erlebt und was mir morgen bevorstand, war zu groß und überwältigend, als daß ich es ruhig hätte in einen Traum mit übertragen können. Ich wachte, ich schwärmte und bereitete mich, vor Beethoven zu erscheinen. – Endlich erschien der neue Tag; mit Ungeduld erwartete ich die zum Morgenbesuch schickliche Stunde; – auch sie schlug, und ich brach auf. Mir stand das wichtigste Ereignis meines Lebens bevor: von diesem Gedanken war ich erschüttert.

Aber noch sollte ich eine furchtbare Prüfung überstehen. Mit großer Kaltblütigkeit an die Haustüre Beethovens gelehnt, erwartete mich mein Dämon, – der Engländer! – Der Unselige hatte alle Welt, somit endlich auch den Wirt unseres Gasthofes bestochen; dieser hatte die offenen Zeilen Beethovens an mich früher als ich selbst gelesen und den Inhalt derselben an den Briten verraten.

Ein kalter Schweiß überfiel mich bei diesem Anblick; alle Poesie, alle himmlische Aufregung schwand mir dahin: ich war wieder in *seiner* Gewalt.

»Kommen Sie«, begann der Unglückliche, »stellen wir uns Beethoven vor!«

Erst wollte ich mir mit einer Lüge helfen und vorgeben, daß ich gar nicht auf dem Wege zu Beethoven sei. Allein er benahm mir bald alle Möglichkeit zur Ausflucht; denn mit großer Offenherzigkeit machte er mich damit bekannt, wie er hinter mein Geheimnis gekommen war, und erklärte, mich nicht eher verlassen zu wollen, als bis wir von Beethoven zurückkämen. Ich versuchte erst in Güte, ihn von seinem Vorhaben abzubringen – umsonst! Ich geriet in Wut – umsonst! Endlich hoffte ich, mich ihm durch die Schnelligkeit meiner Füße zu entziehen; wie ein Pfeil flog ich die Treppen hinan und riß wie ein Rasender an der Klingel. Ehe aber noch geöffnet wurde, war der Gentleman bei mir, ergriff die Flügel meines Rockes und sagte: »Entfliehen Sie mir nicht! Ich habe ein Recht an Ihren Rockschoß; ich will Sie daran halten, bis wir vor Beethoven stehen.«

Entsetzt wandte ich mich um, suchte mich ihm zu entreißen, ja, ich fühlte mich versucht, gegen den stolzen Sohn Britanniens mich mit Tätlichkeiten zu verteidigen: – da ward die Tür geöffnet. Die alte Aufwärterin erschien, zeigte ein finsteres Gesicht, als sie uns in unserer sonderbaren Situation erblickte, und machte Miene, die Tür sogleich wieder zu schließen. In der Angst rief ich laut meinen Namen und beteuerte, von Herrn Beethoven eingeladen worden zu sein.

Noch war die Alte zweifelhaft, denn der Anblick des Engländers schien ihr ein gerechtes Bedenken zu erwekken, als durch ein Ungefähr auf einmal Beethoven selbst an der Türe seines Kabinettes erschien. Diesen Moment benutzend, trat ich schnell ein und wollte auf den Meister zu, um mich zu entschuldigen. Zugleich zog ich aber den Engländer mit herein, denn dieser hielt mich noch fest. Er führte seinen Vorsatz aus und ließ mich erst los, als wir vor Beethoven standen. Ich verbeugte mich und stammelte meinen Namen; wiewohl er diesen jedenfalls nicht verstand, schien er doch zu wissen, daß ich der sei, der ihm geschrieben hatte. Er hieß mich in sein Zimmer eintreten, und ohne sich um Beethovens verwunderungsvollen Blick zu bekümmern, schlüpfte mein Begleiter mir eiligst nach.

Hier war ich – im Heiligtum; die gräßliche Verlegenheit aber, in welche mich der heillose Brite gebracht hatte, raubte mir alle wohltätige Besinnung, die mir nötig war, um meines Glückes würdig zu genießen. An und für sich war Beethovens äußere Erscheinung keineswegs dazu gemacht, angenehm und behaglich zu wirken. Er war in ziemlich unordentlicher Hauskleidung, trug eine rote wollene Binde um den Leib; lange, starke graue Haare lagen unordentlich um seinen Kopf herum, und seine finstere, unfreundliche Miene vermochte durchaus nicht, meine Verlegenheit zu heben. Wir setzten uns an einem Tisch nieder, der voll Papiere und Federn lag.

Es herrschte unbehagliche Stimmung, keiner sprach. Augenscheinlich war Beethoven verstimmt, zwei für einen empfangen zu haben.

Endlich begann er, indem er mit rauher Stimme frug: »Sie kommen von L ...?«

Ich wollte antworten; er aber unterbrach mich, indem er einen Bogen Papier nebst einem Bleistift bereitlegte, fügte er hinzu: »Schreiben Sie, ich höre nicht!«

Ich wußte von Beethovens Taubheit und hatte mich

darauf vorbereitet. Nichtsdestoweniger fuhr es mir wie ein Stich durch das Herz, als ich von dieser rauhen, gebrochenen Stimme hörte: »Ich höre nicht!« – Freudenlos und arm in der Welt zu stehen; die einzige Erhebung in der Macht der Töne zu wissen und sagen zu müssen: ich höre nicht! – Im Moment kam ich in mir zum vollkommenen Verständnis über Beethovens äußere Erscheinung, über den tiefen Gram auf seinen Wangen, über den düsteren Unmut seines Blickes, über den verschlossenen Trotz seiner Lippen: – *er hörte nicht!* –

Verwirrend und ohne zu wissen, was, schrieb ich eine Bitte um Entschuldigung und eine kurze Erklärung der Umstände auf, die mich in der Begleitung des Engländers erscheinen ließen. Dieser saß währenddem stumm und befriedigt Beethoven gegenüber, der, nachdem er meine Zeilen gelesen, sich ziemlich heftig zu ihm wandte mit der Frage, was er von ihm wünsche?

»Ich habe die Ehre ...« – entgegnete der Brite.

»Ich verstehe Sie nicht!« – rief Beethoven ihn hastig unterbrechend; – »ich höre nicht und kann auch nicht viel sprechen. Schreiben Sie auf, was Sie von mir wollen!«

Der Engländer sann einen Augenblick ruhig nach, zog dann sein zierliches Musikheft aus der Tasche und sagte zu mir: »Es ist gut. Schreiben Sie: ich bitte Herrn Beethoven, meine Komposition zu sehen; wenn ihm eine Stelle darin nicht gefällt, wird er die Güte haben, ein Kreuz dabei zu machen.«

Ich schrieb wörtlich sein Verlangen auf, in der Hoffnung, ihn nun loszuwerden; und so kam es auch. Nachdem Beethoven gelesen, legte er mit einem sonderbaren Lächeln die Komposition des Engländers auf den Tisch, nickte kurz und sagte: »Ich werde es schicken.« –

Damit war mein Gentleman sehr zufrieden, stand auf,

machte eine besonders herrliche Verbeugung und empfahl sich. – Ich atmete tief auf: – er war fort.

Nun erst fühlte ich mich im Heiligtum. Selbst Beethovens Züge heiterten sich deutlich auf; er blickte mich einen Augenblick ruhig an und begann dann:

»Der Brite hat Ihnen viel Ärger gemacht?« sagte er; »trösten Sie sich mit mir; diese reisenden Engländer haben mich schon bis auf das Blut geplagt. Sie kommen heute, einen armen Musiker zu sehen, wie morgen ein seltenes Tier. Es tut mir leid um Sie, daß ich Sie mit jenem verwechselt habe. – Sie schrieben mir, daß Sie mit meinen Kompositionen zufrieden wären. Das ist mir lieb, denn ich rechne jetzt nur wenig darauf, daß meine Sachen den Leuten gefallen.«

Diese Vertraulichkeit in seiner Anrede benahm mir bald alle lästige Befangenheit; ein Freudenschauer durchbebte mich bei diesen einfachen Worten. Ich schrieb, daß ich wahrlich nicht der einzige sei, der von so glühendem Enthusiasmus für jede seiner Schöpfungen erfüllt wäre, daß ich nichts sehnlicher wünschte, als z. B. meiner Vaterstadt das Glück verschaffen zu können, ihn einmal in ihrer Mitte zu sehen; er würde sich dann überzeugen, welche Wirkung dort seine Werke auf das gesamte Publikum hervorbrächten.

»Ich glaube wohl,« – erwiderte Beethoven, – »daß meine Kompositionen im nördlichen Deutschland mehr ansprechen. Die Wiener ärgern mich oft; sie hören täglich zu viel schlechtes Zeug, als daß sie immer aufgelegt sein sollten, mit Ernst an etwas Ernstes zu gehen.«

Ich wollte dem widersprechen und führte an, daß ich gestern der Aufführung des »Fidelio« beigewohnt hätte, welche das Wiener Publikum mit dem offensten Enthusiasmus aufgenommen habe.

»Hm, hm!« brummte der Meister, »der Fidelio! – Ich

weiß aber, daß die Leutchen jetzt nur aus Eitelkeit in die Hände klatschen, denn sie reden sich ein, daß ich in der Umarbeitung dieser Oper nur ihrem Rate gefolgt sei. Nun wollen sie mir die Mühe vergelten und rufen bravo! Es ist ein gutmütiges Volk und nicht gelehrt; ich bin darum lieber bei ihnen, als bei gescheiten Leuten. – Gefällt Ihnen jetzt der Fidelio?«

Ich berichtete von dem Eindrucke, den die gestrige Vorstellung auf mich gemacht hatte, und bemerkte, daß durch die hinzugefügten Stücke das Ganze auf das herrlichste gewonnen habe.

»Ärgerliche Arbeit!« entgegnete Beethoven. »Ich bin kein Opernkomponist, wenigstens kenne ich kein Theater in der Welt, für das ich gern wieder eine Oper schreiben möchte! Wenn ich eine Oper machen wollte, die nach meinem Sinne wäre, würden die Leute davonlaufen; denn da würde nichts von Arien, Duetten, Terzetten und all dem Zeuge zu finden sein, womit sie heutzutage die Opern zusammenflicken, und was ich dafür machte, würde kein Sänger singen und kein Publikum hören wollen. Sie kennen alle nur die glänzende Lüge, brillanten Unsinn und überzuckerte Langweile. Wer ein wahres musikalisches Drama machte, würde für einen Narren angesehen werden, und wäre es auch in der Tat, wenn er so etwas nicht für sich selbst behielte, sondern es vor die Leute bringen wollte.«

»Und wie würde man zu Werke gehen müssen,« frug ich erhitzt, – »um ein solches musikalisches Drama zustande zu bringen?«

»Wie es Shakespeare machte, wenn er seine Stücke schrieb«, war die fast heftige Antwort. Dann fuhr er fort: »Wer es sich darum zu tun sein lassen muß, Frauenzimmern mit passabler Stimme allerlei bunten Tand anzupassen, durch den sie bravi und Händeklatschen bekommen, der sollte Pariser Frauenschneider werden, aber nicht dramatischer Komponist. – Ich für mein Teil bin nun einmal zu solchen Späßen nicht gemacht. Ich weiß recht wohl, daß die gescheiten Leute deshalb meinen, ich verstünde mich allenfalls auf die Instrumentalmusik, in der Vokalmusik würde ich aber nie zu Hause sein. Sie haben recht, da sie unter Vokalmusik nur Opernmusik verstehen; und dafür, daß ich in diesem Unsinne heimisch würde, bewahre mich der Himmel!«

Ich erlaubte mir hier zu fragen, ob er wirklich glaube, daß jemand nach Anhörung seiner »Adelaide« ihm den glänzendsten Beruf auch zur Gesangsmusik abzusprechen wagen würde?

»Nun«, entgegnete er nach einer kleinen Pause, – »die Adelaide und dergleichen sind am Ende Kleinigkeiten, die den Virtuosen von Profession zeitig genug in die Hände fallen, um ihnen als Gelegenheit zu dienen, ihre vortrefflichen Kunststückchen anbringen zu können. Warum sollte aber die Vokalmusik nicht ebensogut als die Instrumentalmusik einen großen, ernsten Genre bilden können, der zumal bei der Ausführung von dem leichtsinnigen Sängervolke ebenso respektiert würde, als es meinetwegen bei einer Symphonie vom Orchester gefordert wird? Die menschliche Stimme ist einmal da. Ja, sie ist sogar ein bei weitem schöneres und edleres Tonorgan als jedes Instrument des Orchesters. Sollte man sie nicht ebenso selbständig in Anwendung bringen können wie dieses? Welche ganz neuen Resultate würde man nicht bei diesem Verfahren gewinnen! Denn gerade der seiner Natur nach von der Eigentümlichkeit der Instrumente gänzlich verschiedene Charakter der menschlichen Stimme würde besonders herauszuheben und festzuhalten sein und die mannigfachsten Kombinationen erzeugen lassen. In den Instrumenten repräsentieren sich die Urorgane der Schöpfung und der Natur; das, was sie ausdrücken, kann nie klar bestimmt und festgesetzt werden, denn sie geben die Urgefühle selbst wieder, wie sie aus dem Chaos der ersten Schöpfung hervorgingen, als es selbst vielleicht noch nicht einmal Menschen gab, die sie in ihr Herz aufnehmen konnten. Ganz anders ist es mit dem Genius der Menschenstimme; diese repräsentiert das menschliche Herz und dessen abgeschlossene, individuelle Empfindung. Ihr Charakter ist somit beschränkt, aber bestimmt und klar. Man bringe nun diese beiden Elemente zusammen, man vereinige sie! Man stelle den wilden, in das Unendliche hinausschweifenden Urgefühlen, repräsentiert von den Instrumenten, die klare, bestimmte Empfindung des menschlichen Herzens entgegen, repräsentiert von der Menschenstimme. Das Hinzutreten dieses zweiten Elementes wird wohltuend und schlichtend auf den Kampf der Urgefühle wirken, wird ihrem Strome einen bestimmten, vereinigten Lauf geben; das menschliche Herz selbst aber wird, indem es jene Urempfindungen in sich aufnimmt, unendlich erkräftigt und erweitert, fähig sein, die frühere unbestimmte Ahnung des Höchsten, zum göttlichen Bewußtsein umgewandelt, klar in sich zu fühlen.«

Hier hielt Beethoven wie erschöpft einige Augenblicke an. Dann fuhr er mit einem leichten Seufzer fort: »Freilich stößt man bei dem Versuch zur Lösung dieser Aufgabe auf manchen Übelstand; um singen zu lassen, braucht man der Worte. Wer aber wäre imstande, die Poesie in Worte zu fassen, die einer solchen Vereinigung aller Elemente zugrunde liegen würde? Die Dichtung muß da zurückstehen, denn die Worte sind für diese Aufgabe zu schwache Organe. – – Sie werden bald eine neue Komposition von mir kennen lernen, die Sie an das erinnern wird, worüber ich mich jetzt ausließ. Es ist dies eine Symphonie mit Chören. Ich mache Sie darauf aufmerksam, wie schwer es mir dabei ward, dem Übelstand der Unzulänglichkeit der zu Hilfe gerufenen Dichtkunst abzuhelfen. Ich habe mich endlich entschlossen, die schöne Hymne unsers *Schillers* ›An die Freude‹ zu benützen; es ist dies jedenfalls eine edle und erhebende Dichtung, wenn auch weit entfernt davon, das auszusprechen, was allerdings in diesem Falle keine Verse der Welt aussprechen können.«

Noch heute kann ich das Glück kaum fassen, das mir dadurch zuteil ward, daß mir Beethoven selbst durch diese Andeutungen zum vollen Verständnis seiner riesenhaften letzten Symphonie verhalf, die damals höchstens eben erst vollendet, keinem aber noch bekannt war. Ich drückte ihm meinen begeistertsten Dank für diese gewiß seltene Herablassung aus. Zugleich äußerte ich die entzückende Überraschung, die er mir mit der Nachricht bereitet hatte, daß man dem Erscheinen eines neuen großen Werkes von seiner Komposition entgegensehen dürfe. Mir waren die Tränen in die Augen getreten, – ich hätte vor ihm niederknien mögen.

Beethoven schien meine gerührte Aufregung zu gewahren. Er sah mich halb wehmütig, halb spöttisch lächelnd an, als er sagte: »Sie können mich verteidigen, wenn von meinem neuen Werk die Rede sein wird. Gedenken Sie mein: – die klugen Leute werden mich für verrückt halten, wenigstens dafür ausschreien. Sie sehen aber wohl, Herr R . . ., daß ich gerade noch kein Wahnsinniger bin, wenn ich sonst auch unglücklich genug dazu wäre. – Die Leute verlangen von mir, ich soll schreiben, wie sie sich einbilden, daß es schön und gut sei; sie bedenken aber nicht, daß ich armer Tauber meine ganz eigenen Gedanken haben muß, – daß es mir nicht möglich sein kann, anders zu komponieren, als ich fühle.

Und daß ich ihre schönen Sachen nicht denken und fühlen kann« – setzte er ironisch hinzu – »das ist ja eben mein Unglück!«

Damit stand er auf und schritt mit schnellen, kurzen Schritten durch das Zimmer. Tief bis in das Innerste ergriffen, wie ich war, stand ich ebenfalls auf; – ich fühlte, daß ich zitterte. Unmöglich wäre es mir gewesen, weder durch Pantomimen noch durch Schrift eine Unterhaltung fortzusetzen. Ich ward mir bewußt, daß jetzt der Punkt gekommen war, auf dem mein Besuch dem Meister lästig werden konnte. Ein tiefgefühltes Wort des Dankes und des Abschiedes *aufzuschreiben* schien mir zu nüchtern; ich begnügte mich, meinen Hut zu ergreifen, vor Beethoven hinzutreten und ihn in meinem Blicke lesen zu lassen, was in mir vorging.

Er schien mich zu verstehen. »Sie wollen fort?« frug er. »Werden Sie noch einige Zeit in Wien bleiben?«

Ich schrieb ihm auf, daß ich mit dieser Reise nichts beabsichtigt hätte, als ihn kennen zu lernen; daß, da er mich gewürdigt habe, mir eine so außerordentliche Aufnahme zu gewähren, ich überglücklich sei, mein Ziel als erreicht anzusehen, und morgen wieder zurückwandern würde.

Lächelnd erwiderte er: »Sie haben mir geschrieben, auf welche Art Sie sich das Geld zu dieser Reise verschafft haben: – Sie sollten in Wien bleiben und Galopps machen, – hier gilt die Ware viel.«

Ich erklärte, daß es für mich nun damit aus sei, da ich nichts wüßte, was mir wieder eines ähnlichen Opfers wert erscheinen könnte.

»Nun, nun!« entgegnete er, »das findet sich! Ich alter Narr würde es auch besser haben, wenn ich Galopps machte; wie ich es bis jetzt treibe, werde ich immer darben. – Reisen Sie glücklich« – fuhr er fort – »gedenken

Sie mein, und trösten Sie sich in allen Widerwärdigkeiten mit mir.«

Gerührt und mit Tränen in den Augen wollte ich mich empfehlen, da rief er mir noch zu: »Halt! Fertigen wir den musikalischen Engländer ab! Laßt sehen, wo die Kreuze hinkommen sollen!«

Damit ergriff er das Musikheft des Briten und sah es lächelnd und flüchtig durch; sodann legte er es sorgfältig wieder zusammen, schlug es in einen Bogen Papier ein, ergriff eine dicke Notenfeder und zeichnete ein kollosales Kreuz quer über den ganzen Umschlag. Darauf überreichte er es mir mit den Worten: »Stellen Sie dem Glücklichen gefälligst sein Meisterwerk zu! Er ist ein Esel, und doch beneide ich ihn um seine langen Ohren! – – Leben Sie wohl, mein Lieber, und behalten Sie mich lieb!«

Somit entließ er mich. Erschüttert verließ ich sein Zimmer und das Haus.

Im Hotel traf ich den Bedienten des Engländers an, wie er die Koffer seines Herrn im Reisewagen zurechtpackte. Also auch sein Ziel war erreicht; ich mußte gestehen, daß auch *er* Ausdauer bewiesen hatte. Ich eilte in mein Zimmer und machte mich ebenfalls fertig, mit dem morgenden Tage meine Fußwanderschaft zurück anzutreten. Laut mußte ich auflachen, als ich das Kreuz auf dem Umschlage der Komposition des Engländers betrachtete. Dennoch war dieses Kreuz ein Andenken Beethovens, und ich gönnte es dem bösen Dämon meiner Pilgerfahrt nicht. Schnell war mein Entschluß gefaßt. Ich nahm den Umschlag ab, suchte meine Galopps hervor und schlug sie in diese verdammende Hülle ein. Dem Engländer ließ ich seine Komposition ohne Umschlag zustellen und begleitete sie mit einem Briefchen, in welchem ich ihm meldete, daß Beethoven ihn beneide und erklärt habe, nicht zu wissen, wo er da ein Kreuz anbringen solle.

Als ich den Gasthof verließ, sah ich meinen unseligen Genossen in den Wagen steigen.

»Leben Sie wohl!« rief er mir zu. »Sie haben mir große Dienste geleistet. Es ist mir lieb, Herrn Beethoven kennen gelernt zu haben. – Wollen Sie mit mir nach Italien?«

»Was suchen Sie dort?« – frug ich dagegen.

»Ich will Herrn Rossini kennen lernen, denn er ist ein sehr berühmter Komponist.«

»Glück zu!« – rief ich. – »Ich kenne Beethoven; für mein Leben habe ich somit genug!«

Wir trennten uns. Ich warf noch einen schmachtenden Blick nach Beethovens Haus und wanderte dem Norden zu, in meinem Herzen erhoben und veredelt.

Heinrich Heine

Bevor er, sozusagen, über Beethoven (und dessen »Freund« Schindler) stolpert, charakterisiert Heine, in seinem Bericht für die Augsburger »Allgemeine Zeitung« vom 20. April 1841, »unsre heutige Gegenwart« versuchsweise als »das Zeitalter der Musik«. Nachdem die Architektur, die Bildhauerkunst, die Malerei ihre Blütezeit gehabt hätten, greife die »gesteigerte Spiritualität« jetzt nach »Klängen und Tönen«, und was sich da Ausdruck verschaffe, nähre die Vermutung, es handle sich bei der Musik um »das letzte Wort der Kunst«. Jedenfalls ängstige ihn die Hochkonjunktur der Musik mehr als sie ihn erfreue.

Daß man hier fast in lauter Musik ersäuft, daß es in Paris fast kein einziges Haus gibt, wohin man sich wie in eine Arche retten kann vor dieser klingenden Sündflut, daß die edle Tonkunst unser ganzes Leben überschwemmt – dies ist für mich ein bedenkliches Zeichen, und es ergreift mich darob manchmal ein Mißmut, der bis zur murrsinnigsten Ungerechtigkeit gegen unsre großen Maestri und Virtuosen ausartet. Unter diesen Umständen darf man keinen allzu heitern Lobgesang von mir erwarten für den Mann, den hier die schöne Welt, besonders die hysterische Damenwelt, in diesem Augenblick mit einem wahnsinnigen Enthusiasmus umjubelt und der in der Tat einer der merkwürdigsten Repräsentanten der musikalischen Bewegung ist. Ich spreche von Franz Liszt, dem genialen Pianisten. Ja, der Geniale ist jetzt wieder hier und gibt Konzerte, die einen Zauber üben, der ans Fabelhafte grenzt. Neben ihm schwinden alle Klavierspieler – mit Ausnahme eines einzigen, des Chopin, des Raffaels des

Fortepiano. In der Tat, mit Ausnahme dieses Einzigen sind alle andern Klavierspieler, die wir dieses Jahr in unzähligen Konzerten hörten, eben nur Klavierspieler, sie glänzen durch die Fertigkeit, womit sie das besaitete Holz handhaben, bei Liszt hingegen denkt man nicht mehr an überwundene Schwierigkeit, das Klavier verschwindet, und es offenbart sich die Musik. In dieser Beziehung hat Liszt, seit wir ihn zum letztenmal hörten, den wunderbarsten Fortschritt gemacht. Mit diesem Vorzug verbindet er eine Ruhe, die wir früher an ihm vermißten. Wenn er z. B. damals auf dem Pianoforte ein Gewitter spielte, sahen wir die Blitze über sein eigenes Gesicht dahinzucken, wie von Sturmwind schlotterten seine Glieder, und seine langen Haarzöpfe träuften gleichsam vom dargestellten Platzregen. Wenn er jetzt auch das stärkste Donnerwetter spielt, so ragt er doch selber darüber empor, wie der Reisende, der auf der Spitze einer Alpe steht, während es im Tal gewittert: die Wolken lagern tief unter ihm, die Blitze ringeln wie Schlangen zu seinen Füßen, das Haupt erhebt er lächelnd in den reinen Äther.

Trotz seiner Genialität begegnet Liszt einer Opposition hier in Paris, die meistens aus ernstlichen Musikern besteht und seinem Nebenbuhler, dem kaiserlichen Thalberg, den Lorbeer reicht. – Liszt hat bereits zwei Konzerte gegeben, worin er, gegen allen Gebrauch, ohne Mitwirkung anderer Künstler, ganz allein spielte. Er bereitet jetzt ein drittes Konzert zum Besten des Monuments von Beethoven. Dieser Komponist muß in der Tat dem Geschmack eines Liszt am meisten zusagen. Namentlich Beethoven treibt die spiritualistische Kunst bis zu jener tönenden Agonie der Erscheinungswelt, bis zu jener Vernichtung der Natur, die mich mit einem Grauen erfüllt, das ich nicht verhehlen mag, obgleich meine Freunde darüber den Kopf schütteln. Für mich ist es ein sehr bedeutungsvoller Umstand, daß Beethoven am Ende seiner Tage taub ward und sogar die unsichtbare Tonwelt keine klingende Realität mehr für ihn hatte. Seine Töne waren nur noch Erinnerungen eines Tones, Gespenster verschollener Klänge, und seine letzten Produktionen tragen an der Stirne ein unheimliches Totenmal.

Minder schauerlich als die Beethovensche Musik war für mich der Freund Beethovens, l'ami de Beethoven, wie er sich hier überall produzierte, ich glaube sogar auf Visitenkarten. Eine schwarze Hopfenstange mit einer entsetzlich weißen Krawatte und einer Leichenbittermiene. War dieser Freund Beethovens wirklich dessen Pylades? Oder gehörte er zu jenen gleichgültigen Bekannten, mit denen ein genialer Mensch zuweilen um so lieber Umgang pflegt, je unbedeutender sie sind und je prosaischer ihr Geplapper ist, das ihm eine Erholung gewährt nach ermüdend poetischen Geistesflügen? Jedenfalls sahen wir hier eine neue Art der Ausbeutung des Genius, und die kleinen Blätter spöttelten nicht wenig über den ami de Beethoven. »Wie konnte der große Künstler einen so unerquicklichen, geistesarmen Freund ertragen!« riefen die Franzosen, die über das monotone Geschwätz jenes langweiligen Gastes alle Geduld verloren. Sie dachten nicht daran, daß Beethoven taub war.

Franz Grillparzer

»Erinnerungen, Reden, Gedichte« verfaßte Grillparzer apropos Beethoven. Wobei ihn die gelegentlich geäußerte Ansicht, Beethovens »häufiges Übertreten der Regeln« habe »diese als entbehrlich« erscheinen lassen, davor bewahrte, in grenzenlose Verehrung zu verfallen. Er lernte den »wunderlichen Mann« als Dreizehn-, Vierzehnjähriger bereits kennen. Gegenseitig wurde die Aufmerksamkeit erst knappe 20 Jahre später.

Unterdessen hatte ich selbst den Weg der Öffentlichkeit betreten. Die Ahnfrau, Sappho, Medea, Ottokar waren erschienen, als mir plötzlich von dem damaligen Oberleiter der beiden Hoftheater, Grafen Moritz Dietrichstein, die Kunde kam, Beethoven habe sich an ihn gewendet, ob er mich vermögen könne, für ihn, Beethoven, ein Opernbuch zu schreiben.

Diese Anfrage, gestehe ich es nur, setzte mich in nicht geringe Verlegenheit. Einmal lag mir der Gedanke, je ein Opernbuch zu schreiben, an sich schon fern genug, dann zweifelte ich, ob Beethoven, der unterdessen völlig gehörlos geworden war, und dessen letzte Kompositionen, unbeschadet ihres hohen Wertes, einen Charakter von Herbigkeit angenommen hatten, der mir mit der Behandlung der Singstimmen in Widerspruch zu stehen schien, ich zweifelte, sage ich, ob Beethoven noch im Stande sei, eine Oper zu komponieren. Der Gedanke aber, einem großen Manne vielleicht Gelegenheit zu einem, für jeden Fall höchst interessanten Werke zu geben, überwog alle Rücksichten, und ich willigte ein.

Unter den dramatischen Stoffen, die ich mir zu künftiger Bearbeitung aufgezeichnet hatte, befanden sich zwei, die allenfalls eine opernmäßige Behandlung zuzulassen schienen. Der eine bewegte sich in dem Gebiete der gesteigertsten Leidenschaft. Aber nebstdem, daß ich keine Sängerin wußte, die der Hauptrolle gewachsen wäre, wollte ich auch nicht Beethoven Anlaß geben, den äußersten Grenzen der Musik, die ohnehin schon wie Abstürze drohend da lagen, durch einen halb diabolischen Stoff verleitet, noch näher zu treten.

Ich wählte daher die Fabel der Melusine, schied die reflektierenden Elemente nach Möglichkeit aus und suchte durch Vorherrschen der Chöre, gewaltige Finales, und indem ich den dritten Akt beinahe melodramatisch hielt, mich den Eigentümlichkeiten von Beethovens letzter Richtung möglichst anzupassen. Mit dem Kompositeur früher über den Stoff zu konferieren, unterließ ich, weil ich mir die Freiheit meiner Ansicht erhalten wollte, auch später einzelnes geändert werden konnte, und endlich ihm ja freistand, das Buch zu komponieren oder nicht. Ja, um ihm in letzterer Beziehung gar keine Gewalt anzutun, sandte ich ihm das Buch auf demselben Wege zu, auf dem die Anforderung geschehen war. Er sollte durch keine persönliche Rücksicht irgend einer Art bestimmt oder in Verlegenheit gesetzt werden.

Ein paar Tage darauf kam Schindler, der damalige Geschäftsmann Beethovens – derselbe, der später seine Biographie geschrieben hat –, zu mir und lud mich im Namen seines Herrn und Meisters, der unwohl sei, ein, ihn zu besuchen. Ich kleidete mich an, und wir gingen auf der Stelle zu Beethoven, der damals in der Vorstadt Landstraße wohnte. Ich fand ihn, in schmutzigen Nachtkleidern auf einem zerstörten Bette liegend, ein Buch in der Hand. Zu Häupten des Bettes befand sich eine kleine Türe, die, wie ich später sah, zur Speisekammer führte, und die Beethoven gewissermaßen bewachte. Denn als in

Silhouette des jungen Beethoven (etwa 16. Lebensjahr). Schattenriß von Josef von Neesen (um 1786)

der Folge eine Magd mit Butter und Eiern heraustrat, konnte er sich, mitten im eifrigen Gespräche, doch nicht enthalten, einen prüfenden Blick auf die herausgetragenen Quantitäten zu werfen, was ein trauriges Bild von den Störungen seines häuslichen Lebens gab.

Wie wir eintraten, stand Beethoven vom Lager auf, reichte mir die Hand, ergoß sich in Ausdrücken des Wohlwollens und der Achtung und kam sogleich auf die Oper zu sprechen. Ihr Werk lebt hier, sagte er, indem er auf die Brust zeigte, in ein paar Tagen ziehe ich aufs Land, und da will ich sogleich anfangen, es zu komponieren. Nur mit dem Jägerchor, der den Eingang macht, weiß ich nichts anzufangen. Weber hat vier Hörner gebraucht; Sie sehen, daß ich da ihrer acht nehmen müßte; wo soll das hinführen? Obwohl ich die Notwendigkeit dieser Schlußfolge nichts weniger als einsah, erklärte ich ihm doch, der Jägerchor könne, unbeschadet des Ganzen, geradezu wegbleiben, mit welchem Zugeständnis er sehr zufrieden schien, und weder damals noch später hat er irgend sonst eine Einwendung gegen den Text gemacht, noch eine Änderung verlangt. Ja, er bestand darauf, gleich jetzt einen Kontrakt mit mir zu schließen. Die Vorteile aus der Oper sollten gleich zwischen uns geteilt werden usw. Ich erklärte ihm, der Wahrheit gemäß, daß ich bei meinen Arbeiten nie auf ein Honorar oder dergleichen gedacht hätte (wodurch es auch kam, daß mir dieselben, die ich – Uhland ausgenommen – für das Beste halte, was Deutschland seit dem Tode seiner großen Dichter hervorgebracht, allesamt kaum so viel eingetragen als einem Verstorbenen oder Lebendigen oder Halbtoten ein einziger Band ihrer Reisenovellen und Phantasiebilder). Am wenigsten solle zwischen uns davon die Rede sein. Er möge mit dem Buche machen, was er wolle, ich würde nie einen Kontrakt mit ihm schließen. Nach vielem Hin- und Herreden oder vielmehr Schreiben, da Beethoven Gesprochenes nicht mehr hörte, entfernte ich mich, indem ich versprach, ihn in Hetzendorf zu besuchen, wenn er einmal dort eingerichtet sein würde.

[...]

Im Laufe des Sommers besuchte ich mit Herrn Schindler Beethoven auf seine Einladung in Hetzendorf. Ich weiß nicht, sagte mir Schindler auf dem Wege, oder hatte jemand schon früher gesagt, Beethoven sei durch dringende bestellte Arbeiten bisher verhindert worden, an die Komposition der Oper zu gehen. Ich vermied daher, das Gespräch darauf zu bringen. Wir gingen spazieren und unterhielten uns so gut, als es halb sprechend, halb schreibend, besonders im Gehen, möglich ist. Noch erinnere ich mich mit Rührung, daß Beethoven, als wir uns zu Tische setzten, ins Nebenzimmer ging und selbst fünf Flaschen herausbrachte. Eine setzte er vor Schindlers Teller, eine vor das seine, und drei stellte er in Reihe vor mich hin, wahrscheinlich, um mir in seiner wildnaiven, gutmütigen Art auszudrücken, daß ich Herr sei, zu trinken, wie viel mir beliebte. Als ich, ohne Schindler, der in Hetzendorf blieb, nach der Stadt zurückfuhr, bestand Beethoven darauf, mich zu begleiten. Er setzte sich zu mir in den offenen Wagen, statt aber nur bis an die Grenze seines Umkreises fuhr er mit mir bis zur Stadt zurück, an deren Toren er ausstieg und nach einem herzlichen Händedruck den anderthalb Stunden langen Heimweg allein antrat. Indem er aus dem Wagen stieg, sah ich ein Papier auf der Stelle liegen, wo er gesessen hatte. Ich glaubte, er hätte es vergessen, und winkte ihm, zurückzukommen. Er aber schüttelte mit dem Kopfe, und mit lautem Lachen, wie nach einer gelungenen Hinterlist, lief er nur um so schneller in der entgegengesetzten Richtung. Ich entwickelte das Papier, und es enthielt genau den Betrag des Fuhrlohns, den ich mit meinem Kutscher bedungen hatte. So entfremdet hatte ihn seine Lebensweise allen Gewohnheiten und Gebräuchen der Welt, daß ihm gar nicht einfiel, welche Beleidigung unter allen andern Umständen in einem solchen Vorgange gelegen hätte. Ich nahm übrigens die Sache, wie sie gemeint war, und bezahlte lachend meinen Kutscher mit dem geschenkten Gelde.

Später sah ich ihn – ich weiß nicht mehr wo – nur noch einmal wieder. Er sagte mir damals: Ihre Oper ist fertig.

Ob er damit meinte: fertig im Kopfe, oder ob die unzähligen Notatenbücher, in die er einzelne Gedanken und Figuren zu künftiger Verarbeitung, nur ihm allein verständlich, aufzuzeichnen pflegte, vielleicht auch die Elemente jener Oper bruchstückweise enthielten, kann ich nicht sagen. Gewiß ist, daß nach seinem Tode sich nicht eine einzige Note vorfand, die man unzweifelhaft auf jenes gemeinschaftliche Werk hätte beziehen können. Ich blieb übrigens meinem Vorsatze getreu, ihn, auch nicht aufs leiseste, daran zu erinnern, und kam – da mir auch die Unterhaltung auf schriftlichem Wege lästig war – nicht mehr in seine Nähe, bis ich in schwarzem Anzuge und eine brennende Fackel in der Hand hinter seinem Sarge herging.

Zwei Tage vorher kam Schindler des Abends zu mir mit der Nachricht, daß Beethoven im Sterben liege und seine Freunde von mir eine Rede verlangten, die der Schauspieler Anschütz an seinem Grabe halten sollte. Ich war um so mehr erschüttert, als ich kaum etwas von der Krankheit wußte, suchte jedoch meine Gedanken zu ordnen, und des andern Morgens fing ich an, die Rede niederzuschreiben. Ich war in die zweite Hälfte gekommen, als Schindler wieder eintrat, um das Bestellte abzuholen, denn Beethoven sei eben gestorben. Da tat es einen starken Fall in meinem Innern, die Tränen stürzten mir aus den Augen, und – wie es mir auch bei sonstigen Arbeiten ging, wenn wirkliche Rührung mich übermannte – ich habe die Rede nicht in der Prägnanz vollenden können, in der sie begonnen war. Sie wurde übrigens gehalten,[1] die Leichengäste entfernten sich in andächtiger Rührung, und Beethoven war nicht mehr unter uns.

1 Vgl. die nachfolgend abgedruckte »Rede am Grabe Beethovens«.

Ich habe Beethoven eigentlich geliebt. Wenn ich von seinen Äußerungen nur wenig wieder zu erzählen weiß, so kommt es vorzüglich daher, weil mich an einem Künstler nicht das interessiert, was er spricht, sondern was er macht. Wenn Sprechen einen Maßstab für Künstlerwert abgäbe, so wäre Deutschland gegenwärtig ebenso voll von Künstlern, als es in der Tat leer ist. Ja, der eigentlichen Schöpfungskraft kommt nur jenes bereits im Talent gegebene, gleichsam gebundene Denkvermögen zugute, das sich instinktmäßig äußert und die Quelle von Leben und individueller Wahrheit ist. Je weiter der Kreis, um so schwerer seine Erfüllung. Je größer die Masse, um so schwieriger ihre Belebung. Als Goethe noch wenig wußte, schrieb er den ersten Teil des Faust, als das ganze Reich des Wissenswürdigen ihm geläufig war, den zweiten. Von einzelnem, was Beethoven sagte, fällt mir nachträglich nur noch ein, daß er Schillern sehr hoch hielt, daß er das Los der Dichter gegenüber den Musikern als das beglücktere pries, weil sie ein weiteres Gebiet hätten, endlich, daß Webers Euryanthe, die damals neu war und mir mißfiel, ihm gleich wenig zu gefallen schien. Im ganzen dürften es doch Webers Erfolge gewesen sein, die in ihm den Gedanken hervorriefen, selbst wieder eine Oper zu schreiben. Er hatte sich aber so sehr an einen ungebundenen Flug der Phantasie gewöhnt, daß kein Opernbuch der Welt im Stande gewesen wäre, seine Ergüsse in gegebenen Schranken festzuhalten. Er suchte und suchte und fand keines, weil es für ihn keines gab. Es hätte ihn doch sonst einer der vielen Stoffe, die ihm Herr Rellstab vorschlug, besonders eh ihn noch Mängel der Ausführung zurückschrecken konnten, wenigstens in der Idee anziehen müssen.

[...]

Zum Schlusse noch ein paar Reimzeilen, die ich vor kurzem niedergeschrieben und für die ich keine bessere Stelle weiß:

Wanderszene

Es geht ein Mann mit raschem Schritt, –
Nun freilich geht sein Schatten mit –
Er geht durch Dickicht, Feld und Korn
Und all sein Streben ist nach vorn.
Ein Strom will hemmen seinen Mut,
Er stürzt hinein und teilt die Flut;
Am andern Ufer steigt er auf,
Setzt fort den unbezwungnen Lauf.
Nun an der Klippe angelangt,
Holt weit er aus, daß jeden bangt;
Ein Sprung – und sicher, unverletzt,
Hat er den Abgrund übersetzt.
Was andern schwer, ist ihm ein Spiel,
Als Sieger steht er schon am Ziel;
Nur hat er keinen Weg gebahnt.
Der Mann mich an Beethoven mahnt.

Rede am Grabe Beethovens

Indem wir hier an dem Grabe dieses Verblichenen stehen, sind wir gleichsam die Repräsentanten einer ganzen Nation, des deutschen gesamten Volkes, trauernd über den Fall der einen, hochgefeierten Hälfte dessen, was uns übrig blieb von dem dahingeschwundenen Glanz heimischer Kunst, vaterländischer Geistesblüte. Noch lebt zwar – und möge er lange leben! – der Held des Sanges in deutscher Sprach und Zunge; aber der letzte Meister des tönenden Liedes, der Tonkunst holder Mund, der Erbe und Erweiterer von Händel und Bachs, von Haydn und Mozarts unsterblichem Ruhme hat ausgelebt, und wir stehen weinend an den zerrissenen Saiten des verklungenen Spiels.

Des verklungenen Spiels! Laßt mich so ihn nennen! Denn ein Künstler war er, und was er war, war er nur durch die Kunst. Des Lebens Stacheln hatten ihn tief verwundet, und wie der Schiffbrüchige das Ufer umklammert, so floh er in deinen Arm, o du des Guten und Wahren gleich herrliche Schwester, des Leides Trösterin, von oben stammende Kunst! Fest hielt er an dir, und selbst als die Pforte geschlossen war, durch die du eingetreten bei ihm, und sprachst zu ihm; als er blind geworden war für deine Züge durch sein taubes Ohr, trug er noch immer dein Bild im Herzen, und als er starb, lag's noch auf seiner Brust.

Ein Künstler war er, und wer steht auf neben ihm? Wie der Behemoth die Meere durchstürmt, durchflog er die Grenzen seiner Kunst. Vom Girren der Taube bis zum Rollen des Donners, von der spitzfindigsten Verwebung eigensinniger Kunstmittel, bis zu dem furchtbaren Punkte, wo das Gebildete übergeht in die regellose Willkür streitender Naturgewalten, alles hatte er durchmessen, alles erfaßt. Der nach ihm kommt, wird nicht fortsetzen, er wird *anfangen* müssen, denn sein Vorgänger hörte nur auf, wo die Kunst aufhört. Adelaide und Leonore! Feier der Helden von Vittoria! und des Meßopfers demütiges Lied! Kinder ihr der drei- und viergeteilten Stimmen! Brausende Symphonie! »Freude, schöner Götterfunken«, du Schwanengesang! Muse des Liedes und des Saitenspiels! stellt euch rings um sein Grab und bestreut's mit Lorbeeren!

Ein Künstler war er, aber auch ein Mensch. Mensch in des Worts vollkommenster Bedeutung. Weil er von der Welt sich abschloß, nannten sie ihn feindselig, und weil er der Empfindung aus dem Wege ging, gefühllos. Ach, wer sich *hart* weiß, der flieht nicht! Gerade das *Übermaß* der Empfindung weicht der Empfindung aus! – Wenn er die Welt floh, so war's, weil er in den Tiefen seines liebenden Gemütes keine Waffe fand, sich ihr zu widersetzen; wenn er sich den Menschen entzog, so geschah's, nachdem er ihnen alles gegeben und nichts zurückempfangen hatte. Er blieb einsam, weil er kein Zweites fand! – Aber bis zum Tode bewahrte er ein menschliches Herz allen Menschen, ein väterliches den Seinen, Gut und Blut aller Welt.

So war er, so starb er, so wird er leben für alle Zeiten.

Ihr aber, die ihr unserm Geleite gefolgt bis hieher, gebietet eurem Schmerz! Nicht verloren habt ihr ihn, ihr habt ihn gewonnen. Erst wenn die Pforte des Lebens hinter uns sich schließt, springen die Pforten zum Tempel der Unsterblichkeit. Dort steht er nun bei den Großen aller Zeiten, unantastbar, für immer. Drum scheidet, trauernd, aber gefaßt von seiner Ruhestätte, und wenn euch je im Leben wie der kommende Sturm die Gewalt seiner Schöpfungen übermannt, wenn eure Tränen fließen in der Mitte eines jetzt noch ungeborenen Geschlechts, so erinnert euch dieser Stunde und denkt: wir waren dabei, als sie ihn begruben, und als er starb, haben wir geweint.

Carl Czerny

Zehn Jahre war Czerny alt, als er zu Beethoven »geführt« wurde, ihm vorzuspielen; Ergebnis: »Ich selber will ihn unterrichten«. Dieser Anfänge samt der Zeit danach hat Czerny sich später gern erinnert; 1845 zum Beispiel hat er eine Episode »um 1816« festgehalten:

Noch weit schätzbarer [als seine Briefe] waren Beethovens mündliche Bemerkungen über musikalische Gegenstände aller Art, über andere Tonsetzer etc., über die er sich stets mit größter Bestimmtheit, treffendem, oft faustischem Witz, und immer aus dem hohen Standpunkte äußerte, den ihm sein Genie anwies, und von dem er die Kunst übersah.

Daher war sein Urteil, selbst über klassische Namen, meistens streng, und wurde mit dem Gefühl seiner Ebenbürtigkeit ausgesprochen. Bei einer Lektion, die ich einst seinem Neffen gab, sagte er mir: »Sie müssen nicht glauben, daß Sie mir einen Gefallen erweisen, wenn Sie ihn Sachen *von mir* spielen lassen. Ich bin nicht so kindisch dergleichen zu wünschen. Geben Sie ihm, was Sie für gut finden.

Ich nannte Clementi.

»Ja, ja«, sagte er. »Clementi ist recht gut«.

Lachend fügte er hinzu:

»Geben Sie Karl einstweilen das *Regelmäßige,* bis er später zu dem *Unregelmäßigen* kommen kann.«

Nach solchen Einfällen, die er beinahe jeder Rede einzuflechten wußte, pflegte er in ein schallendes Gelächter auszubrechen.

Da ihm in früherer Zeit von der Kritik oft Unregelmäßigkeit vorgeworfen worden, so pflegte er oft mit lustigem Humor darauf anzuspielen.

Michail Bakunin

Ort: Dresden. Tag: 31. März 1849. (Die von der Frankfurter Nationalversammlung erklärten Grundrechte mit der deutschen Verfassung im Gefolge stoßen, worüber bald kein Zweifel mehr besteht, auf den Widerstand des preußischen wie des sächsischen Königs; es kommt, am 3. Mai, zum Volksaufstand.) Richard Wagner berichtet in seiner Autobiographie »Mein Leben«:

Am Palmsonntag des neuen Jahres 1849 erlebte ich eine schöne Genugtuung. Die Kapelle hatte, um sich einer großen Einnahme zu versichern, nochmals zur Aufführung der neunten Symphonie Beethovens gegriffen; alles bot seine besten Kräfte auf, diese zu einer der schönsten zu machen: das Publikum nahm sie mit offenbarer Begeisterung auf. Der Generalprobe hatte heimlich, und vor der Polizei verborgen, Michael Bakunin beigewohnt; er trat ohne Scheu nach der Beendigung derselben zu mir an das Orchester, um mir laut zuzurufen, daß, wenn alle Musik bei dem erwarteten großen Weltenbrande verloren gehen sollte, wir für die Erhaltung dieser Symphonie mit Gefahr unsres Lebens einzustehen uns verbinden wollten. Wenige Wochen nach dieser letzten Aufführung schien dieser »Weltenbrand« von den Straßen Dresdens aus sich wirklich entzünden zu wollen, und Bakunin, mit welchem ich bis dahin in sonderbarer und ungewöhnlicher Weise in näheren Umgang getreten war, schien dabei wirklich das Amt eines Oberfeuerwerkers übernehmen zu sollen.

Louis Spohr

Einer widerspricht dem andern, und beide beteuern sie: ›Ich weiß es genau, ich war dabei‹? Erinnerungs-Wert und Daten-Genauigkeit schon gingen kaum zusammen? – Spohr war in Wien von 1812 bis 1815 Kapellmeister; an seinen »Lebenserinnerungen« schrieb er bis zuletzt, veröffentlicht wurden sie ab 1860.

Nach meiner Ankunft in Wien suchte ich Beethoven sogleich auf, fand ihn aber nicht und ließ deshalb meine Karte zurück. Ich hoffte nun, ihn in einer der musikalischen Gesellschaften zu finden, zu denen ich häufig eingeladen wurde, erfuhr aber bald, daß Beethoven sich, seitdem seine Taubheit so zugenommen, daß er Musik nicht mehr deutlich und im Zusammenhange hören könne, von allen Musikpartien zurückziehe und überhaupt sehr menschenscheu geworden sei. Ich versuchte es daher nochmals mit einem Besuche; doch wieder vergebens. Endlich traf ich ihn ganz unerwartet in dem Speisehause, wohin ich jeden Mittag mit meiner Frau zu gehen pflegte. Ich hatte nun schon Konzert gegeben und zweimal mein Oratorium aufgeführt. Die Wiener Blätter hatten günstig darüber berichtet. Beethoven wußte daher von mir, als ich mich vorstellte, und begrüßte mich ungewöhnlich freundlich. Wir setzten uns zusammen an einen Tisch, und Beethoven wurde sehr gesprächig, was die Tischgesellschaft sehr verwunderte, da er gewöhnlich düster und wortkarg vor sich hinstarrte. Es war aber eine sauere Arbeit, sich ihm verständlich zu machen, da man so laut schreien mußte, daß es im dritten Zimmer zu hören war. Beethoven kam nun öfter in dieses Speisehaus und besuchte mich auch in meiner Wohnung. So wurden wir bald gute Bekannte. Beethoven war ein wenig derb, um nicht zu sagen roh; doch blickte ein ehrliches Auge unter den buschigen Augenbrauen hervor. Nach meiner Rückkehr von Gotha traf ich ihn dann und wann im Theater an der Wien dicht hinter dem Orchester, wo ihm der Graf Palffy einen Freiplatz gegeben. Nach der Oper begleitete er mich gewöhnlich nach meinem Hause und verbrachte den Rest des Abends bei mir. Dann konnte er auch gegen Dorette und die Kinder sehr freundlich sein. Von Musik sprach er höchst selten. Geschah es, dann waren seine Urteile sehr streng und so entschieden, als könne gar kein Widerspruch dagegen stattfinden! Für die Arbeiten andrer nahm er nicht das mindeste Interesse; ich hatte deshalb auch nie den Mut, ihm die meinigen zu zeigen. Sein Lieblingsgespräch in jener Zeit war eine scharfe Kritik der beiden Theaterverwaltungen des Fürsten Lobkowitz und des Grafen Palffy. Auf letzteren schimpfte er oft schon überlaut, wenn wir noch innerhalb seines Theaters waren, so daß es nicht nur das ausströmende Publikum, sondern der Graf selbst in seinem Büro hören konnte. Dies setzte mich sehr in Verlegenheit, und ich war nur immer bemüht, das Gespräch auf andre Gegenstände zu lenken.

Das schroffe, selbst abstoßende Benehmen Beethovens in jener Zeit rührte teils von seiner Taubheit her, die er noch nicht mit Resignation zu tragen gelernt hatte, teils war es Folge seiner zerrütteten Vermögensverhältnisse. Er war kein guter Wirt und hatte noch das Unglück, von seiner Umgebung bestohlen zu werden. So fehlte es oft am Nötigsten. In der ersten Zeit unsrer Bekanntschaft fragte ich ihn einmal, wie er mehrere Tage nicht ins Speisehaus gekommen war: »Sie waren doch nicht krank?« – »Mein Stiefel war's, und da ich nur das eine Paar besitze, hatte ich Hausarrest«, war die Antwort. Aus dieser drückenden Lage wurde er aber nach einiger Zeit durch die Bemühungen seiner Freunde herausgerissen. Die Sache verhielt sich so:

Beethovens »Fidelio«, der 1804 oder 1805 unter ungünstigen Verhältnissen (es war die Zeit der Besetzung Wiens durch die Franzosen) einen sehr geringen Erfolg gehabt hatte, wurde jetzt von den Regisseuren des Kärntnertortheaters wieder hervorgesucht und zu ihrem Benefize neu in Szene gesetzt. Beethoven hatte sich bewegen lassen, eine neue Ouvertüre (die in E), ein Lied für den Kerkermeister und die große Arie für Fidelio (mit den obligaten Hörnern) nachträglich dazu zu schreiben, auch einige Veränderungen vorgenommen. In dieser neuen Gestalt machte nun die Oper großes Glück und erlebte eine lange Reihe zahlreich besuchter Aufführungen. Der Komponist wurde am ersten Abend mehrere Male herausgerufen und war nun wieder der Gegenstand allgemeinster Aufmerksamkeit. Diesen günstigen Augenblick benutzten seine Freunde, um für ihn ein Konzert im großen Redoutensaale zu veranstalten, in welchem die neuesten Kompositionen Beethovens zur Aufführung kommen sollten. Alles, was geigen, blasen und singen konnte, wurde zur Mitwirkung eingeladen, und es fehlte von den bedeutenden Künstlern Wiens auch nicht einer. Ich und mein Orchester hatten uns natürlich auch angeschlossen, und so sah ich Beethoven zum ersten Male dirigieren. Soviel ich auch hatte davon erzählen hören, so überraschte es mich doch in hohem Grade. Beethoven hatte sich angewöhnt, dem Orchester die Ausdruckszeichen durch allerlei sonderbare Körperbewegungen anzudeuten. So oft ein Sforzando vorkam, riß er beide Arme, die er vorher auf der Brust kreuzte, mit Vehemenz auseinander. Bei dem Piano bückte er sich nieder, und um so tiefer, je schwächer er es wollte. Trat dann ein Crescendo ein, so richtete er sich nach und nach wieder auf und sprang beim Eintritte des Forte hoch in die Höhe. Auch schrie er manchmal, um die Forte noch zu verstärken, mit hinein, ohne es zu wissen!

Seyfried, dem ich mein Erstaunen über diese sonderbare Art zu dirigieren aussprach, erzählte mir von einem tragikomischen Vorfall, der sich bei Beethovens letztem Konzerte im Theater an der Wien ereignet hatte. Beethoven spielte ein neues Pianofortekonzert von sich, vergaß aber schon beim ersten Tutti, daß er Solospieler war, sprang auf und fing an, in seiner Weise zu dirigieren. Bei dem ersten Sforzando schleuderte er die Arme so weit auseinander, daß er beide Leuchter vom Klavierpulte zu Boden warf. Das Publikum lachte, und Beethoven war außer sich über diese Störung, daß er das Orchester aufhören und von neuem beginnen ließ. Seyfried, in der Besorgnis, daß sich bei derselben Stelle dasselbe Unglück wiederholen werde, hieß zweien Chorknaben sich neben Beethoven stellen und die Leuchter in die Hand nehmen. Der eine trat arglos näher und sah mit in die Klavierstimme hinein. Als daher das verhängnisvolle Sforzando hereinbrach, erhielt er von Beethoven mit der ausfahrenden Rechten eine so derbe Maulschelle, daß der arme Junge vor Schrecken den Leuchter zu Boden fallen ließ. Der andre Knabe, vorsichtiger, war mit ängstlichen Blicken allen Bewegungen Beethovens gefolgt, und es glückte ihm daher, durch schnelles Niederbücken der Maulschelle auszuweichen. Hatte das Publikum schon vorher gelacht, so brach es jetzt in einen wahrhaft bacchanalischen Jubel aus! Beethoven geriet so in Wut, daß er gleich bei den ersten Akkorden des Solos ein halbes Dutzend Saiten zerschlug. Alle Bemühungen der echten Musikfreunde, die Ruhe und Aufmerksamkeit wieder herzustellen, blieben für den Augenblick fruchtlos. Das erste Allegro des Konzertes ging daher ganz für die Zuhörer verloren. Seit diesem Unfall hatte Beethoven kein Konzert wieder gegeben.

Das von seinen Freunden veranstaltete hatte aber den glänzendsten Erfolg. Die neuen Kompositionen Beethovens gefielen außerordentlich, besonders die Symphonie in A (die siebente). Der wundervolle zweite Satz wurde da capo verlangt; er machte auch auf mich einen tiefen, nachhaltigen Eindruck. Die Ausführung war eine ganz meisterhafte, trotz der unsichern und dabei oft lächerlichen Direktion Beethovens.

Daß der arme taube Meister die Piano seiner Musik nicht mehr hören konnte, sah man ganz deutlich. Besonders auffallend war es aber bei einer Stelle im zweiten Teile des ersten Allegros der Symphonie. Es folgen sich da zwei Halte gleich nacheinander, von denen der zweite pp ist. Diesen hatte Beethoven wahrscheinlich übersehen, denn er fing schon wieder an zu taktieren, als das Orchester noch nicht einmal diesen zweiten Halt eingesetzt hatte. Er war daher, ohne es zu wissen, dem Orchester bereits zehn bis zwölf Takte vorausgeeilt, als dieses nun auch, und zwar pianissimo, begann. Beethoven, um dieses pp nach seiner Weise anzudeuten, hatte sich ganz unter dem Pulte verkrochen. Bei dem nun folgenden Crescendo wurde er wieder sichtbar, hob sich immer mehr und sprang hoch in die Höhe, als der Moment eintrat, wo seiner Rechnung nach das Forte beginnen mußte. Da dieses ausblieb, sah er sich erschrocken um, starrte das Orchester verwundert an, daß es noch immer pp spielte, und fand sich erst wieder zurecht, als das längst erwartete Forte nun eintrat und ihm hörbar wurde.

Glücklicherweise fiel diese komische Szene nicht bei der Aufführung vor, sonst würde das Publikum sicher wieder gelacht haben.

Da der Saal überfüllt und der Beifall enthusiastisch war, so veranstalteten die Freunde Beethovens eine Wiederholung des Konzertes, welche eine fast gleich große Einnahme abwarf. Für die nächste Zeit war daher Beethoven seiner Geldverlegenheit enthoben, doch soll sie aus gleichen Ursachen noch einige Male vor seinem Tode wiedergekehrt sein.

Bis zu diesem Zeitpunkte war eine Abnahme der Beethovenschen Schöpfungskraft nicht zu bemerken. Da er aber von nun an bei immer zunehmender Taubheit gar keine Musik mehr hören konnte, so mußte dies notwendig lähmend auf seine Phantasie einwirken. Sein stetes Streben, originell zu sein und neue Bahnen zu brechen, konnte nun nicht mehr wie früher durch das Ohr vor Irrwegen bewahrt werden. War es daher zu verwundern, daß seine Arbeiten immer barocker, unzusammenhängender und unverständlicher wurden? Zwar gibt es Leute, die sich einbilden, sie zu verstehen und in ihrer Freude darüber sie weit über seine frühern Meisterwerke erheben. Ich gehöre aber nicht zu ihnen und gestehe frei, daß ich den letzten Arbeiten Beethovens nie habe Geschmack abgewinnen können. Ja, bei mir beginnt das schon bei der viel bewunderten neunten Symphonie, deren drei erste Sätze mir, trotz einzelner Genieblitze, schlechter vorkommen als sämtliche der acht frühern Symphonien, deren vierter Satz mir aber so monströs und geschmacklos und in seiner Auffassung der Schillerschen Ode so trivial erscheint, daß ich immer noch nicht begreifen kann, wie ihn ein Genius wie der Beethovensche so niederschreiben konnte. Ich finde darin einen neuen Beleg zu dem, was ich schon in Wien bemerkte, daß es Beethoven an ästhetischer Bildung und an Schönheitssinn fehlte.

Da Beethoven zu der Zeit, wo ich seine Bekanntschaft

machte, bereits aufgehört hatte, sowohl öffentlich wie in Privatgesellschaften zu spielen, so habe ich nur ein einziges Mal Gelegenheit gefunden, ihn zu hören, als ich zufällig zu der Probe eines neuen Trios (D-Dur 3/4 Takt) in Beethovens Wohnung kam. Ein Genuß wars nicht, denn erstlich stimmte das Pianoforte sehr schlecht, was Beethoven wenig kümmerte, da er ohnehin nichts davon hörte, und zweitens war von der früher so bewunderten Virtuosität des Künstlers infolge seiner Taubheit fast gar nichts übrig geblieben! Im Forte schlug der arme Taube so darauf, daß die Saiten klirrten, und im Piano spielte er wieder so zart, daß ganze Tongruppen ausblieben, so daß man das Verständnis verlor, wenn man nicht zugleich in die Klavierstimme blicken konnte. Über ein so hartes Geschick fühlte ich mich von tiefer Wehmut ergriffen! Ist es schon für jedermann ein großes Unglück, taub zu sein, wie soll es ein Musiker ertragen, ohne zu verzweifeln! Beethovens fast fortwährender Trübsinn war mir nun kein Rätsel mehr.

Hector Berlioz

An Berlioz' 1870 (postum gleich denen Spohrs) erschienenen »Memoiren« ist manches als unwahrscheinlich angezweifelt worden, ehe es sich als zumindest möglich herausstellte …

Donnerschläge folgen manchmal im Leben eines Künstlers so rasch aufeinander wie in jenen großen Gewittern, bei denen die mit Elektrizität geladenen Wolken einander die Blitze zuzuwerfen und den Sturm anzupeitschen scheinen.

Ich hatte soeben Shakespeare und Weber nacheinander erlebt; kurz darauf sah ich an einem anderen Punkt des Horizonts den gewaltigen Beethoven auftauchen. Er erschütterte mich fast so stark, wie Shakespeare es getan hatte. Er eröffnete mir in der Musik eine neue Welt, wie der Dichter mir in der Poesie ein neues Weltall enthüllt hatte.

Die Konzertgesellschaft des Konservatoriums hatte sich gerade unter Habenecks rühriger und hingebungsvoller Leitung gebildet. Trotz der Irrtümer dieses Künstlers und seiner Nachlässigkeiten in bezug auf den großen Meister, den er glühend verehrte, muß man seine guten Absichten, ja auch sein Talent anerkennen und ihm die Gerechtigkeit widerfahren lassen, daß die verdienstvolle Popularisierung der Werke Beethovens in Paris ihm allein zu verdanken ist. Die Gründung dieser heute in der ganzen zivilisierten Welt berühmten Gesellschaft hat viele Anstrengungen gekostet; er mußte durch seine eigene Begeisterung viele Musiker gewinnen, deren Gleichgültigkeit zur Feindseligkeit wurde, als man ihnen zahlreiche Proben und eine ebenso mühsame wie wenig einträgliche Arbeit in Aussicht stellte, um eine gute Aufführung jener Werke zustandezubringen, die bis dahin nur durch ihre außergewöhnlichen Schwierigkeiten bekannt waren.

Er hatte auch – und das war nicht die geringste seiner Mühseligkeiten – den heimlichen Widerstand, den mehr oder minder verblümten Tadel, den Spott und die Ignoranz von seiten der französischen und italienischen Komponisten zu bekämpfen, denn sie waren wenig darüber entzückt, einen Tempel errichtet zu sehen für einen Deutschen, dessen Werke sie als ungeheuerlich und zugleich als gefährlich für sich selber und ihre Schule betrachteten. Welche grotesken Dummheiten habe ich von den Angehörigen jener beiden Parteien über diese Wunder an Können und an Eingebung sagen hören!

Mein Lehrer Lesueur, dieser redliche Mann, frei von Bitterkeit und Neid, der seine Kunst liebte, aber jenen musikalischen Dogmen, die ich dreist als Vorurteile und wahnwitzige Lehren bezeichne, völlig ergeben war, äußerte sich in dieser Sache sehr charakteristisch. Obwohl er sehr zurückgezogen lebte und ganz von seiner eigenen Arbeit in Anspruch genommen war, hatte er doch bald von dem Aufsehen gehört, das die ersten Konzerte des Konservatoriums und die Beethovenschen Symphonien in der musikalischen Welt erregten. Er wunderte sich darüber um so mehr, als er, wie seine Kollegen vom Institut, in der Instrumentalmusik eine untergeordnete Richtung, einen zwar schätzbaren, aber eher doch minderen Teil der Kunst sah, dessen Grenzen nach seiner Meinung von Haydn und Mozart gezogen worden waren und nicht mehr überschritten werden konnten.

Er folgte also dem Beispiel Bertons, der mitleidig auf die ganze moderne deutsche Schule herabsah – dem Beispiel Boïeldieus, der nicht recht wußte, was er davon denken sollte und eine kindliche Verwunderung zeigte gegenüber den geringsten harmonischen Kombinationen, die, wenn auch nur wenig, von den drei Akkorden abwichen, die er sein Leben lang angeschlagen hatte – dem Beispiel Cherubinis, der seinen Zorn verbarg und es nicht wagte, ihn über einen Meister ergehen zu lassen, dessen Erfolge ihn tief kränkten und das Gebäude seiner Lieblingstheorien bis in den Grund erschütterten – dem Beispiel Paërs, der mit italienischer Arglist über Beethoven, den er gekannt haben wollte, Anekdoten erzählte, die den großen Mann in ein wenig günstiges Licht stellten, für den Erzähler jedoch recht schmeichelhaft waren – dem Beispiel Catels, der böse auf alle Musik war und sich nur noch für sein Gärtchen und seine Rosenzucht interessierte – dem Beispiel Kreutzers endlich, der für alles, was uns von jenseits des Rheines zukam, Bertons freche Verachtung teilte: wie alle diese Meister, und obwohl er die fieberhafte Begeisterung sah, die die Künstlerschaft im allgemeinen und insbesondere mich ergriffen hatte, schwieg Lesueur, stellte sich taub und vermied es sorgfältig, die Konzerte im Konservatorium zu besuchen. Wenn er hingegangen wäre, hätte er sich über Beethoven eine Meinung bilden und sie aussprechen, hätte Zeuge der wilden Begeisterung sein müssen, die dieses Genie erregte, und das war es, was Lesueur, ohne es sich einzugestehen, vermeiden wollte. Ich tat jedoch so viel, ich sprach ihm so eindringlich von seiner Verpflichtung, ein so bedeutendes Ereignis wie die Einführung jenes neuen Stiles, jener riesenhaften Formen in unsere Kunst kennen zu lernen und persönlich zu beurteilen, daß er sich eines Tages in das Konservatorium schleppen ließ, wo Beethovens c-Moll-Symphonie aufgeführt werden sollte. Um ihr ungestört und konzentriert zuhören zu können, setzte er sich in den Hintergrund einer Loge und schickte mich fort. Nach der Aufführung suchte ich ihn, um seine Meinung zu erfahren: Ich begegnete ihm auf einem der Gänge; er schien erhitzt und lief mit großen Schritten auf und ab. »Nun, lieber Meister ...« sagte ich zu ihm ... – »Ach! Ich gehe hinaus, ich muß an die Luft. Es ist unerhört! Es ist wunderbar! Es hat mich dermaßen bewegt, aufgeregt, erschüttert, daß ich beim Verlassen der Loge, als ich meinen Hut aufsetzen wollte, meinen Kopf kaum finden konnte. Lassen Sie mich allein. Auf morgen ...«

Ich triumphierte. Tags darauf eilte ich zu ihm. Das Gespräch kam sofort auf das Meisterwerk, das uns so heftig bewegt hatte. Lesueur ließ mich einige Zeit reden und bestätigte mit gezwungener Miene die Ausbrüche meiner Bewunderung. Allein es war leicht zu sehen, daß ich nicht mehr denselben Mann vor mir hatte wie tags zuvor und daß dieses Thema ihm peinlich war. Ich fuhr jedoch fort, bis Lesueur, dem ich soeben ein neues Geständnis seiner tiefen Bewegung beim Anhören der Beethovenschen Symphonie entlockt hatte, den Kopf schüttelte und mit einem eigentümlichen Lächeln sagte: »Dennoch, solche Musik sollte man nicht machen.« Worauf ich erwiderte: »Sie können beruhigt sein, die wenigsten tun das.«

Armselige Naturen! ... Armseliger Meister! ... In dieser Äußerung, die, wenn auch in anderer Fassung, von so vielen Menschen bei ähnlichen Gelegenheiten wiederholt wird, liegen Eigensinn, Bedauern, Furcht vor dem Unbekannten, Neid und ein unausgesprochenes Eingeständnis von Ohnmacht. Denn wenn man gezwungen worden ist, die Macht und Schönheit einer Musik zu empfinden, und dann sagt: »Man sollte keine solche Musik machen!«, so erklärt man damit, daß man sich selbst hüten wird, so etwas zu schreiben, weil man eben nicht könnte, wenn man auch wollte.

Schon Haydn hatte derlei über Beethoven gesagt, den er beharrlich einen großen *Pianisten* nannte.

Grétry sagte ähnlich Albernes über Mozart, der die Statue ins Orchester und den Sockel auf die Bühne gestellt habe.

Händel behauptete, sein Koch sei musikalischer als Gluck, und Rossini sagte von der Weberschen Musik, sie verursache ihm Leibweh.

Der Widerwille Händels gegen Gluck und Rossinis gegen Weber hat andere Ursachen: er gründet, meine ich, auf der Unfähigkeit solcher Genußmenschen, sensiblere Naturen zu begreifen. Der Haß aber, den die gesamte französische Schule und ein Teil der italienischen gegen Spontini hegte, entsprach gewiß jenen gemischten Gefühlen, von denen ich oben sprach, jenem neidvoll-lächerlichen Ressentiment, das La Fontaine in seiner Fabel »Der Fuchs und die Trauben« so köstlich gekennzeichnet hat.

Der Eigensinn, mit dem Lesueur wider sein besseres Wissen ankämpfte, öffnete mir nun vollends die Augen über die Nichtigkeit seiner Lehren, die er sich bemüht hatte, mir beizubringen; und ich verließ die alte breite Straße, um über Berg und Tal, durch Wald und Feld meinen Weg zu nehmen. Ich verstellte mich jedoch, so gut ich konnte, und Lesueur bemerkte meine Abtrünnigkeit erst viel später, als er die Kompositionen hörte, die ich mich gehütet hatte, ihm zu zeigen.

Friedrich Nietzsche

Mit neun durfte er in den Klavierunterricht; schon machte er »Musik eigner Fabrik«; sein Ideal bald und anhaltend: Beethoven, auf dessen Musik, das schrieb der »musikalischste aller Philosophen« 1886, »jenes Zwielicht von ewigem Verlieren und ewigem ausschweifendem Hoffen« liege. Und wie schrieb Nietzsche über Beethoven zu Anfang der siebziger Jahre, als er mit der »Geburt der Tragödie aus dem Geiste der Musik« zugange war?

Wenn also der Musiker ein lyrisches Lied komponiert, so wird er als Musiker weder durch die Bilder, noch durch die Gefühlssprache dieses Textes erregt: sondern eine aus ganz andern Sphären kommende Musikerregung *wählt* sich jenen Liedertext als einen gleichnisartigen Ausdruck ihrer selbst. Von einem notwendigen Verhältnis zwischen Lied und Musik kann also nicht die Rede sein; denn die beiden hier in Bezug gebrachten Welten des Tons und des Bildes stehn sich zu fern, um mehr als eine äußerliche Verbindung eingehen zu können; das Lied ist eben nur Symbol und verhält sich zur Musik wie die ägyptische Hieroglyphe der Tapferkeit zum tapferen Krieger selbst. Bei den höchsten Offenbarungen der Musik empfinden wir sogar unwillkürlich die *Roheit* jeder Bildlichkeit und jedes zur Analogie herbeigezogenen Affektes: wie z. B. die letzten Beethovenschen Quartette jede Anschaulichkeit, überhaupt das gesamte Reich der empirischen Realität völlig beschämen. Das Symbol hat angesichts des höchsten, wirklich sich offenbarenden Gottes keine Bedeutung mehr: ja es erscheint jetzt als eine beleidigende Äußerlichkeit.

Man verarge uns hier nicht, wenn wir auch von diesem Standpunkte aus den unerhörten und in seinen Zaubern nicht auflösbaren *letzten Satz der neunten Symphonie Beethovens* in unsre Betrachtung ziehn, um über ihn ganz unverhohlen zu reden. Daß dem dithyrambischen Welterlösungsjubel dieser Musik das Schillersche Gedicht »an die Freude« gänzlich inkongruent ist, ja wie blasses Mondlicht von jenem Flammenmeere überflutet wird, wer möchte mir dieses allersicherste Gefühl rauben? Ja wer möchte mir überhaupt streitig machen können, daß jenes Gefühl beim Anhören dieser Musik nur deshalb nicht zum schreienden Ausdruck kommt, weil wir, durch die Musik für Bild und Wort völlig depotenziert, bereits *gar nichts von dem Gedichte Schillers hören*? Aller jener edle Schwung, ja die Erhabenheit der Schillerschen Verse wirkt schon neben der wahrhaft naivunschuldigen Volksmelodie der Freude störend, beunruhigend, selbst roh und beleidigend: nur daß man sie nicht hört, bei der immer volleren Entfaltung des Chorgesanges und der Orchestermassen, hält jene Empfindung der Inkongruenz von uns fern. Was sollen wir also von jenem ungeheuerlichen ästhetischen Aberglauben halten, daß Beethoven, mit jenem vierten Satz der Neunten selbst ein feierliches Bekenntnis über die Grenzen der absoluten Musik abgegeben, ja mit ihm die Pforten einer neuen Kunst gewissermaßen entriegelt habe, in der die Musik sogar das Bild und den Begriff darzustellen befähigt und damit dem »bewußten Geiste« erschlossen worden sei? Und was sagt uns Beethoven selbst, indem er diesen Chorgesang durch ein Rezitativ einführen läßt: »Ach Freunde, nicht diese Töne, sondern laßt uns angenehmere anstimmen und freudenvollere!« Angenehmere und freudenvollere! Dazu brauchte er den überzeugenden Ton der Menschenstimme, dazu brauchte er die Unschuldsweise des Volksgesanges. Nicht nach dem Wort, aber nach dem »angenehmeren« Laut, nicht nach dem Begriff, aber nach dem innig-freudenreichsten Tone griff der erhabene Meister in der Sehnsucht nach dem seelenvollsten Gesamtklange seines Orchesters. Und wie konnte man ihn mißverstehn! Vielmehr gilt von diesem Satze genau dasselbe, was Richard Wagner in betreff der großen Missa solemnis sagt, die er »ein rein symphonisches Werk des echtesten Beethovenschen Geistes« nennt. »Beethoven« S. 47: »Die Gesangstimmen sind hier ganz im Sinne wie menschliche Instrumente behandelt, welchen Schopenhauer diesen sehr richtig auch nur zugesprochen wissen wollte: der ihnen untergelegte Text wird von uns, gerade in diesen großen Kirchenkompositionen, nicht seiner begrifflichen Bedeutung nach aufgefaßt, sondern er dient, im Sinne des musikalischen Kunstwerkes, lediglich als Material für den Stimmgesang und verhält sich nur deswegen nicht störend zu unsrer musikalisch bestimmten Empfindung, weil er uns keineswegs Vernunftvorstellungen anregt, sondern, wie dies auch sein kirchlicher Charakter bedingt, uns nur mit dem Eindrucke wohlbekannter symbolischer Glaubensformeln berührt.« Übrigens zweifle ich nicht, daß Beethoven, falls er die projektierte zehnte Symphonie geschrieben hätte – zu der noch Skizzen vorliegen – eben die *zehnte* Symphonie geschrieben haben würde.

Intermezzo

Allgemeine musikalische Zeitung

In ihrer Ausgabe vom 15. August 1877 bietet die Leipziger AMZ den Schlußteil eines Aufsatzes über »Richard Wagner und die moderne Theorie der Musik«. Der ungenannte Autor (»nach dem Englischen der EDINBURGH REVIEW«) sieht Wagners »Beitrag zum Fortschritte der Kunst« beeinträchtigt durch »die Atmosphäre von Unduldsamkeit, Übertreibung und beinahe möchten wir sagen von ›Humbug‹« in des Meisters Umgebung; ehe er die Belege liefert, unterbricht er sich für eine Fußnote:

Es ist wohl kaum der Mühe wert, wir wollen aber doch jene Herren, welche gleichzeitig mit Wagner selbst fortwährend über den musikalischen Geschmack Englands spotten, daran erinnern, daß der größte Mensch und Künstler …

(die Redaktion setzt ein [!] hinzu)

…, den selbst Wagner zu vergöttern erklärt, ein solches Gefühl nicht geteilt hat, sondern im Gegenteile der Engländer in seinen Briefen selten ohne den Ausdruck von Verehrung erwähnt und es als einen seiner Herzenswünsche bezeichnete, einige Zeit in ihrem Lande zuzubringen. Denn Beethoven, wie jedes Genie höchsten Ranges, war in seinen Sympathien Kosmopolit.

AMZ-Redakteur Friedrich Chrysander sieht sich, übers Ausrufezeichen hinaus, zu einer »Zwischenrede« genötigt:

(Dem englischen Verfasser des obigen Aufsatzes müssen wir bei dieser Gelegenheit doch bemerken, daß die Übertreibung der Größe Beethovens als des »größten Menschen und Künstlers« eine der Hauptursachen ist, weshalb dieser ewige Zukunftsstreit noch immer nicht befriedigend geschlichtet werden kann.)

Ende des Intermezzos

Johannes Brahms

Die Höhe, auf die Beethoven, vor allem durch seine Neunte, die Gattung Sinfonie gebracht hat, ist verantwortlich gemacht worden dafür, daß Brahms etliche Jahre und mehrere Anläufe gebraucht hat, seine Erste unter Dach und Fach zu bringen – woraufhin sie, auf Vorschlag Hans von Bülows, als ›Beethovens Zehnte ehrenhalber‹ gefeiert wurde. Kritikerfreund Eduard Hanslick reihte sich ehestens unter die Gratulanten ein, steuerte später eine auf Brahms übertragbare Beethoven-Charakteristik bei (»fast jeden innigen Zusammenhang mit den Reizen und Freuden dieser Welt« habe er nach und nach »abgestreift«), ›verschuldete‹ schließlich einen Brief (Mai 1884).

Lieber Freund, Du bist abgereist und hast mir einen Schatz zurückgelassen, ohne ihn selbst noch angesehen zu haben. Da muß ich doch zum Dank ein paar Worte schreiben, damit Du erfährst, was ungefähr der Schatz bedeutet.

Es ist wohl ganz zweifellos, daß damit die beiden Kantaten gefunden sind, die Beethoven auf den Tod Josefs II. und die Thronbesteigung Leopolds II. in Bonn geschrieben hat.

Also zwei größere Werke für Chor und Orchester aus einer Zeit, in die wir bis dahin keine Komposition von irgendeiner Bedeutung setzen konnten. Wäre nicht das historische Datum (Februar 1790), so würde man jedenfalls auf eine spätere Zeit raten – aber freilich, weil wir eben von jener Zeit nichts wußten!

Stände aber kein Name auf dem Titel, man könnte auf keinen andern raten – es ist alles und durchaus Beethoven! Das schöne edle Pathos, das Großartige in Empfindung und Phantasie, das Gewaltige, auch wohl Gewaltsame im Ausdruck, dazu die Stimmführung, die Deklamation und in beiden letzteren alle Besonderheiten, die wir bei seinen späteren Werken betrachten und bedenken mögen.

Zunächst interessiert natürlich die Kantate auf Josefs II. Tod.

Darauf gibt's keine ›Gelegenheitsmusik‹! Dürften wir den Unvergessenen und Unersetzten heute feiern, wir wären so warm dabei wie damals Beethoven und jeder.

Es ist auch bei Beethoven keine Gelegenheitsmusik, wenn man nur bedenkt, daß der Künstler nie aufhört, künstlerisch zu bilden und sich zu mühen, und daß man dies beim Jüngeren wohl eher merkt als beim Meister.

Gleich der erste Klagechor (c-Moll) ist ganz Er selbst. Du würdest bei keiner Note – und keinem Worte – zweifeln. Ungemein lebhaft folgt ein Rezitativ (Presto C): ›Ein Ungeheuer, sein Name Fanatismus, stieg aus den Tiefen der Hölle ...‹ (In einer Arie wird er von Josef zertreten.) Ich kann nicht helfen, es ist mir eine besondere Lust, hierbei zurückzudenken an jene Zeit, und, was ja die heftigen Worte beweisen, wie alle Welt begriff, was sie an Josef verloren; der junge Beethoven aber wußte auch, was er Großes zu sagen hatte, und sagte es laut, wie es sich schickt, gleich in einem kraftvollen Vorspiel.

Nun aber erklingt zu den Worten: ›Da stiegen die Menschen ans Licht‹ usw. der herrliche F-Dur-Satz aus dem Finale des ›Fidelio‹.

Dort wie hier die rührende, himmlisch schöne Melodie der Hoboe gegeben (der Singstimme zwar will sie nicht passen, oder nur sehr mühsam).

Wir haben viele Beispiele, wie unsere Meister einen Gedanken das zweite Mal und an anderer Stelle benützten. Hier will es mir ganz besonders gefallen. Wie tief muß Beethoven die Melodie in der Kantate (also den Sinn der Worte) empfunden haben – so tief und schön wie später, als er das hohe Lied von der Liebe eines Weibes – und auch einer Befreiung – zu Ende sang!

Nach weiterem Rezitativ und Arie schließt eine Wiederholung des ersten Chors das Werk ab; aber ich will jetzt nicht weiter beschreiben; die zweite Kantate ohnedies nicht. Interessiert doch hier auch mehr nur die Musik und alles Einzelne, das Beethoven angeht.

Nun aber, lieber Freund, höre ich Dich schon in Gedanken fragen, wann werden die Kantaten aufgeführt und wann gedruckt?

[...]

Komme aber doch bald und teile die ganz eigene Empfindung und Lust, mit mir der Einzige auf der Welt zu sein, der diese ersten Taten eines Helden kennt.

Herzlichst

Dein

Johannes Brahms.

Lew N. Tolstoj

»Die Kreutzersonate«, Tolstojs 1891 erschienene Erzählung, »Christi Ideal« zu Ehren: Im Eisenbahnwagen unterwegs ist die Rede von der Ehe, der Ehescheidung. Nach einer Weile greift ein »grauhaariger, einsamer Herr mit blitzenden Augen« ein (der »hin und wieder seltsame Töne ausstieß, die halb wie ein Hüsteln, halb wie ein abgebrochenes Lachen klangen«), erklärt alles bisher Gesprochene für lebensfern, stellt sich endlich vor: als jener Posdnyschew, der »seine Frau ermordet« habe. Mit dem Ich-Erzähler allein, berichtet er, wie es in seiner Ehe zu höllischen Streitereien und kurzzeitigen Versöhnungen kam; wie sein ehemaliger Duzfreund Truchatschewskij auf der Bildfläche erschien, ein Geiger, »der halb der Kunst, halb der Gesellschaft angehörte«; wie er diesen seiner Frau vorstellte und beide zum gemeinsamen Musizieren brachte; wie er bald die »Ehre der Familie« auf dem Spiel sah; wie seine Frau, folgenlos, sich durchaus bereit erklärte, den Musiker »nie mehr zu sehen«, so daß »für diesmal alles erledigt war«.

»Ich glaube, es ist überflüssig, besonders zu erwähnen, daß ich sehr eitel war. Wenn man bei unserer Lebensweise nicht eitel ist, hat das Leben überhaupt keinen Sinn. Am Sonntag machte ich mich also mit viel Behagen an die Vorbereitungen zum Diner und zur musikalischen Abendunterhaltung. Ich hatte selbst allerlei Eßwaren eingekauft und die Einladungen an die Bekannten verschickt.

Um sechs Uhr abends versammelten sich die Gäste. Er erschien im Frack mit geschmacklosen Brillanthemdknöpfen. Er benahm sich sehr ungeniert, antwortete sofort auf jede Frage mit einem Lächeln, das Zustimmung und Verständnis ausdrücken sollte; wissen Sie, jener besondere Ausdruck, der besagt, daß alles, was Sie sagen oder tun, eben das wäre, was er erwartet hätte. Alles, was unfein an ihm war, bemerkte ich jetzt mit besonderem Vergnügen, denn alles das mußte mich beruhigen und mir beweisen, daß er für meine Frau auf einer so tiefen Stufe stand, zu der sie, wie sie sich ausdrückte, nie herabsinken könnte. Ich erlaubte mir jetzt nicht eifersüchtig zu sein. Erstens hatte ich schon so viel darunter gelitten und mußte mich erholen; zweitens wollte ich den Beteuerungen meiner Frau glauben und glaubte ihnen. Aber obgleich ich nicht eifersüchtig war, war mein Verhalten ihm und ihr gegenüber unnatürlich, und während des Essens und bis zum Beginn der musikalischen Darbietungen verfolgte ich unausgesetzt ihre Bewegungen und ihre Blicke.

Das Diner war wie alle Diners, langweilig, verlogen. Die Musik begann ziemlich früh. Oh, wie genau erinnere ich mich aller Einzelheiten dieses Abends; ich erinnere mich, wie er die Geige brachte, den Kasten öffnete, die Decke abnahm, die ihm eine Dame gestickt hatte, das Instrument hervorzog und zu stimmen begann. Ich erinnere mich, wie meine Frau sich mit heuchlerisch-gleichgültigem Blick, hinter dem, wie ich wohl sah, sich eine große Angst verbarg – vor allem um ihr musikalisches Können –, wie sie sich ans Klavier setzte und wie nun in der üblichen Weise das A angeschlagen, ein Pizzikato auf der Geige versucht, das Notenheft zurechtgeschoben wurde. Ich erinnere mich weiter, wie sie einander anblickten, nach den Zuhörern sahen, die noch nicht alle Platz genommen hatten, wie sie dann einander etwas sagten und endlich die Musik begann. Er griff die ersten Akkorde. Sein Gesicht wurde ernst, streng, sympathisch, und auf seine eigenen Töne lauschend, zupfte er mit vorsichtigen Fingern an den Saiten. Das Klavier gab Antwort. Und er fing an ...«

Posdnyschew stockte und brachte ein paarmal hintereinander seine charakteristischen Töne hervor. Dann wollte er weiterreden, zog aber plötzlich die Luft geräuschvoll durch die Nase und stockte wieder.

»Sie spielten die Kreutzersonate von Beethoven«, fuhr er endlich fort. »Kennen Sie das erste Presto? Sie kennen es?!« rief er. »Huhuhu! Ein furchtbares Werk ist diese Sonate. Und gerade dieser Teil. Und die Musik überhaupt ist etwas Furchtbares! Was ist sie? Ich verstehe es nicht. Was ist die Musik? Was bewirkt sie? Und warum wirkt sie so, wie sie wirkt? Man sagt, die Musik wirke erhebend auf die Seele. Das ist nicht wahr, das ist Unsinn! Sie wirkt, sie wirkt furchtbar – ich rede aus eigner Erfahrung –, aber keineswegs erhebend. Sie erhebt die Seele nicht, sie zerrt sie herab, sie stachelt sie auf. Wie soll ich das ausdrücken? Die Musik zwingt mich, mich selbst, meine wahre Lage zu vergessen; sie bringt mich in eine andere, mir freundliche Lage; unter der Einwirkung der Musik scheint es mir, als fühlte ich etwas, was ich eigentlich gar nicht fühle, als verstünde ich, was ich nicht verstehe, als könnte ich, was ich nicht kann. Ich erkläre mir das dadurch, daß die Musik ähnlich wirkt wie Gähnen oder Lachen: ich bin gar nicht schläfrig, aber ich gähne, weil ich andere gähnen sehe; es gibt nichts zum Lachen, aber ich lache, weil ich andere lachen höre.

Die Musik versetzt mich mit einem Mal, unmittelbar, in jene Seelenverfassung, in der sich der Tondichter befand. Meine Seele verschmilzt mit der seinen, und mit ihm zusammen gerate ich aus einem Zustand in einen andern; warum ich das aber tue, weiß ich nicht. Der Mann, der etwa die Kreutzersonate schuf – also Beethoven –, der wußte, warum er sich in einem solchen Zustand befand. Dieser Zustand trieb ihn zu gewissen Taten, darum hatte dieser Zustand für ihn einen Sinn, den er für mich nicht hat. Darum stachelt die Musik nur auf, aber löst nichts aus. Gut, man spielt einen Militärmarsch, die Soldaten marschieren dazu; wenn sie am Ziel sind, ist die Musik zu Ende. Man spielt einen Reigentanz, ich tanze mit allen anderen; mit dem Tanz hört auch die Musik auf. Man singt eine Messe, ich empfange das Abendmahl, und die Musik ist aus. Sonst aber gibt sie nur den Reiz; das aber, was man auf diesen Reiz hin tun soll, zeigt sie nicht. Und darum wirkt die Musik mitunter so furchtbar, so entsetzlich. In China ist die Musik eine staatliche Angelegenheit. Und so muß es auch sein. Ist es denn gestattet, daß jeder, dem es einfällt, einen andern oder viele andere hypnotisiert und dann mit den Leuten macht, was er will? Und vor allem: darf denn der erste beste sittenlose Mensch dieser Hypnotiseur sein?

Und so ein furchtbares Mittel in der Hand eines jeden beliebigen Menschen! Nehmen Sie bloß die Kreutzersonate, das erste Presto – darf das denn im Salon vor dekolletierten Damen gespielt werden? Erst wird das Presto gespielt, dann wird Beifall geklatscht, dann ißt man Gefrorenes und unterhält sich über die neueste Skandalaffäre! Solche Stücke darf man nur bei bestimmten, wichtigen, bedeutsamen Gelegenheiten spielen, nur dann, wenn es gilt, gewisse Taten zu vollbringen, die dieser Musik entsprechen. Erst spielen und dann tun, wozu einen diese Musik treibt. Aber dieses weder dem Ort noch der Zeit entsprechende Erregen von Energien, von Empfindungen, die sich durch nichts äußern dürfen, wirkt nur verderblich. Auf mich wenigstens wirkte dieses Werk entsetzlich: vor mir taten sich scheinbar ganz neue Empfindungen auf, neue Möglichkeiten, von denen ich bisher nichts gewußt hatte. ›Ja, so ist es: ganz anders, als ich früher gedacht und gelebt hatte‹, schien etwas in meiner Seele zu sprechen. Was das Neue war, das ich erfahren hatte, darüber konnte ich mir keine Rechenschaft geben; aber das Bewußtsein dieses Neuen erfüllte mich mit großer Freude. Alle anwesenden Personen, darunter auch meine Frau und er, erschienen mir in einem anderen Licht.

Nach diesem Presto spielten sie das schöne, aber gewöhnliche, nicht neue Andante mit den banalen Variationen und das ganz schwache Finale. Dann spielten sie auf Wunsch der Gäste noch eine Elegie von Ernst und ein paar kleinere Stücke. Alles das war sehr schön, machte aber auf mich nicht den hundertsten Teil des Eindrucks, den das erste Stück auf mich gemacht hatte. Alles das hatte bereits den Eindruck des ersten Stücks als Hintergrund.

Ich fühlte mich den ganzen Abend leicht und heiter. Meine Frau aber hatte ich noch nie so gesehen, wie sie an diesem Abend war. Diese blitzenden Augen, dieser strenge, bedeutende Ausdruck während des Spiels und diese vollständige Auflösung, dieses schwache, klägliche und selige Lächeln, als das Spiel zu Ende war. Ich sah das alles, schrieb ihm aber keine andere Bedeutung zu außer der, daß sie dasselbe empfand wie ich, daß auch vor ihr wie vor mir neue, unbekannte Gefühle auftauchten, gleichsam aus der Erinnerung emporstiegen. Der Abend verlief sehr harmonisch, und alle gingen befriedigt heim. Da ich nach zwei Tagen zu einem Kongreß in die Provinz reisen mußte, sagte Truchatschewskij, der das wußte, mir beim Abschied, er hoffe bei seinem nächsten Aufenthalt in Moskau das Vergnügen des heutigen Abends wiederholen zu können. Daraus schloß ich, daß er es nicht für möglich hielt, in meiner Abwesenheit mein Haus zu besuchen, und das freute mich.

Es erwies sich, daß ich erst nach seiner Abreise zurückkehren würde, wir uns also nicht mehr sehen würden.

Zum ersten Mal drückte ich mit aufrichtigem Vergnügen seine Hand und dankte ihm für den künstlerischen Genuß. Er nahm auch endgültig Abschied von meiner Frau. Und die Art, wie das geschah, erschien mir ganz natürlich und anständig. Alles war sehr schön. Wir beide, meine Frau und ich, waren mit diesem Abend höchst zufrieden.«

Marcel Proust

Proust und die Musik: In ihr »hörte« er »die weiteste und allgemeinste Schönheit des Lebens und des Todes, des Meeres und des Himmels«; sie geleitete ihn durchs Dasein und ins Schreiben, war ihm häufig Thema nicht bloß, auch Impuls bis in die, wie gesagt wurde, »innere Formzusammensetzung« hinein. Apropos Beethoven wählte Proust 1895 die Form einer »essayistischen Erzählung«.

Ein Sonntag im Conservatoire

Ich war eben im Conservatoire eingetroffen, diesem »Senat« der Konzerte, der sich wie *Le Journal des Débats* oder *La Revue des Deux Mondes* an jene indirekte, der linken Mitte zugehörige und begrenzte Form des Einflusses hält, an jene Art Titulareinfluß, der Autorität heißt, dem alten Haus, wo die Unbequemlichkeit wie in gewissen Teilen des Faubourg Saint-Germain aus lauter Gewohnheit befördert und in den Rang eines Prinzips erhoben wurde, eines Privilegs, schmeichelhaft hier für die Gäste, dort für die Abonnenten, die sich übrigens nicht ohne Stolz ein wenig als Gäste betrachten. Die Aufführungen hier sind vollkommener als irgendwo anders. Gestern noch sprudelten, rieselten die unerschöpflichen Stimmen einer jungen Frau und eines jungen Mädchens hier wie eine Quelle über die alten Mauern, und die altehrwürdige Stätte glich jener von Aristophanes erbauten Stadt, wenn Lerche und Nachtigall in ihr singen.

Man gab an jenem Tag die fünfte Sinfonie von Beethoven. Ich war mit meinem Bruder und dem Leutnant S ...

zusammen. Das Konzert hatte noch nicht begonnen, und wir wechselten einige Worte, ohne Herzlichkeit, da ein jeder von seinen persönlichen Sorgen in Anspruch genommen war. Allmählich füllten sich die Logen. Eben war Madame*** eingetreten mit zwei Musikern und zwei Männern von Welt, ihren Gästen des Tages, und sie genoß sichtlich den Geschmack dieser gemischten Gesellschaft, die sie für einzigartig hielt. Die Zusammensetzung einiger anderer Logen war indessen beinahe die gleiche, erhielt jedoch von ihr nur sarkastische Bemerkungen oder aufrichtige Gleichgültigkeit. Auf die gleiche Weise verstand sie in ihrer hitzigen Einbildung das Glück der Auserwählten, die sie zu ihren Diners zuließ, und bereitete sich jeden Abend, in der eisigen Langeweile der Erfahrung, mit mühsamer Resignation darauf vor, bei den anderen an doch ganz gleichartigen Diners teilzunehmen.

Ich ging hinaus, um mich mit einem Freund zu unterhalten. Das erste Stück fing an, man ließ mich nicht wieder eintreten. Ich verlor mich in den Gängen und kam an eine Stelle, von der aus ich einige Reihen der Sperrsitze erblickte, ohne von der Musik mehr als ein verworrenes Gemurmel zu vernehmen. In einen der Hypnose nahen Zustand versunkene »Subjekte«, vom gemeinsamen Rausch erregte Haschischraucher, ein solches Schauspiel bot mir der Teil des Saales, auf den meine Blicke gefallen waren. Obwohl alle diese im Alltagsleben wahrscheinlich friedlichen Personen bequem in den Sesseln saßen und gekleidet waren, wie man es ist, wenn man vorhat, sich mit friedlichen, schicklichen und gesellschaftlichen Genüssen zu vergnügen und zu beleben, atmeten ihre Gesichter abwechselnd träge Wollust und fast kriegerische Lebhaftigkeit. Von Zeit zu Zeit umschattete Traurigkeit ihre Augen, nach und nach aber gaben sie sich den Versprechen eines Trostes hin, der sie alsbald aufheitern würde. Dann schienen alle aufmerksam einer Erörterung von unbeugsamer Logik und zugleich von unvermutetem Reiz zu lauschen. Jetzt mußten die Münder einfach lächeln, die Köpfe wiegten sich leicht auf den Schultern und enthielten sich kaum noch eines anmutigen Grußes wie im Verlauf eines eleganten Promenierens oder beim Tanzen eines Menuetts. Voller Erregung schienen alle wie von einer Festungsmauer herab den aufwühlenden Peripetien der Ereignisse zu folgen, die sich abspielten und die gleichzeitig eine Schlacht mit ungewissem Ausgang sein mußten, ein Ball bei Hofe, Liebesschwüre, die eines jeden Herz gewannen, Begräbnisfeierlichkeiten und ein Sonnenaufgang. Ein unverständliches, aber kräftiges Band vereinte jetzt all diese Personen, die sich eben noch so fremd gewesen waren. Ich sah, wie nahe der Tür mein Bruder und Leutnant S ... Blicke austauschten, in denen glühende und jedermann um sich versammelnde Sympathie leuchtete, wie ein Winterfeuer. Gleich Soldaten einer Truppe auf dem Marsch drückten die Anwesenden in ihrer erregten Reglosigkeit auf verschiedene Weise die gleiche Entmutigung oder die gleiche Fröhlichkeit aus. Allein an einer Säule stehend, wie ein Ibis oder ein Asket, schien ein alter Herr sich gesammelt zu haben und in die Tiefe seiner selbst hinabgestiegen zu sein, um dort nicht enden wollende Freuden zu kosten. Solcherart waren sie alle viel schöner als noch soeben, gleichsam der besonderen Bedingungen entkleidet und hinreichend ihrer selbst entäußert, um weit in der Vergangenheit zu scheinen. Leutnant S ... war nicht mehr kleinlich, und Madame*** war nicht mehr lächerlich. Ich empfand, als ich sie betrachtete, so wenig persönliche Antipathie und so viel ästhetisches Vergnügen, als hätte ich Lysander vor mir, der Hauptmann, und Praxo, die Kurtisane war.

Das erste Stück war zu Ende, ich ging in den Saal zurück und setzte mich neben meinen Bruder. Doch er schien meine Rückkehr gar nicht wahrzunehmen und antwortete auf eine Frage, die ich ihm stellte, mit einem zerstreuten, nachsichtigen und entrückten Lächeln. Um denen, die sie hörten, so viele unterschiedliche Gemütsbewegungen einzugeben, mit so unwiderstehlicher Kraft, hatte die Musik zunächst ihre Aufmerksamkeit für alles übrige einschläfern müssen. Und als das Konzert weiterging, war auch ich, alsbald vom Rhythmus magnetisiert, nur noch ein folgsames »Subjekt« für die Einflüsterungen und Kommandos der Sinfonie.

Vor mir wogte das Orchester, das ich zuvor nicht gesehen hatte. Der Dirigent war wie berauscht, gleich einem General, der ein Manöver seiner Armee leitet, doch eine Schlacht außerhalb der Leiden in Raum und Zeit liefert. Jede Gebärde seines Kopfs, jedes Wiegen seiner Hand, prägt allen Musikern, den Ereignissen, deren Fortgang die Musik entwickelte, unseren Herzen und sogar unseren Gesten dieselbe Glut oder dieselbe Feierlichkeit ein, von der er besessen war. Es stand ihm jedoch nicht frei, diese Allmacht in dieser oder jener Richtung auszuüben: und so gab es auch kein Zögern in seinen Kommandos, keine Unstimmigkeit, kein Fieber, und dennoch wurde er selbst nicht kommandiert. Vielmehr wurde jedes Zeichen, das er mit dem Stab und mit dem Kopf machte, woraus alsbald diese unermeßlichen und köstlichen Konsequenzen entsprangen, vom glühendsten Aufschwung unserer Herzen gefordert, auch wenn unsere Vernunft unfähig gewesen wäre, es im voraus zu bestimmen. Besorgt und glücklich, jede Sekunde besser verstanden zu werden als von uns selbst und machtvoller verwirklicht, befanden wir uns gleichzeitig in maßlosem Staunen und am Ziel unserer Wünsche. Auf den Kämmen der Klangwogen dahintreibend, in einer Strömung, die mich in das tausendfache Getöse des Sturmes hineinriß, spürte ich, wie mein Atem schneller wurde. Gleich einem Herzen, das in diesem Augenblick an der Stelle meines Herzens schlug, verlangsamte oder beschleunigte die Musik nach Belieben den Pulsschlag des Blutes in meinen Adern – so sehr, daß ich manchmal glaubte, bewußtlos zu werden und wie in mir selbst zu stagnieren, während in anderen Augenblicken die Axt zu schwingen und wie ein Schiffsjunge oben in den Tauen herumzuklettern für meine verhundertfachte Aktivität dürftige Betätigungen gewesen wären.

Da die Musik unablässig in einem jeden von uns Einheit schuf, indem sie uns bald Bangen, bald heroische Glut, bald Furcht einflößte, alles andere vertreibend und uns ganz erfüllend, realisierte sie jene indessen auch unter unseren Herzen. Werde ich je vergessen können, was ich empfand: Wie die tausend Münder des Windes, um ein Boot ins Meer zu stoßen, sich an alle Einsatzstücke des Segels pressen, so schwellten und spannten sich während des *Andantes* der *c-Moll-Sinfonie* so viele Herzen wie ein einziges Segel in einer unendlichen Hoffnung! Wie die Satyrn und die Thyaden, wenn sie das Fest des Dionysos feiern, nur die Thyrsosstäbe zu schütteln oder ihre Lippen an die Trauben zu legen scheinen; doch der heilige Rausch des Gottes erreicht sie, und sie erfahren Schmerzen, ohne zu leiden, und Freuden, qualvoller als Schmerzen – so schienen die zweihundert Musiker kleine Geigen zu halten. Schlegel wie Thyrsosstäbe zu schwingen und die Lippen an Flöten wie an Trauben zu legen, daraus die Musik fließt. Doch eine verschwenderische Trunkenheit entströmte diesen Riten, die, mögen sie auch der Tradition angehören, doch für immer unverständlich und geheimnisvoll bleiben werden. Inzwischen waren die verletzten Hoffnungen auf die Erde zurückgefallen; ein rascher Rückzug, wohlgeordnet, des Nachts, auf schlecht beleuchteten Wegen. Und ich bedauerte, ohne es zu begreifen, ohne den Grund dafür zu suchen, die Abschiedsklänge, die das Orchester heruntersandte, ohne seinen Marsch zu verlangsamen, mit männlichem Ernst, nach einem unbekannten, doch gewissen Unglück.

In diesem Augenblick hörte ich, wie ganz in meiner Nähe eine Dame zu einer anderen sagte: »Möchten Sie ein Bonbon?« Der Schmerz, den ich erlitt, war erfüllt mit Mitleid, mit Mißstimmung, vor allem mit Erstaunen, daß unter so heroischen Bedingungen, da alle Interessen eines großherzigen Geistes gefesselt sind, jemand noch den gefräßigen Magen, den trägen Leib spüren konnte. Erst jetzt bemerkte ich, daß viele Zuhörer dem sanften Wiegen und dann den wollüstigen oder schrecklichen Suggestionen der Musik unzugänglich geblieben waren. Wir alle, die wir ihnen erlegen waren, kamen nur zögernd wieder zu Atem, als wir uns nach dem Konzert wieder im Freien befanden, und unsere Herzen waren für einen Augenblick freigeräumt von allem, was sie hinderte, die Wahrheit und die Schönheit zu sehen. Wolken warfen wie Palmen ihre Schatten auf die glühenden Gärten des Himmels, legten dann behutsam sich nieder wie junge Mädchen, denen der Wind den Gürtel löste, wurden kleiner und schienen inkrustierten rosa Muscheln gleich, die das Meer an einem unermeßlichen Strand zurückgelassen hat, um dann – durch einen ebenso raschen und ebenso harmonischen Wechsel wie der Wechsel der Tonart in einer Sinfonie – wie Schärpen zu flattern, wie Kränze zu welken und wie Klagen einen Augenblick lang noch lächelnd zu verharren. Bald war es nur noch ein Dunst, der auf den Kirchenfenstern gegen Sonnenuntergang seine rosa Backen aufblies wie ein Engelskopf. Und jenseits der nebligen Hügel und Täler des Himmels faßte gegen Sonnenaufgang ein grauer und zarter Nebel den Horizont mit einer Mattigkeit, die leidenschaftlicher schien als ein Auge voller Liebe. Schon füllten sich unsere Augen, wie sie am Himmel die ebenso reichen, doch besänftigten Erregungen der Musik wiederfanden, mit Tränen. In diesem Augenblick hätten wir uns leicht bis zu einer Tragödie von Sophokles erhoben, zu einem Dialog von Plato, zum Leben von Spinoza, zum Tod von Philopoimen. Doch bald nahm das Leben uns wieder in seinen Griff. Wir hatten beschlossen, in den noch offnen Louvre zu gehen; Leutnant S... erinnerte sich nach wenigen Minuten, daß er Besuche zu machen hatte, mein Bruder begab sich zum Tee in der Rue Royale, wo er hoffte, Madame*** zu treffen, und die anderen gingen ihre Seele verleugnen, einige, wohin sie Lust hatten, die meisten, wohin die Gewohnheit sie trieb.

Gustav Mahler

Die Forderung, die der Komponist Mahler dem Dirigenten Mahler eingebrockt hat: daß der Dirigent (Interpret) dem, was der Komponist lebendig vor Ohren gehabt, ehe er es in Noten gebannt und damit stillgestellt, eingezäunt hat gewissermaßen, »die Bande zu lösen« hätte – wie wäre ihr nachzukommen? Mahler demonstriert es (in Gesprächen mit Natalie Bauer-Lechner und einer Publikums-Anrede) am Beispiel dreier Beethoven-Sinfonien:

Am letzten »Eroica«-Satz, seinem Beginn, genauer gesagt, »der immer verfehlt gemacht wird« –

[T. 12]

Das fassen die Leute als Thema auf (nach dem vorübergehenden stürmischen Anfang!) und bringen es viel zu schnell, statt zu begreifen: Beethoven versucht nachdenklich – scherzhaft – lernt gehen – kommt allmählich hinein. Daher soll dies letztere [T. 18 f.] – wie eine Antwort – etwas rascher folgen. Darauf, als auf dem Untergrund, der begleitend und geleitend durch das ganze Stück geht, entfalten sich singend und klingend die Themen, die nichts weniger als rasch heruntergespielt werden dürfen. [29. Januar 1898]

Am Kopfsatz der Fünften:

Das Wort, welches man Beethoven über diesen ersten Satz in den Mund legt: So klopft das Schicksal an die Pforte – erschöpft mir lange nicht den ungeheuren Inhalt. Eher könnte er davon gesagt haben: Das bin ich!

Sowie deren zweiten Satz:

Der Kräftigste ist immer auch der Zarteste, das kann man an Beethoven hier – wie überall – sehen: natürlich, weil die Intensität des ganzen Menschen, seines tiefsten Schauens und Empfindens, sich nach allen Seiten hin erstreckt. [November 1899]

An der Neunten schließlich (denen »entgegnend«, die ihm »Größenwahn« und Willkür vorgeworfen haben):

Wien, Februar 1900

Beethoven hatte durch sein in völlige Taubheit ausgeartetes Gehörleiden den unerläßlichen innigen Kontakt mit der Realität, mit der physisch tönenden Welt gerade in jener Epoche seines Schaffens verloren, in welcher ihn die gewaltigste Steigerung seiner Konzeptionen zur Auffindung neuer Ausdrucksmittel und zu einer bis dahin ungeahnten Drastik in der Behandlung des Orchesters hindrängte. Ebenso bekannt wie diese Tatsache, ist die andere, daß die Beschaffenheit der damaligen Blechinstrumente gewisse zur Bildung der Melodie nötige Tonfolgen schlechterdings ausschloß. Gerade dieser Mangel hat mit der Zeit eine Vervollkommnung jener Instrumente herbeigeführt, welche nunmehr nicht zu möglichst vollendeter Ausführung der Werke Beethovens auszunützen, geradezu als Frevel erschiene.

Richard Wagner, der sein ganzes Leben hindurch in Wort und Tat leidenschaftlich bemüht war, den Vortrag Beethovenscher Werke einer nachgerade unerträglich gewordenen Verwahrlosung zu entreißen, hat in seinem Aufsatze »Zum Vortrag der Neunten Symphonie Beethovens« [Ges. Schriften, Bd. 9] jenen Weg zu einer den Intentionen ihres Schöpfers möglichst entsprechenden

Ausführung dieser Symphonie gewiesen, auf dem ihm alle neueren Dirigenten gefolgt sind. Auch der Leiter des heutigen Konzertes hat dies in vollster, aus eigenem Durchleben des Werkes gewonnener und gefestigter Überzeugung getan, ohne im wesentlichen über die von Wagner angedeuteten Grenzen hinauszugehen.

Von einer Uminstrumentierung, Änderung, oder gar »Verbesserung« des Beethovenschen Werkes kann natürlich absolut nicht die Rede sein. Die längst geübte Vervielfachung der Streichinstrumente hat – und zwar ebenfalls schon seit langem – auch eine Vermehrung der Bläser zur Folge gehabt, die ausschließlich der Klangverstärkung dienen sollen, *keineswegs aber eine neue orchestrale Rolle zugeteilt erhielten.* In diesem, wie in jedem Punkte, der die Interpretation des Werkes im Ganzen wie im Einzelnen betrifft, kann an der Hand der Partitur (und zwar je mehr ins Detail eingehend, desto zwingender) der Nachweis geführt werden, daß es dem Dirigenten überall nur darum zu tun war, fern von der Willkür und Absichtlichkeit, aber auch von keiner »Tradition« beirrt, den Willen Beethovens bis ins scheinbar Geringfügigste nachzufühlen und in der Ausführung auch nicht das Kleinste von dem, was der Meister gewollt hat, zu opfern, oder in einem verwirrenden Tongewühle untergehen zu lassen.

Und die ›Leute‹ dabei?

Du fragst, ob sie Beethoven heute verstehen? Was fällt dir ein! Weil sie mit seinen Werken aufgewachsen sind, weil er »anerkannt« ist, hören, spielen und lieben sie ihn vielleicht, aber nicht, weil sie seinem Fluge zu folgen vermöchten. Die können mit ihren Triefaugen *nie* in die Sonne schauen.

[Juli 1900]

Claude Debussy

Monsieur Croche alias ›Herr Achtelnote‹, als welcher Debussy sich gegenüberzutreten liebt, schriebe sich seinen Vorspruch am liebsten selber.

Man hat mir weiß Gott welche Haltung angelastet, die ich gegenüber den Meistern gezeigt haben soll; man hat mir über Wagner, über Beethoven Dinge in den Mund gelegt, die ich niemals gesagt habe. Ich bewundere Beethoven und Wagner, aber ich weigere mich, sie bedingungslos zu bewundern, nur weil man mir gesagt hat, daß sie Meister seien. So nicht! Meiner Meinung nach nimmt man in unseren Tagen den Meistern gegenüber eine unterwürfige Haltung ein, die sehr ärgerlich ist. Ich will die Freiheit haben zu sagen, daß eine langweilige Partiturseite mich langweilt, gleich von wem sie stammt. Aber ich habe weder eine Theorie noch ein Vorurteil. Ich versuche, ein aufrichtiger Mensch zu sein, in meiner Kunst wie in meinen Ansichten, das ist alles.

[1911]

Und er verfällt in Schweigen. Doch kommt ihm bald ein Konzert in Erinnerung.

Als erstes dirigierte Felix von Weingartner die *Pastoralsymphonie* mit der Sorgfalt eines Gärtners, der peinlich genau jede Raupe abliest. Man hat den Eindruck einer wie mit dem Pinsel lackierten Landschaft, wo die sanft geschwungenen Hügel aus Plüsch bestehen, das Meter zu zehn Francs, und die Bäume mit der Brennschere gekräuselt sind.

Die Volkstümlichkeit der *Pastoralsymphonie* beruht auf einem ziemlich weit verbreiteten Mißverständnis der Menschen gegenüber der Natur. Sehen Sie sich die Szene am Bach an: Es ist ein Bach, aus dem allem Anschein nach Kühe trinken (jedenfalls veranlassen mich die Fagottstimmen, das zu glauben), ganz zu schweigen von der Nachtigall im Wald und dem Schweizer Kuckuck, die beide besser in die Kunst von Jacques de Vaucanson passen als in eine Natur, die diesen Namen verdient. All das ist sinnlose Nachahmerei oder rein willkürliche Auslegung.

Um wie viel tiefer drücken doch andere Partiturseiten des alten Meisters die Schönheit einer Landschaft aus, ganz einfach weil es keine direkte Nachbildung mehr gibt, sondern gefühlsmäßige Übertragung des »Unsichtbaren« in der Natur. Faßt man das Geheimnis eines Waldes, indem man die Höhe seiner Bäume mißt? Regt nicht vielmehr seine unergründliche Tiefe die gestaltende Phantasie an?

In dieser Symphonie ist Beethoven übrigens Kind seiner Zeit, die die Natur nur aus Büchern kannte. Das zeigt sich im »Gewitter«, einem Teil dieser Symphonie, wo der Schrecken der Menschen und Dinge sich mit dem Faltenwurf eines romantischen Mantels drapiert, während ein Theaterdonner rollt.

Es wäre abwegig zu glauben, ich wolle es an Respekt vor Beethoven fehlen lassen, nur: Ein Musiker seines Genies konnte sich gründlicher irren als andere ... Kein Mensch ist gehalten, nur Meisterwerke zu schreiben, und wenn man die *Pastorale* als solches bezeichnet, so hat das Wort für die anderen Beethoven-Symphonien nicht mehr genug Kraft. Nichts anderes will ich sagen.

[1903]

›Letztgültig‹ wäre sie damit beurteilt, die Pastorale?

Von der ganzen Musik, die im Colonne-Konzert gespielt wurde, ist, ohne Ironie gesagt, die *Pastoralsymphonie* von Ludwig van Beethoven die modernste. Sie bleibt entschieden eines der besten Beispiele expressiver Kunstfertigkeit. Zu hören, wie ein Orchester Tierstimmen nachahmt, ist eine wahre Freude für groß und klein. Im Sessel sitzend ein Gewitter über sich ergehen lassen, ist reine Schwelgerei. Gabriel Pierné hat die Symphonie sehr gut dirigiert; er hat sie nicht zu Tode interpretiert, sondern ihren liebenswerten Reiz zur Entfaltung gebracht. Apropos *Pastorale:* Hat man sich je Gedanken darüber gemacht, wieviel Meisterschaft zu einem Meisterwerk gehört, damit es so viele Interpretationen aushält? Es gibt die »respektvolle« Interpretation, bei der aus Angst, der Staub der Jahrhunderte könnte aufgewühlt werden, die Tempi sich verlangsamen, die Nuancen dahinschwinden ... Es gibt auch die »phantastische« Interpretation, wo das Gegenteil eintritt, und die den Eindruck einer Beerdigung bei Regen erweckt. Daß Beethoven ein Choleriker war, ist kein hinreichender Grund, ihn auf ärgerliche Weise zu interpretieren. Das eben war das Erheiternde an dieser jüngsten Aufführung: Wir befanden uns wirklich auf dem Lande, die Bäume hatten keine weißen Krawatten um, der Bach, an dessen Ufer sich die reinste, die deutscheste Idylle abspielt, war voller Frische, ums Haar hätte es nach Stall gerochen! [1912]

Geht es nicht, eigentlich und überhaupt, um die Neunte?

Mir scheint, daß seit Beethoven der Beweis für die Sinnlosigkeit der Symphonie erbracht wurde. Ohnehin ist sie bei Schumann und Mendelssohn nur mehr die achtenswerte Wiederholung der gleichen Formen mit schwächeren Kräften. Gleichwohl war die »Neunte« ein genialer Fingerzeig, ein großartiges Verlangen, die gewohnten Formen zu weiten, zu befreien und ihnen die harmonischen Dimensionen eines Freskos zu geben. (Man hat andererseits behauptet, daß Beethoven das Wort »zum Höhepunkt und zur Krönung seines Klanggebäudes« gemacht, und daß das Finale der »Neunten« das Musikdrama vorbereitet habe. Ist das nicht eine Auffassung, die auf Beethoven die Formel Wagners anwendet, und liegt nicht »die Krönung des Gebäudes« im Einsetzen des tausendstimmigen Chors, der die Musik als Herrscherin und alleinige Königin begrüßt?)

Die wahre Lehre Beethovens lautet also nicht, an den alten Formen festzuhalten und gewissenhaft die Füße in seine frühen Fußstapfen zu setzen. Man muß durch die offenen Fenster auf den freien Himmel schauen können – doch mir will scheinen, als ob man sie nahezu für alle Zeiten verschlossen hielte; die paar genialen Glücksfälle auf diesem Gebiet sind nur eine kümmerliche Entschuldigung für die strebsamen und gekünstelten Übungsstücke, die man aus Gewohnheit Symphonien nennt.

[1901]

Gewiß sind Ihnen die Deutungen zu Ohren gekommen, deren die Neunte sich erfreuen durfte?

Man hat die *Neunte Symphonie* in einen Nebel von hohen Worten und schmückenden Beiworten gehüllt. Sie ist – neben dem berühmten »Lächeln der Mona Lisa«, dem mit seltsamer Beharrlichkeit das Etikett »geheimnisvoll« anhaftet – das Meisterwerk, über das am meisten Unsinn verbreitet wurde. Man muß sich nur wundern, daß es unter dem Wust von Geschreibe, den es hervorgerufen hat, nicht schon längst begraben liegt. Wagner schlug instrumentale Retuschen vor; andere planten, mit Hilfe von Lichtbildern den Inhalt zu erläutern. Schließlich machte man aus diesem so mächtigen und klaren Werk einen Popanz zur öffentlichen Verehrung. Angenommen, diese Symphonie würde wirklich ein Geheimnis in sich bergen, so ließe sich dieses vielleicht ergründen, aber wem nützte es? Beethoven war nicht für zwei Sous literarisch, zumindest nicht in dem Sinn, den das Wort heute hat. Er liebte die Musik mit hochgemutem Stolz; sie war für ihn jene Leidenschaft und Freude, die er in seinem persönlichen Leben so bitter entbehren mußte. Vielleicht hat man in der *Neunten Symphonie* einfach den zur Übersteigerung getriebenen Ausdruck eines musikalischen Stolzes zu sehen – und weiter nichts. Ein kleines Heft, in dem Beethoven mehr als zweihundert verschiedene Abwandlungen der Leitidee zum Finale dieser Symphonie skizzierte, zeigt, wie hartnäckig er suchte und wie reinmusikalisch sein Denken war, das ihn leitete (die Verse von Schiller haben dabei wirklich nur eine klangliche Bedeutung). Er wollte, daß diese Idee ihre eigenen virtuellen Entwicklungskräfte besäße, und wenn sie in sich von wundersamer Schönheit ist, so ist sie wundersam durch all das, womit sie seine Erwartung erfüllte. Es gibt kein glänzenderes Beispiel für die Dehnbarkeit einer Idee innerhalb der ihr gesetzten Form; jede Abwandlung bringt neue Freude, ohne daß der Eindruck von Anstrengung oder Wiederholung entstünde; es ist wie ein Wunder, wie das Aufblühen eines Baumes, dessen Knospen alle mit einem Mal aufbrechen. Nichts ist überflüssig in diesem architektonisch so weitgespannten Werk, nicht einmal das Andante, das neuere Ästhetik übergroßer Länge zeiht; bildet es nicht den sensibel gesetzten Ruhepunkt zwischen der rhythmischen Beharrlichkeit des Scherzos und der instrumentalen Sturzflut, mit der die Stimmen unwiderstehlich zum Glanz des Finales treiben? Im übrigen hatte dieser Beethoven bereits acht Symphonien geschrieben, und die Neun mußte für ihn eine fast schicksalhafte Bedeutung annehmen; in ihm lebte der Wille, über sich selbst hinauszuwachsen. Ich verstehe nicht, wie man bezweifeln kann, daß ihm dies gelungen ist. Eine überströmende Menschlichkeit sprengt die herkömmlichen Grenzen der Symphonie; sie bricht aus seiner freiheitstrunkenen Seele hervor, die sich in ironischer Schicksalsverkettung an den goldenen Gittern wundstieß, in denen die nicht nur wohltätige Freundschaft der Großen sie gefangenhielt. Beethoven mußte mit allen Fasern seines Wesens darunter leiden und glühend danach verlangen, daß in ihm die Humanität zum all-einigenden Ausdruck werde: daher dieser tausendstimmige Anruf seines Genius an die niedrigsten und ärmsten seiner Brüder. Ist er von ihnen gehört worden? Beunruhigende Frage.

[1901]

Monsieur Croche sei bedankt.

Romain Rolland

Die Lexika führen ihn als Dichter; nachgerühmt wurde ihm »eine fast goethische Universalbildung«; gewirkt hat er vornehmlich als Musikkritiker, -forscher, -schriftsteller (ein Beethoven- wie ein »Goethe und Beethoven«-Buch gibt es von ihm, zum Beispiel). Rollands zehnbändiger Bildungsroman »Jean-Christophe«, der »eine gewaltige Romansymphonie« genannt wurde – er schildert den Weg eines aus Deutschland gebürtigen musikalischen Kraftgenies, der in etlichen äußeren, vor allem jedoch den inneren Stationen demjenigen Beethovens nachgebildet ist – erschien ab 1904 und wurde bald nach Kriegsbeginn, was seine Landsleute wenig begeisterte, mit dem Literatur-Nobelpreis ausgezeichnet. Im 9. Buch (»Der feurige Busch«) verliert Johann Christof Krafft seinen Freund Olivier, »die Quelle inneren Lebens« versiegt, es geht »rasend abwärts« mit ihm; schließlich kommt es, während eines nächtlichen Frühlingsföhn-Sturms, zum Zwiegespräch mit dem Leben.

»Du bist zurückgekehrt, bist zurückgekehrt! O du, den ich verloren hatte! ... Warum hast du mich verlassen?«

»Um mein Werk zu vollenden, das du preisgegeben hast!«

»Welches Werk?«

»Mußt du denn kämpfen? Bist du nicht Herr über alles?«

»Ich bin nicht Herr.«

»Bist du nicht alles, was ist?«

»Ich bin nicht alles, was ist. Ich bin das Leben, das das Nichts bekämpft. Ich bin nicht das Nichts. Ich bin das Feuer, das in der Nacht brennt. Ich bin nicht die Nacht.

Ich bin der ewige Kampf; und über dem Kampf schwebt nicht ein ewiges Schicksal. Ich bin der freie Wille, der ewig kämpft. Kämpfe und brenne mit mir.«

»Ich bin besiegt. Ich bin zu nichts mehr gut.«

»Bist du besiegt, scheint dir alles verloren –, so werden andere Sieger sein. Denke nicht an dich, denke an deine Schar.«

»Ich bin allein. Ich habe nur mich, und ich habe keine Schar.«

»Du bist nicht allein, und du gehörst nicht dir selbst. Du bist eine meiner Stimmen, du bist einer meiner Arme. Rede für mich, strafe für mich. Doch wenn dein Arm zerbricht, deine Stimme versagt, so bleibe ich dennoch aufrecht; ich kämpfe mit anderen Stimmen, anderen Armen als deinen. Auch besiegt, bist du ein Teil der Schar, die niemals besiegt wird. Denke daran, und du wirst noch im Tode siegen.«

»Herr, ich leide so sehr!«

»Glaubst du, ich leide nicht auch? Seit Jahrtausenden schon liegt mir der Tod auf der Lauer, umspäht mich das Nichts. Nur mit siegreichen Schlägen bahne ich mir den Weg. Der Strom des Lebens ist rot von meinem Blut.«

»Kämpfen, immer kämpfen?«

»Es gilt immer zu kämpfen. Auch Gott kämpft. Gott ist ein Eroberer. Er ist ein reißender Löwe. Das Nichts kreist ihn ein; und Gott durchbricht es. Der Rhythmus des Kampfes schafft die Harmonie des Alls. Diese Harmonie ist nicht für deine sterblichen Ohren bestimmt. Genug, daß du weißt, sie ist da. Tue deine Pflicht in Frieden und überlasse das andere den Göttern.«

»Ich habe keine Kraft mehr.«

»Singe für die, die stark sind.«

»Meine Stimme ist gebrochen.«

»Bete!«

»Mein Herz ist beschmutzt.«

»Reiß es aus. Nimm das meine.«

»Herr, es bedeutet nichts, sich selbst zu vergessen, seine müde Seele von sich zu werfen. Aber kann ich meine Toten von mir werfen, kann ich, die ich liebe, vergessen?«

»Verlasse sie, die tot sind, samt deiner toten Seele. Lebend wirst du sie mit meiner lebendigen Seele wiederfinden.«

»O du, der mich verlassen hat, wirst du mich nochmals verlassen?«

»Ich werde dich nochmals verlassen. Zweifle nicht daran. An dir ist es, mich nicht mehr zu lassen.«

»Aber wenn mein Leben erlischt?«

»Entzünde es in anderen.«

»Wenn der Tod in mir ist?«

»Das Leben ist anderwärts. Geh, öffne ihm deine Pforten. Tor, der du dich im zerstörten Hause verschließt! Geh aus dir hinaus. Es gibt andre Wohnstätten.«

»O Leben, o Leben, ich sehe ... Ich suchte dich in mir, in meiner leeren, verschlossenen Seele. Meine Seele zerbricht. Durch die Fenster meiner Wunden strömt die Luft; ich atme wieder, ich finde dich wieder, o Leben! ...«

»Jetzt finde ich dich wieder ... Schweige und lausche.«

Karl Kraus

Eine allzu hohe Meinung hat Karl Kraus von der Musik nicht gehabt? Als Zutat war sie ihm recht, als selbständige Kunst nicht ›gedankenvoll‹ genug? Auf Beethoven kam er – in der Sammlung »Sprüche und Widersprüche« von 1909 zum Beispiel, oder einem »Fackel«-Heft des Jubiläumsjahres 1927 –, um sich den Anhimmlern in den Weg respektive den Aufplusterern als Übersetzer zur Verfügung zu stellen.

Aphorismus

Was ist die Neunte Symphonie neben einem Gassenhauer, den ein Leierkasten und eine Erinnerung spielen!

Desperanto

zur Beethoven-Feier:

Dem Mann maßlos wütender Wortgewitter, dessen Liebe den Nächsten mit der Peitsche Reinheit heischender Virtus striemte, wälzt Schicksalsfinsternis undurchdringliche Nebelschwaden vor des Hörganges Pforte.

Beethoven wird taub.

Erik Satie

Wie kommt ein Komponist: mit der Zeitkunst Musik befaßt, seine Gegenwart zwischen Erinnerung und Erwartung suchend, auf die Idee, »Memoiren eines Gedächtnislosen« zu verfassen, und einen Abschnitt darin Beethoven zu widmen? Hat Selbstkritik ihn dazu getrieben: fürchtet er, daß seine Fähigkeiten für die langen Strecken nicht reichen? Oder Kritik: weiß er, daß die andern genau in diesem Punkt sich und uns betrügen?

Vollkommene Umgebung

Inmitten glanzvoller Kunstwerke zu leben ist eine der größten Freuden, die man empfinden kann. Zu den kostbaren Monumenten des menschlichen Geistes, mit denen mein Leben zu teilen mir meine bescheidenen Mittel erlaubten, zähle ich einen herrlichen falschen Rembrandt – in seiner tiefen und üppigen Malweise genau richtig, ihn mit den Augenwinkeln auszupressen wie eine fleischige, allzu grüne Frucht.

Sie können des weiteren in meinem Arbeitszimmer ein Bild von unbestreitbarer Schönheit sehen, einen Gegenstand allgemeiner Bewunderung: das köstliche »Portrait, einem Unbekannten zugeschrieben«.

Habe ich Ihnen von meinem gefälschten Teniers erzählt? Es ist ein reizendes, zartes Objekt, ein rares Stück unter all den anderen.

Sind das nicht göttliche Juwelen, in hartes Holz gefaßt? Ja?

Und dennoch, was all diese meisterlichen Werke übertrifft, was sie mit dem ungeheuren Gewicht seiner genialen Erhabenheit zermalmt, was sie in seinem blendenden Licht erbleichen läßt, ist ein unechtes Manuskript von Beethoven – eine herrliche apokryphe Symphonie des Meisters –, das ich vor zehn Jahren, glaube ich, voller Ehrfurcht erstanden habe.

Von den Werken dieses großartigen Komponisten ist diese noch unbekannte 10. Symphonie eines der prächtigsten. Die Proportionen sind gewaltig wie die eines Palastes; die motivischen Gedanken sind schattig und frisch; die Entwicklungen klar und bestimmt.

Diese Symphonie mußte einfach existieren: die Zahl 9 paßte nicht zu Beethoven. Er liebte das Dezimalsystem. »Ich habe zehn Finger«, erklärte er.

Von denen, die kamen, dieses Meisterwerk mit kindlichem Eifer und andächtig gesammelten Ohres zu verschlingen, hielten es einige in ihrem Unverstand für einen schwächeren Beethoven und sprachen es auch aus. Sie gingen sogar noch weiter.

Aber Beethoven kann in keinem Fall schwächer sein als Beethoven. Seine Satztechnik und seine Beherrschung der Form haben Augurenkraft, selbst im Kleinsten. Oberflächliche Betrachtungsweise ist ihm nicht angemessen. Die seiner künstlerischen Persönlichkeit unterschobene Fälschung ficht ihn nicht an.

Glauben Sie etwa, ein lange gefeierter Athlet, dessen Kraft und Geschicklichkeit sich in öffentlichen Triumphen erwiesen hat, wird durch die Tatsache herabgewürdigt, daß er ungezwungen einen schlichten Strauß von Tulpen und Jasmin in den Händen hält? Wird er kleiner, wenn ihm dabei die Unterstützung eines Kindes zuteil wird?

Dem werden Sie nichts entgegensetzen können.

[1912]

Adolf Loos

Die Kritik des Ornaments – als der »Evolution der Kultur« im Wege – hat Loos, den Wiener Architekten, bekannt gemacht, ehe er seine Ideen in die Praxis umsetzen konnte. Karl Kraus und Arnold Schönberg zeigten sich auf seiner wie er auf ihrer Seite. (Kraus: »Die Phrase ist das Ornament des Geistes.« – Schönberg: »Die Musik soll nicht schmücken, sie soll bloß wahr sein.«) Zu den »Richtlinien für ein Kunstamt«, die Loos 1919 veröffentlichte und die dem nachmonarchistischen Österreich die gesellschaftliche wie geistige Zukunft (vor)weisen sollten, steuerte Schönberg den Musik-Abschnitt bei. Loos selber setzte einen Beethoven-Text hinzu, den er bereits 1913 geschrieben hatte (und der dann eine ›Pointe‹ nachgeliefert bekam: am Ende seines Lebens war Loos so gut wie taub).

Die kranken Ohren Beethovens

Um die wende des achtzehnten und neunzehnten jahrhunderts lebte in Wien ein musiker namens Beethoven. Das volk verlachte ihn, denn er hatte seine schrullen, eine kleine gestalt und einen komischen kopf. Die bürger nahmen an seinen kompositionen anstoß. »Denn«, so sagten sie, »schade, der mann hat kranke ohren. Schreckliche dissonanzen heckt sein gehirn aus. Da er aber behauptet, daß es herrliche harmonien seien, so sind seine ohren, da wir nachweislich gesunde ohren besitzen, krank. Schade!«

Der adel aber, der dank der rechte, die ihm die welt verliehen hatte, auch die pflichten kannte, die er der welt schuldig war, gab ihm das nötige geld, um seine werke aufführen zu können. Der adel hatte auch die macht, eine oper Beethovens im kaiserlichen operntheater zur aufführung zu bringen. Aber die bürger, die das theater füllten, bereiteten dem werk eine solche niederlage, daß man eine zweite aufführung nicht wagen konnte.

Hundert jahre sind seither verflossen, und die bürger lauschen ergriffen den werken des kranken, verrückten musikanten. Sind sie adelig geworden wie die edlen vom jahre 1819 und haben ehrfurcht bekommen vor dem willen des genius? Nein, sie sind alle krank geworden. Sie haben alle die kranken ohren Beethovens. Durch ein jahrhundert haben die dissonanzen des heiligen Ludwig ihre ohren malträtiert. Das haben die ohren nicht aushalten können. Alle anatomischen details, alle knöchelchen, windungen, trommelfelle und trompeten erhielten die krankhaften formen, die das ohr Beethovens aufwies. Und das komische gesicht, hinter dem die gassenbuben spottend nachliefen, wurde dem volk zum geistigen antlitz der welt.

Es ist der geist, der sich den körper baut.

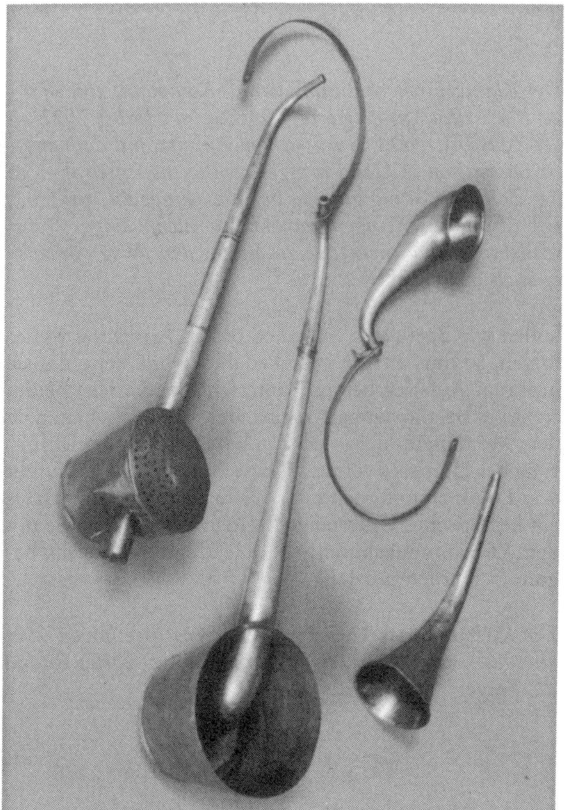

Hörinstrumente Beethovens, von J. N. Mälzel in den Jahren 1812–14 gefertigt

Ferruccio Busoni

Der Klaviervirtuose Busoni, der als Komponist eine »junge Klassizität« propagierte, schickte im Herbst 1922 an die Zeitschrift »Die Musik« einen Aufsatz, mit dem er eine Diskussion in Gang bringen wollte. Es schien ihm an der Zeit, eine »lang gläubig bejahte« Frage zu »prüfen«; sich durch »Voreingenommenheit« nicht länger »einschüchtern und knechten« zu lassen; den »Weg vor uns« endlich zu »erhellen«:

Sollen wir Beethoven in seinen besten Absichten weiter folgen, so müssen wir zwischen diesen und dem, das sie in ihrem Aufstieg hemmt, unterscheiden lernen. Beides steht bei Beethoven hart aneinander, wie der Schatten an dem Monument, der – selbst unbeachtet – die Linienführung des Umrisses verrät. – Diese Aufgabe mit Ehrfurcht und Logik zu unternehmen, dürfte gegenwärtig noch als ein ketzerisches Unterfangen gelten: es ist damit wie mit den Entwöhnungskuren, die mit klügster Vorsicht begonnen werden müssen.

Die »Schatten des Vorurteiles« namens ›Beethoven über alles‹ zu »scheuchen«, stellt also und beantwortet Busoni die Frage:

Was gab uns Beethoven?

Häufig, beim Durchspielen einer Mozartschen Partitur am Klavier, geschah es, daß mein Zuhörer ausrief: »Das ist ja schon ganz Beethovenisch!« Umgekehrt traf es sich auch, daß an gewissen Momenten eines Beethovenschen

Stückes mein Jünger bemerkte: »Das ist ja noch ganz Mozartisch.« Das erste von der Geste respektvollen Erstaunens, das zweite von der eines nachsichtigen Lächelns begleitet. In den beiden Fällen übersah mein Zuhörer, daß Mozart – wo er »beethovenisch« anmutet, – bedeutend und original, hingegen, daß Beethoven, wo er an Mozart erinnert, unbedeutend und entlehnend ist. Mit anderen Worten: ein Mozart kann zuweilen auch den Ton anschlagen, der unsere Zeit bei Beethoven mit Ehrfurcht erfüllt; Beethoven kann aber Mozart, wo er ihm vorschwebt, nicht erreichen. Er hat Mozart in den Hintergrund gedrängt; derart, daß meine Generation erröten mußte, eine Opuszahl von Beethoven ungenau zu zitieren; nicht aber sich zu schämen brauchte, ein Konzert oder eine Oper von Mozart gar nicht zu kennen. Moritz Heimann, in einer seiner Novellen, läßt einen deutschen Dichter in Italien sagen: »Einen Beethoven haben sie nicht«. Man kann wohl sagen: »der göttliche Rossini!« Man kann auch sagen: »der göttliche Mozart!« Aber man kann nicht sagen: »der göttliche Beethoven«, das klänge nicht gut. Man muß sagen: »der menschliche Beethoven!« so groß ist er. Abgesehen davon, daß eine einzelne Erscheinung nicht in *jedem* Lande in je einem Exemplar vorhanden ist (keines außer England hat einen Shakespeare, keines außer Italien einen Michelangelo; einen Cervantes besitzt nur Spanien), – so gibt doch der Ausspruch Heimanns einen Schlüssel zum besonderen Problem: Das Menschliche tritt mit Beethoven zum erstenmal als Hauptargument in die Tonkunst, an Stelle des Formenspiels.

Sogleich drängt sich die Frage auf, ob das ein Gewinn, eine Erhöhung für die Musik bedeuten könne; ob es die Aufgabe der Musik ist, menschlich zu sein, anstatt reinklanglich und schön-gestaltend zu bleiben. – Das Herz

Beethovens war groß und rein und es empfand *für* die Menschheit, es litt um sie, und für sie schlug es. Das ist zunächst eine Angelegenheit der Gesinnung, des Gemütes: der *Künstler* Beethoven hatte zu *formen;* und sein sprichwörtliches »Ringen« mag nichts anderes sein, als das schwierige Bemühen, menschliche (das ist zuweilen außermusikalische) Erregungen in musikalische Formen zu bringen. Dieses ist ihm gelungen, oft gelungen – aber die Musik wurde dadurch in eine andere Region geführt, als die ist, die sie bisher bewohnt hatte. Wir haben durch Beethoven uns nun daran gewöhnt, diese Region als die der Musik einzig homogene, als ihren eigenen Bezirk zu denken, und werden wohl noch eine Zeitlang zu diesem Prinzip uns bekennen.

Beethovens menschliche Ideale sind hoch und lauter; sie sind die Ideale der Gerechten aller Zeiten und Zonen: der Drang nach Freiheit, die Erlösung durch Liebe, die Brüderlichkeit aller Menschen. Liberté, égalité, fraternité: Beethoven ist ein Ergebnis von 1793, und der erste große Demokrat in der Musik. Er will, daß die Kunst ernst, das Leben heiter sei. Sein Werk tönt voller Unmut, denn das Leben ist eben nicht heiter; mit schöner Sehnsucht nach dieser Verwirklichung holt er immer wieder vom Leiden aus, ingrimmig und rebellisch. »Non per portas, per muros, per muros.« »Muß es sein? Es muß sein.« »O Freunde, nicht *diese* Töne«, »So pocht das Schicksal an die Pforte.« Das sind einige der »Mottos«, die Beethoven erfüllen; stetiger Trotz, Wunsch nach Auflösung der Dissonanz, und – mit dem Kopf durch die Wand. Das Herz ist groß, die Gesinnung golden, der Kopf nicht entsprechend diszipliniert. Darum Goethes Bedenken gegen Beethovens Art; Bedenken, die zuungunsten Goethes gerne gedeutet werden, und die – dennoch! – (legt man Goethes umfassendes Verständnis für

Mozart auf die Wagschale) eher Anlaß zum Nachdenken hätten geben sollen. Aber über Beethoven wird seit einem halben Jahrhundert nicht diskutiert.

Seinen Zeitgenossen bedeutete Beethoven zunächst eine staunenswerte Kuriosität (ein Konzertabend, worin er zum ersten Male die fünfte Sinfonie, die sechste Sinfonie und das Klavierkonzert in G-dur aufführte, ließ das Publikum recht unberührt; Fidelio war zweimal ein »Fiasko«; das Violinkonzert wurde als unmelodisch und erzwungen bezeichnet); – doch bald darauf schlug die Situation um, der Umschwung hielt an und wuchs zweien Generationen über den Kopf.

Eine militante Priesterschaft organisierte sich ohne Verabredung (anders als bei Wagner!) und bewachte fortan das zum Symbol gediehene Werk der musikalischen Menschlichkeit. – Zwei Generationen hindurch war es das Ziel der ehrgeizigen Komponisten, *ihre* neunte Sinfonie zu schreiben. Brahms, Bruckner, Mahler – wie sehr man sie auseinanderhalten möchte, trotzdem in der Kunst nicht die Richtung, sondern die Begabung entscheidet – sie sind sämtlich von der Monomanie erfüllt, zu ihrer eigenen neunten Sinfonie zu gelangen. »Man folgt am treuesten einem großen Beispiel, indem man sich von ihm abwendet«, so sagte ich einmal, und meinte damit: das Beispiel ist deshalb groß, weil es einen neuen Typus schafft; wiederholt man den Typus, so ist die Idee des Beispiels wiederum zerstört. – Durch Beethoven entstand in seinen Nachkommen der Ehrgeiz der Bedeutung, der Tiefe, des Zyklopischen; die Maße der Breite und der Mittel türmten sich chronologisch auf. Ein Haydn fertigte noch Sinfonien mit derselben Unbefangenheit – und Freude! – wie er ein Klaviermenuett niederschrieb. Nach Beethoven mußte alles »gewaltig« sein; schon das erste Werk eines jungen Komponisten wollte alles Gewesene an Wucht übertreffen. Die Freude – die Beethoven aus Sehnsucht nach der Abwesenden – fanatisch besingt, hat sich verborgen. Früher begrüßte der Zuhörer die Veranstaltungen zu einer Musikaufführung mit dem Lächeln angenehmer Erwartung; jetzt setzt man sich mit geschlossenen Augen und hoffnungslosem Ernste zum Lauschen hin. Ein Stück, das heiter und kurz geraten ist, mag es noch so schön und meisterlich sein, wird als Werk zweiter Ordnung betrachtet. – Menschlich zu schwingen ist diejenige Eigenschaft in der Kunst, ohne die sie zum Kunstgewerbe herabsinkt. Aber was ist *nicht* menschlich? Ausnahmslos ist's alles, was vom Menschen empfunden und unternommen wird. Die Kunst – darum ist sie Kunst und nicht das Leben selbst – hat das Privilegium, das *wählen* zu können, was ihr zusagt: die bildende Kunst aus der Fülle der Erscheinungen, die musikalische Kunst aus der Gesamtheit der Gemütsbewegungen; andererseits hat sie das Recht, das abzustoßen, was nicht zu ihr gehört, was außerhalb ihrer selbst liegt: und dazu muß ich u. a. die soziale Tendenz, die propagandistische Gebärde rechnen; sei der Autor noch so heftig von solchen Motiven erfüllt! Hier wird der Dichter zum Volksredner. Beethoven lag das Trotzige, das Grollende und das Versöhnende am nächsten der eigenen Natur; darin war er makellos *aufrichtig;* und mit dieser Erkenntnis gewinnen wir – auf die Frage: Was bedeutet Beethoven den Heutigen? – die erste wichtige Antwort. *Aufrichtigkeit* ist eine der unbedingten Notwendigkeiten für das Werden und Wirken des Schaffens.

Darin ist Beethoven uns allerdings ein höchster Maßstab, daß seine strenge Aufrichtigkeit ihn instinktmäßig zu den Bezirken führt, die die ihm ganz eigenen sind. Aber diesen Maßstab können wir an allem wirklich Bedeutenden wahrnehmen, von Dante an bis – ja bis zu Beethoven; und so zwingend ist die Kraft der Aufrichtigkeit, daß auch das weniger Bedeutende durch sie einen hohen Rang, einen bleibenden Wert gewinnt – Können, Gemüt und Einbildungskraft vorausgesetzt –: ich nenne von Späteren, weil sie von selbst hervortreten – Weber, Chopin und Bizet.

Ein zweites Moment, das die heutige Jugend sich zu Herzen nehmen mag, ist – bei Beethoven – *das Zurücktreten des Virtuosenhaften gegenüber der »Idee«*. Beherrscht er auch mit Überlegenheit das Orchester und den Kontrapunkt, so denken wir doch nie in erster Linie von Beethoven als von einem »Orchestrator« oder einem »Kontrapunktiker«. Man hat ihm zwar die Sonderetikette des »Sinfonikers« aufgesteckt, doch ist dieses eine Konvention wie jede andere Etikette. Eine Hammerklaviersonate und ein cis-Moll-Streichquartett wiegen an Gehalt die Sinfonien sicherlich auf: in der Tat, es ist bei Beethoven ziemlich gleichgültig, welches das Mittel ist, das uns seine Gedanken zuführt. Als »Spezialisten« haben ihn seine Vorgänger übertroffen; Bachs Harmonik ist kühner und reicher, Mozarts Orchester equilibrierter, Haydns Quartettsatz reiner und durchsichtiger. Das liegt daran, daß Beethovens Ungestüm ihn oft über die bequemen Möglichkeiten der Instrumente, der Singstimmen, hinausgreifen ließ, wodurch das »Riskierte« in den Vortrag kam, das dem Wohlklang gefährlich wird. Dafür aber zwang und verhalf er Instrumentalisten und Orchester zu größeren Leistungen: der Schwierigkeit, der Ausdauer und des Denkens. Nicht immer zeigt in der Beschränkung sich der Meister, sondern ebensosehr in der Erweiterung, sobald er sie beherrscht.

Diese Geste Beethovens ist leider nachträglich eifrig aufgegriffen worden: die Übertrumpfung, um ihrer selbst willen gepflegt, führt zur Dekadenz; darum, weil der Abstand zwischen Inhalt und Aufwand immer klaffender gerät. Das dritte Horn, das zu dem üblichen Einzelpaar in der »Eroica« hinzukam, erregte Aufsehen und Bedenken; wenngleich seine Verwendung begründet und überzeugend durchgeführt ist. Wo ist eine ähnliche Berechtigung bei den acht und zwölf Hörnern mancher heutigen Partitur?

– –

Um die Menschheit zu leiden ist höchst »menschlich«, ehrfurchtgebietend, dankens- und liebenswert; anbetungswürdig aber ist das »Göttliche«, welches keine Zweifel kennt noch weckt, und alles Leiden vergessen macht.

Der »Auftakt« zur Diskussion war gegeben. In der übernächsten Nummer der »Musik« meldete sich daraufhin, als einziger, Willy Bardas aus Berlin zu Wort.

Ich weiß nicht, wie Busoni die »Aufgabe der Musik« definieren würde. Aber es ist wohl undenkbar, irgendeine Definition zu finden, bei der das Beethovensche Schaffen, selbst in seinen groteskesten Ausläufern, nicht mit unter den Begriff »Musik« fallen müßte. Da seine Kunst ein Gewinn ist, müssen die Quellen seiner Kunst auch ein Gewinn für die Musik gewesen sein – wenn man schon von Gewinn sprechen will, wo es sich eigentlich um die Gründe der Entwicklung handelt. Zu noch stärkeren Bedenken geben die Ausdrücke »rein klanglich« und »schön gestaltend« Anlaß. Denn mit ihnen wird ein Versuch einer Abgrenzung der Aufgaben der Musik unternommen. Was ist denn rein klanglich? Gibt es etwas Reinklangliches, eine rein klangliche Schönheit? Wirkt nicht jedes Klangliche irgendwie auf das Gefühl und wird nicht das Urteil, ob etwas reinklanglich sei, erst durch die mehr oder minder starke Erregung des Gefühls bestimmt? Was ist »schön gestaltend« oder schön gestaltet? Was ist überhaupt schön? Herrscht hier Eindeutigkeit des Begriffs? Einstimmigkeit des Urteils? Gibt es einen objektiven Maßstab? Sind römische Skulpturen schöner als Rodinsche? Sind Raffaels Stanzen schöner als Michelangelos Sixtina? Der Begriff der Schönheit ist doch wohl subjektiv verschieden, das Schönheitsideal wandelt sich erfahrungsgemäß im Lauf der Zeiten und der Entwicklung, und zwar vermutlich ebensosehr *wegen* der sich wandelnden Einstellung zu den Problemen des Lebens, wie *trotz* der ewig gleichbleibenden Sehnsucht nach Schönheit.

Und vor allem: fehlt denn bei Mozart das Menschliche als Kunstquelle? War nicht auch er irgendwie »menschlich« im Hinblick auf Leben und Schönheitssehnsucht orientiert, und war die Quelle des Beethovenschen Ringens nicht gleichfalls Schönheitssehnen? Ist die noch immer einzig dastehende Vollendung Mozartscher Gestaltungskunst etwa die Folge eines Fehlens der menschlich-ringenden, nach Verkörperung des Wollens strebenden Produktionsquellen? Ist Mozart nicht auch dort groß, wenn nicht sogar am größten, wo er, wie Busoni sagt, Beethovensch anmutet und bedeutend und original bleibt? Liegt nicht das Noch-nicht-Dagewesene seiner Erscheinung gerade darin, daß er »Menschliches« *vollendet* gestaltet, und beruht nicht vielleicht gerade »Goethes umfassendes Verständnis« für Mozart auf ihrer Gleichartigkeit, in dem Sinne, daß bei beiden die höchstmögliche Vereinigung beider Komponenten verwirklicht war: höchste Leidensfähigkeit als passive und höchste Prägungskunst als aktiv-produktive Komponente des Schaffens? Die einzigartige *Harmonie*, zu der bei Mozart menschliches Bewegtsein und künstlerische Gestaltungskraft verschmolzen, war Beethoven versagt. Allein wenn Beethovens Kunst darum minder hoch einzuschätzen wäre, weil ihm jene *Harmonie* des Seins und Schaffens versagt blieb, d. h. weil das Menschliche *überwog*, so könnte man mit gleichem Recht Mozarts Kunst minder hoch einschätzen, weil etwa eine solche Harmonie nur als *Kompromiß* beider Faktoren, also mit einem *Manko* mindestens auf einer Seite – (in diesem Falle auf der Seite des Menschlichen) – denkbar *wäre*. Es widerstrebt aber der Einzigartigkeit der Mozartschen wie der Beethovenschen Kunst, nach gemeinsamem Maß gemessen, überhaupt im Hinblick auf »Gewinn« und »Erhöhung« gewertet zu werden. Es sind inkommensurable Größen. In dem Kräfteparallelogramm ihres Wesens kann kein *einzelner* Faktor, sondern nur die *Summe* aller Faktoren verantwortlich sein für die endliche Ausprägung ihrer Kunst.

Bedenken selbst eines Goethe gegen die Beethovensche Art können darum nicht als Gesetz oder autoritative Meinung gelten. Die *Tatsache* »Beethoven« hält solchen Bedenken stand; nicht weil er für zwei Generationen richtunggebend war (war er dies übrigens?), sondern weil er ein Übermaß des Wollens in künstlerischer Prägung vollbrachte. Wenn er dabei auch noch zwei charakterliche Postulate erfüllte, von denen Busoni »Aufrichtigkeit« und »Zurücktreten des Virtuosenhaften gegenüber der Idee« zur Nachahmung empfiehlt, so hat er damit Übermenschliches geleistet. Er ist jenen Gefahren nicht erlegen, die gerade aus der Epigonenschaft Mozarts her ihm und allen drohten. Denn der Erlernbarkeit des Kunsttechnischen setzte er ein stets neues Bemühen um Gestaltung entgegen. Das ist nicht »mit dem Kopf durch die Wand«, sondern Selbstdisziplin in höchster Potenz. Und wenn – zugegeben – durch ihn »der Ehrgeiz der Bedeutung, der Tiefe, des Zyklopischen« in seinen Nachfolgern erweckt wurde, so ist das eine Versuchung, nicht größer als jene andere, die in der anscheinenden und so oft mißverstandenen Glätte und Spielfreudigkeit der Mozartschen Muse lag. [...] »Nur wer sich wandelt, bleibt mit mir verwandt,« gilt auch von der Kunst, denn auch sie ist eine Erscheinungsform des Lebens. Dasselbe drückt ja Busoni mit dem Satz aus: »Man folgt einem großen Beispiel am besten, indem man sich von ihm abwendet.« Dies tat auch Beethoven. Wie lange es dauern mag, bis seine Nachfolgerschaft sich aus seinem Banne befreien wird, ist eine Frage, die nichts mit der anderen Frage zu tun hat, ob die Quellen seiner Kunst Gewinn oder Erhöhung der Musik bedeutet haben mögen. Vermutlich wird ein sich selbst ad absurdum führender Zyklopenehrgeiz der Jetztzeit überhaupt nicht bewußt eingedämmt werden können; denn es ist noch fraglich, ob er tatsächlich nur als epigonale Erscheinung gewertet werden darf, ob das Nicht-los-Kommen vom großen Vorbild nur eine aufgeblasene Sterilität ist oder ob nicht vielmehr der ungeheure Werdeprozeß, der mit der französischen Revolution begann und in Beethoven einen ersten markantesten künstlerischen Niederschlag fand, auch jetzt noch auf halbem Wege, vielleicht auf einem momentan unfruchtbaren Umwege, aber darum nicht unbedingt in einer Sackgasse angelangt ist.

Und damit Schluß der Diskussion? So gut wie. Immerhin ließ, knapp ein halbes Jahr später, Alexander Maria Schnabel aus Riga die Frage in seinem Aufsatz über »Die Neugestaltung der Musik« nachklingen. »Architektonischer Aufbau und akustischer Wohlklang« seien, schreibt er, »nach Bach zu Grundpfeilern der Tonkunst« geworden; und fährt fort:

Mit Beethoven beginnt bereits der Kampf gegen diese traditionell gewordene Musikauffassung. In seinen gewaltigsten Werken, in denen er die überlieferte Form durchbricht und auf akustischen Wohlklang zu verzichten scheint, erschaut er bewußt oder unbewußt die Sphäre des idealen Gehalts und versucht das Unfaßbare faßbar zu machen, es mit gewaltiger Kraft in Menschenweise zu gestalten. Beethoven ist *nur* Wille und Kraft. Nicht der »göttliche Funke« in ihm verwandelt und reflektiert, wie bei Bach, das aus der Ewigkeit ihm zuströmende Licht, sondern in seiner Seele spiegelt sich *ungebrochen* der ewige Strahl, den er durch die ihm innewohnende Kraft und den Willen zu gestalten sucht. Es ist, wenn ich dieses in subjektiver Weise so ausdrücken darf, als ob der »göttliche Funke« in Beethovens großer Menschenseele ein gewaltiges Feuer entfacht hätte, in dessen greller Beleuchtung ihm schattenhafte Umrisse von Gestalten aus einer ihm selbst fremden Sphäre erschienen wären, um die er einen gigantischen Kampf führen mußte, die er aber nur selten ganz klar zu erschauen vermochte, weil das Menschliche in ihm alle diese Bilder trübte. Am nächsten seinem Ziel ist er in den letzten Quartetten und in der Hammerklaviersonate. Hier hat er alles Äußerliche abgestreift und das Rein-Menschliche überwunden. Busoni hat recht, wenn er sagt, daß durch Beethoven das Rein-Menschliche in die Tonkunst Eingang findet, doch irrt er, wenn er hierin gerade Beethovens vornehmliche Bedeutung erkennt. In der *Überwindung* des Menschlichen liegt seine Bedeutung. Es ist Heldenverehrung, was uns beim Anhören seiner Werke erfaßt, wir werden zu Teilnehmern dieses Kampfes, wir kommen nicht los davon, denn wir alle sind Menschen und streben einer fernen Sphäre entgegen.

Aldous Huxley

Programmatisch benannte Huxley den 1928 veröffentlichten Roman, in welchem er »die Musikalisierung der Prosadichtung« praktizieren wollte, »Point Counter Point« (die deutsche Ausgabe trägt den Titel »Kontrapunkt des Lebens«). Er dachte nicht, »nach Art der Symbolisten«, an die »Unterordnung des Sinns unter den Klang«, vielmehr an die »Konstruktion« und hatte, als Vorbild, die späten Beethoven-Quartette im Ohr. Am Ende, in Kapitel 37, spielt eines von ihnen die Hauptrolle, sozusagen. Die Personen: Der wenig mehr als dreißigjährige Maurice Spandrell, der von sich sagt: »Ich will das sein, wozu die Natur mich gemacht hat – ein Taugenichts«; er hat fünf Kapitel zuvor den britischen Faschistenführer Webley umgebracht. Sowie: Der Maler und Schriftsteller Mark Rampion samt Frau Mary, beschrieben als »der magere, wilde, unbezwingbare kleine Mann« mit der »großen, goldenen Frau«, deren Mutter übrigens Rampion einst als »Dorf-Shakespeare« bespöttelt hat.

Spandrell redete ihnen sehr eifrig zu, sie sollten ohne Verzug kommen. Den »Heiligen Dankgesang eines Genesenen an die Gottheit, in der lydischen Tonart« müsse man einfach gehört haben!

»Man kann gar nichts verstehn, solange man das nicht gehört hat«, erklärte er. »Es beweist allerlei – Gott, die Seele, das Gute – unausweichlich. Es ist der einzige wirkliche Beweis, den es gibt; der einzige, weil Beethoven der einzige Mensch war, der seinem Wissen Ausdruck zu geben vermochte. Ihr *müßt* kommen.«

»Sehr gern«, sagte Rampion, »aber –«

Spandrell unterbrach ihn. »Ich hörte gestern ganz zufällig, daß es von dem a-Moll-Quartett Grammophonplatten gibt. Ich ging sogleich hin und kaufte ein Grammophon und die Platten – eigens für Sie.«

»Für mich? Aber warum diese Freigebigkeit?«

»Keine Freigebigkeit«, erwiderte Spandrell lachend. »Reiner Eigennutz. Ich will, daß Sie es hören und meine Meinung bestätigen.«

»Aber warum?«

»Weil ich Ihnen glaube, wenn Sie meine Meinung bestätigen, werde ich auch mir glauben.«

»Welch ein Mann!« spottete Rampion. »Sie sollten römisch-katholisch werden und sich einen Beichtvater nehmen.«

»Aber ihr *müßt* kommen.« Er sprach ernsthaft.

»Doch nicht jetzt?« sagte Mary.

»Nicht heute«, echote ihr Mann und fragte sich dabei, warum der Mensch so merkwürdig beharrlich sei. Was war los mit ihm? Die Art, wie er sich bewegte und sprach, und der Ausdruck in seinen Augen ... So aufgeregt. »Ich habe heute nachmittag unzählige Dinge zu erledigen.«

»Also dann morgen.«

Als ob er betrunken wäre, dachte Rampion. »Warum nicht erst übermorgen?« fragte er. »Das fiele mir viel leichter. Und das Grammophon wird in der Zwischenzeit nicht wegfliegen.«

Spandrell stieß sein lautloses Gelächter aus. »Nein, aber ich könnte es vielleicht«, sagte er. »Bis übermorgen werde ich wahrscheinlich schon weg sein.«

»Sie haben uns nicht gesagt, daß Sie verreisen wollen«, sagte Mary. »Wohin?«

»Wer kann das wissen?« antwortete Spandrell und

lachte wieder. »Ich weiß nur, daß ich nicht mehr hier sein werde.«

»Na schön«, sagte Rampion, der ihn forschend beobachtet hatte. »Also lassen wir es bei morgen.« Warum benimmt er sich so theatralisch? fragte er sich verwundert.

Spandrell verabschiedete sich.

»Was war nur los mit ihm?« sagte Rampion, als er gegangen war.

»Ich habe nicht bemerkt, daß irgend etwas Besonderes mit ihm los war«, erwiderte Mary.

Rampion machte eine ungeduldige Bewegung. »Du würdest nicht mal das Jüngste Gericht bemerken«, sagte er. »Hast du denn nicht gesehn, wie er seine Aufregung gewaltsam niederhielt wie den Deckel auf einen Topf, in dem es kocht. Und diese theatralische Art des Lachens. Wie der schuldbewußte Bösewicht im Schauerdrama …«

»Aber hat er Theater gespielt?« fragte Mary. »Hat er nur uns zu Ehren den Narren gemacht?«

»Nein, nein. Er war schon ganz echt. Aber wenn man echt ist und wirklich in der Lage des schuldbewußten Bösewichts im Schauerstück, beginnt man sich unwillkürlich wie der zu benehmen. Man spielt dann gegen seinen eigenen Willen Theater.«

»Aber warum und wozu ist er der schuldbewußte Bösewicht?«

»Wie soll ich das nur wissen?« erwiderte Rampion ungeduldig. Mary erwartete stets von ihm, daß er durch irgendeine geheimnisvolle und magische Eingebung alles wisse. Ihre Gläubigkeit belustigte ihn und freute ihn manchmal, aber manchmal ärgerte sie ihn auch. »Hältst du mich für Spandrells Beichtvater?«

»Da gibt's doch nichts, um in Wut zu geraten!«

»Im Gegenteil«, erwiderte Rampion. »Es gibt so gut wie nichts, um darüber nicht in Wut zu geraten. Wenn man sich beherrscht, tut man's nur, weil man die meiste Zeit mit geschlossenen Augen lebt, halb im Schlaf. Wenn man immer wach wäre, du lieber Gott! Da gäbe es nicht viel unzerschmissenes Geschirr.« Er stelzte davon, in sein Atelier.

Spandrell ging langsam von Chelsea der Themse entlang ostwärts und pfiff dabei immer wieder die Anfangstakte der lydischen Melodie aus dem »Heiligen Dankgesang« vor sich hin. Wieder und wieder. Der Fluß erstreckte sich glitzernd in den heißen Dunst hinein. Die Musik war wie Wasser in einem ausgedörrten Land. Nach so vielen Jahren der Dürre eine Quelle, ein Brunnen. Ein Sprengwagen ratterte vorbei und zog seinen künstlichen Sprühregen hinter sich her. Der angefeuchtete Staub hatte etwas würzig Erfrischendes. Diese Musik war ein Beweis, wie er zu Rampion gesagt hatte. Im Rinnstein trieb ein kleiner Wildbach einen zusammengeknüllten Zigarettenkarton und ein Stückchen Orangenschale dem Kanalgitter zu. Er hörte auf zu pfeifen. Der Inbegriff des Greuels! Wie Kehrichtabfuhr, so war es gewesen. Einfach garstig und ekelhaft wie das Reinigen einer Latrine. Nicht so sehr schrecklich, sondern vielmehr stumpfsinnig, unbeschreiblich stumpfsinnig. Diese Musik war ein Beweis; Gott existierte. Aber nur so lange, als die Violinen spielten. Wenn die Bögen von den Saiten abgehoben wurden, was dann? Kehricht und Stumpfsinn, die erbarmungslose Dürre.

In der Vauxhall Bridge Road kaufte er ein Schillingpäckchen Briefpapier und Umschläge. Um den Preis einer Tasse Kaffee und eines Korinthenbrötchens mietete er einen Tisch in einem Teehaus. Mit einem Bleistiftstummel begann er zu schreiben. »An den Generalsekretär, Brüderschaft der Britischen Freimannen. Geehrter Herr, morgen, Mittwoch, um fünf Uhr nachm. wird der Mörder Everard Webleys im Haus Nr. 37, Catskill Street, S. W. 7, sein. Die Wohnung befindet sich im zweiten Stockwerk. Der Mann wird wahrscheinlich selber die Tür öffnen. Er ist bewaffnet und zu allem entschlossen.«

Er überlas das und fühlte sich an die Mitteilungen erinnert (mit roter Tinte geschrieben, um Blut nachzuahmen, und unter dem Einfluß der Fortsetzungsgeschichten im »Detektiv-Magazin« und der »Knabenzeitung«), mit denen er und Pokinghorne II im Alter von neun Jahren gehofft hatten, Miss Veal, die Wirtschafterin der Internatschule, zu erschrecken und in Furcht zu versetzen. Sie waren entdeckt und dem Direktor angezeigt worden. Der alte Nasenbär hatte ihnen je drei Hiebe auf den Hintern verabreicht. »Er ist bewaffnet und zu allem entschlossen.« Das war reinster Pokinghorne. Aber wenn er es nicht schriebe, trügen sie keine Revolver bei sich. Und dann, ja dann würde es nicht geschehn. Nichts würde geschehn. Also absenden! Er faltete das Papier und steckte es in den Umschlag. Es gab so etwas wie den Inbegriff des Albernen, nicht nur einen Inbegriff des Garstigen und Stumpfsinnigen. Er schrieb die Adresse.

»Nun, hier wären wir«, sagte Rampion, als Spandrell ihnen am nächsten Nachmittag die Tür öffnete. »Wo ist Beethoven? Wo ist der berühmte Beweis für die Existenz Gottes und die Überlegenheit der Lehre Christi?«

»Dort drin.« Spandrell führte sie in sein Wohnzimmer. Das Grammophon stand auf dem Tisch. Einige Platten lagen daneben. »Hier ist der Anfang des langsamen Satzes«, sagte Spandrell und ergriff eine der Platten. »Ich will euch nicht mit dem ganzen Quartett behelligen. Es ist wundervoll. Aber der ›Heilige Dankgesang‹ ist der entscheidende Teil.« Er zog den Apparat auf; die Platte drehte sich. Er senkte die Nadel der Schalldose auf die gerillte Oberfläche. Eine einzelne Violine ließ einen langen Ton erklingen, dann einen zweiten, in der Sext darüber, sank auf die Quinte hinab (während die zweite Violine dort begann, wo die erste angefangen hatte), sprang dann in die Oktave und hing da zwei lange Takte hindurch in der Schwebe. Vor mehr als hundert Jahren hatte Beethoven, stocktaub, die vorgestellte Musik von Saiteninstrumenten seine innersten Gedanken und Gefühle ausdrücken gehört. Er hatte auf liniertes Papier mit Tinte Zeichen gemacht. Ein Jahrhundert später hatten vier Ungarn nach der gedruckten Wiedergabe von Beethovens Gekritzel die Musik wiedergegeben, die Beethoven selbst nie gehört hatte, außer in seiner Vorstellung. Spiralförmige Rillen in einer Oberfläche von Schellack hielten ihr Spiel fest. Das künstliche Gedächtnis rotierte, eine Nadel glitt seine Windungen entlang, und durch ein schwaches Kratzen und Sausen hindurch, das die Eigengeräusche von Beethovens Taubheit nachzuahmen schien, schwangen die hörbaren Sinnbilder von Beethovens Überzeugungen und Gefühlen hervor. Langsam, langsam entfaltete sich die Melodie. Die archaischen lydischen Harmonien schwebten in der Luft. Es war eine leidenschaftslose Musik, durchsichtig, rein und kristallen wie ein tropisches Meer, wie ein Alpensee. Wasser über Wasser, Ruhe, die über Ruhe glitt; die akkordmäßige Verbindung wellenloser Weiten und ebener Horizonte, ein Kontrapunkt stiller Seligkeiten. Und alles klar und hell; keine Nebel, kein verschwommenes Zwielicht. Es war die Ruhe stiller und verzückter Betrachtung, nicht der Schläfrigkeit oder des Schlafs. Es war die Heiterkeit des Genesenen, der vom Fieber erwacht und sich in ein Reich der Schönheit wiedergeboren findet. Aber das Fieber war »das Fieber, genannt Leben«. Und die Wiedergeburt geschah nicht in dieser Welt; die Schönheit war überirdisch. Die Heiterkeit der Genesung war der Friede Gottes. Die Verschlingungen der lydischen Melodien waren der Himmel.

Dreißig langsame Takte hatten den Himmel aufgebaut, als der Charakter der Musik sich auf einmal änderte. War sie vorher zeitfern archaisch gewesen, wurde sie jetzt modern. Die lydischen Harmonien wurden durch die der entsprechenden Dur-Tonart ersetzt. Das Zeitmaß beschleunigte sich. Eine neue Melodie sprang und tanzte, aber über irdische Berge, nicht über die des Paradieses.

»Neue Kraft fühlend«, zitierte Spandrell flüsternd aus der Partitur. »Er fühlt sich kräftiger; aber es ist nicht so himmlisch.«

Die neue Melodie hüpfte durch weitere fünfzig Takte und erstarb in einem Kratzen. Spandrell hob die Nadel hoch und stellte die Umdrehungen der Platte ab.

»Der lydische Teil beginnt von neuem auf der andern Seite«, erklärte er, während er den Apparat aufzog. »Dann kommt noch mehr von diesem lebhaften Zeug in A-Dur. Danach bleibt es lydisch bis zum Schluß und wird immer besser und besser. Finden Sie nicht, daß es wundervoll ist?« Er wandte sich an Rampion. »Ist es nicht ein Beweis?«

Der andre nickte. »Wundervoll. Aber das einzige, was es, soviel ich hören kann, beweist, ist, daß kranke Menschen dazu neigen, sehr schwach zu sein. Es ist die Kunst eines Mannes, der seinen Körper verloren hat.«

»Aber seine Seele entdeckte.«

»Oh, ich gebe Ihnen zu«, sagte Rampion, »daß kranke Menschen sehr seelenvoll sind. Aber das kommt daher, daß sie nicht ganz menschlich sind. Eunuchen sind aus demselben Grund sehr seelenvolle Liebhaber.«

»Aber Beethoven war kein Eunuch.«

»Das weiß ich. Aber warum versuchte er, einer zu sein? Warum machte er Kastration und Körperlosigkeit zu seinem Ideal? Was ist diese Musik? Einfach eine Hymne zum Lobe des Eunuchentums. Sehr schön, das gebe ich zu. Aber hätte er sich nicht etwas Menschlicheres als Kastration wählen können, um es zu besingen?«

Spandrell seufzte. »Für mich ist es eine beseligende Vision, ist es der Himmel.«

»Nicht die Erde! Das ist es ja, was ich auszusetzen fand.«

»Aber darf ein Mensch sich nicht den Himmel vorstellen, wenn er will?« fragte Mary.

»Gewiß. Solange er nicht vorgibt, daß seine Vorstellung das letzte Wort über Wahrheit, Schönheit, Weisheit, Tugend und alles übrige ist. Spandrell will, daß wir dieses entkörperte Eunuchentum als das letzte Wort hinnehmen. Ich will aber nicht. Ich will einfach nicht.«

»Hören Sie sich den ganzen Satz an, bevor Sie urteilen!« Spandrell wandte die Platte um und senkte die Nadel. Der helle Himmel lydischer Musik schwang in der Luft.

»Wunderschön, wunderschön«, sagte Rampion, als die Platte zu Ende war. »Sie haben ganz recht. Es *ist* der Himmel, es *ist* das Leben der Seele. Es ist die vollkommenste spirituelle Abstraktion von der Wirklichkeit, die ich kenne. Aber warum wollte er diese Abstraktion vornehmen? Warum konnte er sich nicht damit zufrieden geben, ein Mensch zu sein, nicht eine abstrakte Seele? Warum? Warum?« Er begann im Zimmer hin und her zu gehn. »Diese verdammte Seele!« fuhr er fort. »Diese verdammte abstrakte Seele – sie ist eine Art Krebsgeschwür.

Frißt die reale, menschliche, natürliche Wirklichkeit auf, breitet sich immer weiter auf ihre Kosten aus. Warum kann er nicht mit der Wirklichkeit zufrieden sein, Ihr dummer alter Beethoven? Warum hält er es für nötig, das wirkliche, warme, natürliche Ding durch dieses abstrakte Krebsgeschwür von einer Seele zu ersetzen? Das Geschwür mag eine wunderschöne Form haben; aber, verdammt noch mal, der Körper ist schöner. Ich mag Ihr seelisches Geschwür nicht!«

»Ich will nicht mit Ihnen streiten«, sagte Spandrell. Er fühlte sich mit einem Mal außerordentlich müde und niedergeschlagen. Es war ein Mißerfolg gewesen. Rampion hatte sich geweigert, sich überzeugen zu lassen. War der Beweis am Ende doch kein Beweis? Hatte die Musik keine Beziehungen zu etwas außerhalb ihrer selbst und der Idiosynkrasien ihres Erfinders? Er blickte auf seine Uhr; es war beinahe fünf. »Hören Sie sich jedenfalls noch den Schluß des Satzes an!« sagte er. »Er ist der beste Teil.« Er zog das Grammophon auf. Auch wenn es bedeutungslos ist, dachte er, ist es schön, solange es dauert. Und vielleicht ist es nicht bedeutungslos. Rampion ist denn doch nicht unfehlbar. »Hören Sie zu!«

Die Musik begann abermals. Aber etwas Neues und Wunderbares war in ihrem lydischen Himmel geschehn. Die Geschwindigkeit der langsamen Melodie war verdoppelt; ihre Umrisse wurden klarer und bestimmter; eine Innenstimme begann beharrlich an einer schluchzenden Phrase festzuhalten. Es war, als wäre der Himmel auf einmal und unmöglicherweise noch himmlischer geworden. Als wäre er von erreichter Vollkommenheit in eine noch tiefere und noch absolutere Vollkommenheit übergegangen. Der unaussprechliche Friede dauerte fort; aber es war nicht mehr der Friede der Genesung und Untätigkeit. Er pulsierte, er war lebendig, er schien zu wachsen und sich zu verstärken, er wurde zu einem tätigen Ruhen, einer fast leidenschaftlichen Abgeklärtheit. Das wunderbare Paradoxon ewigen Lebens und ewiger Ruhe war hier musikalisch verwirklicht.

Sie lauschten, hielten fast den Atem an. Spandrell blickte triumphierend auf seinen Gast. Seine eigenen Zweifel waren verschwunden. Wie konnte man nicht an etwas glauben, was da war, was offenkundig existierte?

Mark Rampion nickte. »Fast könntest du mich überreden, o Spandrell«, flüsterte er, »aber es ist zu gut.«

»Wie kann etwas zu gut sein?«

»Nicht menschlich. Wenn es fortdauerte, würde man aufhören, ein Mensch zu sein. Man würde sterben.«

Sie schwiegen wieder. Die Musik spielte weiter, führte von Himmel zu Himmel, von Seligkeit zu immer tieferer Seligkeit. Spandrell seufzte und schloß die Augen. Sein Gesicht war ernst und verklärt, als wäre es vom Schlaf oder vom Tod geglättet worden.

»Ja, wie ein Toter«, dachte Rampion, als er ihn anblickte. »Er weigert sich, ein Mensch zu sein. Nur nicht ein Mensch! – entweder ein Dämon oder ein toter Engel. Und jetzt ist er tot.«

Eine leichte Dissonanz in den lydischen Harmonien gab der Seligkeit etwas fast unerträglich Eindringliches. Spandrell seufzte abermals. Es klopfte an der Wohnungstür. Er sah auf. Die Linien von Spott kehrten in sein Gesicht zurück, seine Mundwinkel wurden wiederum ironisch.

»Da! Jetzt ist er wieder der Dämon«, dachte Rampion. »Er ist zum Leben erwacht und ist ein Dämon.«

»Hier sind sie«, sagte Spandrell, und ohne Marys Frage »Wer?« zu beantworten, schritt er aus dem Zimmer.

Rampion und Mary blieben bei dem Grammophon

und lauschten der Offenbarung des Himmels. Eine betäubende Explosion, ein Schrei, noch eine Explosion und noch eine zertrümmerten plötzlich das Paradies der Klänge.

Sie sprangen auf und liefen zur Wohnungstür. Im Flur standen drei Männer in der grünen Uniform der Britischen Freimannen und blickten auf Spandrells Körper hinab. Sie hielten Revolver in den Händen. Ein Revolver lag auch auf dem Boden neben dem Sterbenden. Seitlich in dessen Kopf war ein Loch und auf seinem Hemd ein Blutfleck. Seine Hände öffneten und schlossen sich und kratzten dabei über die Dielen.

»Was ist –?« begann Rampion.

»Er hat zuerst geschossen«, unterbrach ihn einer der Männer.

Es folgte eine kleine Stille. Durch die offene Tür kam der Klang der Musik. Die Leidenschaft hatte aus der himmlischen Melodie zu schwinden begonnen. Der Himmel wurde in diesen langgezogenen Tönen wiederum der Ort absoluter Ruhe, stiller und seliger Genesung. Lange Töne, ein wiederholter Akkord, lange gehalten, hell und rein, hangend, schwebend, mühelos immerzu aufschwebend. Und dann plötzlich war keine Musik mehr; nur das Kratzen der Nadel auf der sich drehenden Platte.

Arnold Schönberg

Als Revolutionär, sprich »musikalischer Bauernschreck«, nein, wollte er nicht gelten; er verstand sich als Traditionalist: als »Neuerer«, der »in der Vergangenheit wurzelt«. Gleich Beethoven? Ihn rechnete Schönberg unter seine »Lehrmeister«, auf ihn kam er bei zahlreichen Gelegenheiten wie selbstverständlich zu sprechen. In jenem 1930 erstmals gehaltenen Vortrag beispielsweise, der klarstellt, wie Schönberg die »tönende Kunst« betrachtet wissen wollte: »Neue Musik, veraltete Musik, Stil und Gedanke«.

Wenig kümmert sich ein Schaffender um die Eigentümlichkeiten, die Müßige *nachher* seinen Stil nennen werden; unbesorgt ist er, daß: alles Nötige richtig getan, auch die richtige Erscheinungsform nicht fehlen werde; unablässig und ausschließlich bemüht er sich um seinen Gegenstand, um seinen Gedanken.

Und nun bin ich bei dem angelangt, wo mich meine Unfreunde gerne sehen: bei *dem Gedanken.*

Denn ich bin ja ein Konstrukteur, und nun werde ich mich selbst entlarven. Werde irgendwie zugeben müssen, daß ich konstruiere, während andere *»die Themen nur so aus dem Ärmel schütteln«;* daß ich nachdenke, überlege, während wahrhafte Genies das nicht nötig haben und vieles andere mehr.

Ehe ich näher darauf eingehe, möchte ich sagen: nach meiner Überzeugung hat noch jeder, der ein Hirn besitzt, es benützt. Wenn Nestroy sagt: »Geld allein macht nicht glücklich! Man muß es auch haben!« so ist es anders mit dem Hirn. Kein Hirn zeigen, ist gewiß noch keine volle Schande. Denn die Veröffentlichung solcher

Tatsachen hat etwas Versöhnendes. Aber, wenn man unversöhnlich ist und jene verhöhnt, die es verbergen können, weil sie so glücklich sind, es auch zu haben, so kann die Nachsicht sich leicht aufhören.

Die ein Hirn haben, es zu verbergen, tun es nicht. Sie tragen es außen sichtbar wie eine Dekoration oder setzen es als Unterschrift unter ihre Werke oder Briefe. Denken Sie an Beethoven, der einen Brief seines Bruders Johann mit der Unterschrift »Gutsbesitzer« bekam und ihn mit einem mit der Unterschrift »Hirnbesitzer« beantwortete.

Halten Sie es für einen Zufall, daß Beethoven gerade Hirnbesitzer schrieb? Er besaß äußere Ehren, eine große Klaviertechnik, Inspiration, Laune, Humor; konnte Themen erfinden und hätte sich noch zahlreicher anderer Vorzüge rühmen können. Z. B. seines Charakters, seiner Phantasie, seiner Unbeugsamkeit, usw. Warum schrieb er gerade Hirnbesitzer, warum nicht Ärmelbesitzer, da er ja in der Tat doch auch noch so viel Melodien geben konnte wie der Ärmelschüttler.

Ich glaube also: es braucht ein Hirnbesitzer sich nicht entmutigen zu lassen: es nützt nichts, als Meister direkt vom Himmel gefallen zu sein, direkt auf den Kopf; und es nützt nichts, sich blöd zu stellen, selbst wenn man es ist: der Herrgott kann es einem trotzdem im Schlaf geben, und ich glaube, er tut das Seinige überhaupt nur dann dazu, wenn wir das Unsrige getan haben; wenn wir, sofern er uns eines geschenkt hat, unser Hirn benützen und uns tüchtig geplagt haben.

Walter Engelsmann

Daß das Dritte Reich sich Beethovens bemächtigte, ist bekannt; weniger, daß es dabei nicht ohne Schwierigkeiten abging. Stand ihm, dessen Werk mit all seinem »Großartigen«, »Heldischen«, »Titanischen« als »typischer Ausdruck heroischer Gesinnung« willkommen war, das »Unnordische«, »Gemischtrassige« nicht allzu deutlich ins Gesicht geschrieben? Die Dreistigkeit, mit der Musikforscher Engelsmann bereits 1925, erst recht 1933 Bedenken gar nicht aufkommen ließ, wirkt überraschender, als sie ist: die Art und Weise, wie er der Musikgeschichte ein Prinzip überstülpt und den zum Schuldigen abstempelt, der es nicht befolgt, darf als traditionsreich gelten. Daß es im übrigen ums Appellieren an die Menschheit geht, ist konsequent.

Nationale Kunstmusik

Wer führt?

Die Lehre ist seit Jahrzehnten immer die gleiche: Verlust des Führergedankens im Kunstschaffen unserer Zeit. Zwischen überkünstelter Kompliziertheit und Primitivität pendeln die Produktionen und wechseln willenlos und ziellos ihre Ausdrucksformen.

Es nützte nichts, einer weglosen Menge das Führergesetz in der Kompositionskunst Beethovens gegenüberzustellen [...]. Hier mußte eine Krankheit erst zur Krise werden. Soweit sind wir.

Ein »Führer« mußte kommen und sichtbar vor aller Welt in Tat und Rede das Kunstgesetz Beethovens erfüllen und diese Erfüllung auch vom jungen schaffenden Künstler fordern. Das nationale Kunstwerk wird verlangt. Und das mit Recht, denn es ist die Forderung unserer großen führenden Meister, Bach, Mozart, Beethoven und Wagner. Das heißt: Es wird das einheitliche Werk gefordert, das seine Teile zur Gemeinschaft bindet und seine Sätze ineinanderschweißt, zu einem Organismus, wie Stämme zu einer Volksgemeinschaft.

Der Führer zu diesem Ziel – und zwar für die ganze Kulturwelt – ist Beethoven. Der Vollender ist Wagner.

Beethovens Führung aber lautet also:

Es war einmal das Lied und die Tanzform und das klingende Gebet. Jedes für sich. Es war ein Haufen von Individuen.

Es kam die Suite. Das war ein Strauß von Liedern, Tänzen und Gebeten. Doch alle Teile *einer* Suite waren aus dem *gleichen* Führerthema variiert. Das war eine Familie von verwandten Klangpersönlichkeiten.

Dann kam die Sonate (Haydn). Drei bis vier Sätze standen beieinander wie die Stämme eines Volkes, zwar aus dem *gleichen* Rassegrund des *gleichen* Themas aufgebaut, doch ohne innere Führung nebeneinander aufgereiht. (Mozart bindet schon enger und verbindet auch.)

Beethoven aber ist der Führer zur *»Gestalt«* geworden: zum Einheitswerk. Zum Einheitsstaat. Zum Organismus. Zur klingenden Einheitswelt. Und damit zum Führer des gestaltenden Willens für die Menschheit überhaupt.

Warum zerlegt ihr, was der Meister band?

Warum zerstört ihr, was der Führer schweißte?

Aus vier Sätzen der Sonate oder Sinfonie *schuf* Beethoven die Organismen seiner Einheitsformen. In jedem seiner Werke *führt* ein einziges Thema. Das ist sein Führerthema oder Kopfmotiv und Herzgedanke, mit dem er in die Welt blickt. Er sieht sie immer ganz. Alle Teile zugleich. Das Thema führt das klingende Geschehen aller Sätze und schlingt es in den Ausgangspunkt zurück. Im ersten Satz führt es ins klingende Leben hinein und entwickelt es zu einem Höhepunkt. Im leichten Satz führt es das so Erschaffene zum Tanz (z. B. in den Reigen der Gestirne). Im schweren Satz führt es das Herz zur Auseinandersetzung mit der Welt des klingenden Geschehens seiner Vordersätze und dadurch zum inneren und zwingenden Erlebnis. Im letzten Satz führt es das Ganze zur Gestalt, zur Einheitsform. Beethoven zwingt durch seinen Führerwillen, den er schöpfungssicher einfach walten läßt, die Stämme zur Gemeinschaft. Immer. Überall. In jedem Werk. – Er führt uns von der Vielgestaltigkeit der Überlieferung durch die Vier- und Dreisätzigkeit seiner Vorgänger zur Zweigestalt (in op. 111) und im Quartett (op. 135) zur Einheitsform der großen einsätzigen organischen Gemeinschaft. [...] Beethovens Lebenswerk führt uns zur großen programmlosen einsätzigen Sonatenform. Von uns verlangt er die Gefolgschaft. [...]

Nur einer folgte. Richard Wagner. Er ist der Vollender dieses Führertestamentes. Beethovens einziger Erbe. In jedem seiner Werke lebt ein Führerthema, nach dessen Willen sich die klingenden Gestalten aus gleichem Fleisch und Blut wie Zellen um den Mutterkern bewegen. Am größten in der Einheitsgestalt des vierteiligen, von einem einzigen Schöpfungsthema geführten Weltgeschehens, das zum Ring geschlossen wurde [...].

Das Führergesetz Beethovens wird zum letztenmal in der Kunstmusik – der ganzen Welt ins Ohr gesungen von Hans Sachs (in den Meistersingern): Rede nicht von dir und deinen kleinen Ichbezüglichkeiten (und wären sie noch so groß). Das interessiert uns nicht. Sprich von der

Welt und ihrem Einheitssinn. Und wenn du ihn nicht hast und nicht verstehst, so schweige. Zeige uns in jedem Teil die ganze Welt (mit deinen Augen), aber nicht die Teile. Stelle dein Führerthema selbst. Dann aber folge ihm. Folge ihm unbedingt! Durch alles Glück und alle Fährlichkeiten. Dann führt *es* dich und uns zum Ziel, zum Werk, zur Einheit, zur Gestalt. [...]

Das ist der Sinn der Forderung des nationalen Werkes, das durch die Erfüllung des Führergesetzes – dem die Natur in jedem Falle gehorcht – ganz von selbst zum übernationalen Kunstwerk wird im Dienst der menschheitsformenden und weltgestaltenden Idee.

»Schwierigkeiten« stellten sich Biograph Thayer in den Weg: was sich zwischen Beethoven und seinem Neffen abgespielt hatte, brachte ihm Kopfschmerzen ein; er mußte sein Beethoven-Buch unvollendet liegen lassen. Von »Schwierigkeiten« sprach auch Adorno, als er erläuterte, warum sein »schon seit 1937 projektiertes philosophisches Werk über Beethoven« nach 25 Jahren immer noch nicht »zur Niederschrift« gekommen sei: sie freilich hatten mit den Werken zu tun, der »Missa solemnis« etwa; der Neunten auch? – Eingerückt sei hier nicht der »Spätstil«-Aufsatz, der vielleicht, wenn einmal Adornos Beethoven-Fragmente zugänglich sein werden, seine ›Umgebung‹ deutlicher vorweisen kann; vielmehr eine »kleinere Arbeit«, die in den gleichen Zusammenhang gehört.

Ludwig van Beethoven:

Sechs Bagatellen für Klavier op. 126

Ungesellig weigert der letzte Beethoven sich der Hausmusik. Vor den letzten Quartetten bleibt der Streicher-Amateur, vor den fünf späten Sonaten und den Diabelli-Variationen der pianistische ratlos: beim Spielen und leicht genug darum auch beim Hören. In die versteinerte Landschaft führt kein bequemer Weg. Aber als Beethoven den Stein reden machte, indem er mit dem Meißel Figuren daraus schlug, flogen im furchtbaren Aufprall die Splitter. Und wie der Geologe aus winzigen, versprengten Stoffteilen die wahre Beschaffenheit ganzer Erd-

Aus: »Sechs Bagatellen für Klavier«, op. 126; Anfangsmotive

schichten zu erkennen vermag, so zeugen die Splitter für die Landschaft, aus der sie kommen: die Kristalle sind die gleichen. Beethoven selber hat sie Bagatellen genannt. Es sind Splitter nicht bloß und Dokumente des mächtigsten Produktionsvorganges der Musik, sondern ihre befremdende Kürze offenbart zugleich jene seltsame Schrumpfung und Tendenz zum Anorganischen, die ins innerste Geheimnis wie des letzten Beethoven so vielleicht jeden großen Spätstiles führt. Obwohl in der Sammlung der Beethovenschen »Klavierstücke« allgemein zugänglich, sind sie nicht entfernt so bekannt wie die Sonaten: es ist, als ob in ihrer Luft sich schwer atmen ließe. Aber den mühsamen Atem belohnen sie mit ungeheuren Perspektiven fürs Auge. Es soll zum Spiel des zweiten späten Bagatellenzyklus ermutigt werden, dessen pianistische Anforderungen durchaus sich meistern lassen, wofern nur die musikalischen gemeistert sind.

Das *erste* Stück hält sich im Schema der dreiteiligen Liedform. Eine liedhafte Melodie wird, mit selbständigen Gegenstimmen von Anbeginn, achttaktig exponiert und, in reicherer Bewegung, wiederholt: sehr selbstverständlich beginnt in der Dominanztonart der Mittelsatz. Da ist es, als griffe eine riesige Hand ins friedvolle Gebilde hinein. Ein Motivglied aus dem vierten Takt des Mittelsatzes wird aufgehoben, nach seinem Gesetz der Rhythmus modifiziert, und es spaltet sich in immer kleinere Werte auf. Plötzlich ist es nur eine Kadenz noch: der Riese hat bloß gespielt, und überm Schlußglied der Kadenz beginnt die Reprise: das Thema im Baß, die Oberstimme aus dem Kadenzschluß gebildet. Dann erscheint, zu ausgreifendem Kontrapunkt, das Thema oben, nach G-Dur kadenzierend: die Reprise auf acht Takte verkürzt. Coda, aus der Umkehrung eines Motivs des Mittelsatzes, ganz polyphon, mit einer sehr rücksichtslosen Sekundreibung: die Stimmen treten auseinander und eröffnen die Sicht in den Abgrund zwischen ihnen. Am Ende der scheue, späte Friede des ersten Teiles.

Überaus merkwürdig als Form das *zweite* Stück: es hat keine Reprise oder Repetition des Beginns. Einsatz mit einer einstimmigen, präludienhaften Sechzehntelbewegung; als Kontrast darauf fließende Melodieachtel, beides wiederholt. Beim dritten Ansatz bremst ein fp im Baß die Bewegung; dann zeigen die Achtel, in den extremen Lagen, plötzlich geheimnisvollen Ausdruck; Kadenz und prägnanter Halbschluß. Das Schlußmotiv leitet in einen Cantabile-Mittelteil, der unregelmäßig wiederholt wird und abreißt. Wie im ersten Stück anstatt Vermittlung Zäsur: in klaffend großen Abständen erscheint das Anfangsmotiv, wird gedrängt, moduliert nach g-Moll. Stürmische Bewegung: frei eintretende Sforzato-Vorhalte bedrohen das g-Moll mit scheinbarem fis-Moll, weiter c-Moll mit Des-Dur. Aus der Sechzehntelbewegung löst sich ein neues melodisches Motiv in Vierteln heraus, wird deutlicher, von Triolen begleitet, und dann selbständig: Zitat aus dem ersten Satz der Hammerklaviersonate. Es endet mit dem Schlußmotiv des Expositionsteiles. Das wird aufgenommen, polyphon gewandt, ein dynamisches Zucken läuft hindurch, dann geht es aus wie ein Licht.

Das *dritte* Stück ist ein ganz einfaches dreiteiliges Lied, gesetzt in ›harmonischer Polyphonie‹. Der erste Teil wird wiederholt, der zweite öffnet sich in eine kleine Kadenz. Die Reprise bringt den Anfangsteil und dessen Wiederholung in figurativen Variationen. Coda aus dem Schlußrhythmus der Exposition zur festgehaltenen Zweiunddreißigstelbewegung; die vier Schlußtakte aus den Anfangsnoten der Melodie gebildet.

Das *vierte* Stück, Presto, motivisch einer Variation aus der Sonate op. 109 nächstverwandt, im Ton deutlich auf die letzten Quartette weisend, ist das wichtigste des Zyklus. Härtester Gegensatz von Polyphonie (doppelter Kontrapunkt und Engführung) und kahler, fast monodischer Einfachheit. Anfang gespannt polyphon; Antwort in Oktaven mit wilden Akzenten. Mittelsatz beginnt mit dem doppelten Kontrapunkt des Beginns, löst sich leichtlich auf in Achteln; da schlägt, mit Oktaven, das wiederholte fis des Anfangs dazwischen. Nochmaliger Ansatz: wieder das fis. Dann Sammlung in der Engführung und danach das Hauptthema über nackt akkordischer Viertelbegleitung, unmittelbar zur Wiederholung des ersten Teiles führend. Die Oktaven am Schluß breiten sich aus und kadenzieren. Trio: H-Dur, über einer fast beispiellos primitiven Dudelsackbegleitung ein nicht minder einfaches Thema; aber es ist eine trügende, schauerliche Einfachheit, die im grellen Licht eines von außen einfallenden Crescendo und Diminuendo überdeutlich wird, wie eine Landstraße im nächtlichen Licht Berge und Täler auf ihrer Fläche zeigt. Dann wird, in sakralen ganzen Noten, eines der Hauptmotive der letzten Quartette beschworen: kleiner Nonenakkord als schärfste Dissonanz und nochmals das schreckliche Pastorale. Getreue Wiederholung des Scherzos, um vier Takte gedehnt: Zäsur. Das ganze Trio nochmals; doch nach der Zäsur, als Wiederholung, bloß noch Phantasmagorie. Dur-Schluß.

Runde Meisterschaft ohne Schrecken im *fünften* Stück. Zarte, lyrisch gefüllte Polyphonie wie im zweiten Satz des cis-Moll-Quartetts; der Mittelteil ganz gesanglich – mit einer Mittelstimme, die eine herrliche Dissonanz schafft; darin aber, wie stets bei Beethovens Lyrik, latente symphonische Energien, die ein großes, auseinandergebreitetes Crescendo freisetzt. Das Schlußmotiv stiftet die Beziehung zum ersten Teil; seine Reprise ist ganz verkürzt.

Das *letzte* Stück beginnt und schließt mit sechs Prestotakten, die – mit gewissen Stellen aus den Variationen des cis-Moll-Quartetts – zum Rätselhaftesten und Seltsamsten rechnen, was der späte Beethoven hinterließ: denn die Erklärung als ›instrumentale Geste‹ kann bei einem Meister nicht befriedigen. Nur soviel sei gesagt: ihr Rätsel liegt im *Konventionellen.* Das Stück selbst ist wieder lyrischer Art; erinnert im Ton an die »Ferne Geliebte«. Das erste Thema stockend aus Motivbruchstücken gefügt; dann, modulierend, dichteres melodisches Gewebe, mit der feinen Spitze eines ornamentalen Triolenmotivs am Schluß der Exposition. Daraus wird der Mittelteil gebildet, und die Reprise hält als Begleitung die Triolen fest. Sie ist um sechs ›freie‹ Takte erweitert; ihr zweiter Teil ist zur Haupttonart gewandt. Die Coda nimmt, wie der Mittelteil, das Triolenmotiv auf und entfaltet es, indem es von allen Stimmen Besitz ergreift. Nochmals, fast rondoartig, das stockende Hauptthema. Dann zerbrechen die Prestotakte die lyrische Schale. Aus den mächtigen Händen gibt der Meister Stückwerk frei. Seine Form selber tendiert zum Fragment.

[1934]

Klaus Mann

New York, 13. Oktober 1936 – Klaus Mann ist Vorträge halber in den USA (Tagebuch-Notiz): »Beethovens ›Mondscheinsonate‹: aus dem Radio, bei einem Barber, vom Straßenlärm unterbrochen.«

New York City, anno 1937 – Geschichts-Professor Benjamin Abel ist »nach dem Mittelwesten« unterwegs, an einer »kleinen Universität« wartet eine neue Tätigkeit auf ihn (Szene aus »Der Vulkan. Roman unter Emigranten«, 1939):

... Am Tag vor seiner Abreise geschah es Benjamin, daß er in einem Friseur-Laden Tränen vergoß. Der Mann in der weißen Schürze, der ihn rasierte, war taktvoll genug, es zu übersehen; trotzdem blieb der kleine Zwischenfall peinlich genug.

Benjamin ließ sich gerne vom Coiffeur behandeln. Es machte ihm Vergnügen, faul und wohlig ausgestreckt im verstellbaren Sessel zu liegen, während man ihm das Gesicht mit heißen und kalten Tüchern, mit allerlei Crèmes und Duftessenzen erfrischte. Aus dem Radio sprach eine sonore, forsch bewegte und gleichsam ermunternde Stimme. Der Professor mit der eingeseiften Miene hörte nicht hin; wahrscheinlich handelte es sich um Fußballspiel ...

Aber was für Töne ließen sich nun vernehmen? Der Professor hob jäh den Kopf –: es war gefährlich; denn er hatte das blanke Messer des Barbiers am Hals. Beethovens ›Mondscheinsonate‹: Benjamin erkannte sie gleich, obwohl die erlauchte Melodie halb zugedeckt und verdorben war durch Jazz-Rhythmen, die ihr im Äther Konkurrenz machten. Indessen verstand es jemand, den

Apparat so zu stellen, daß die ordinäre Tanzmusik verstummte und nur noch das Herrliche klang: das Herrliche füllte den Frisier-Salon mit wunderbarer, magisch starker Gegenwart. Welche Gnade! – ach, welche Erschütterung für den Professor aus Bonn.

Er erschauert, tausend Erinnerungen kommen mit den vertrauten Tönen: seine Heimat – oder doch alles, was er an ihr geliebt hat – ist plötzlich da. Annette Lehmann, die Ungetreue, und die traulich-musischen kleinen Feste in Marienburg –: alles stellt sich ein, beim gerührten Aufhorchen. Ein Heimweh ohnegleichen bewegt Benjamins Herz, während er im schräg gestellten Sessel ruht und lauscht. Ein Gefühl der Einsamkeit, so stark vorher niemals empfunden; Verlassenheit ohne Grenzen –: ihm ist zumute wie dem Kinde, das im Wald verlorenging, es ist dunkel, aus dem Schatten drohen Ungeheuer, und da kommt plötzlich die Melodie, mit welcher die Mutter ruft –: aber aus was für Fernen! Tröstlich und quälend zugleich schweben sie herbei, die holden Klänge der Heimat ... Wie empfängt man sie? Nicht mit trockenen Augen. Man läßt die Tränen fließen – mag der Barbier sie sehen oder nicht; man kann sie nicht halten; auch tut es wohl, sie auf den Wangen zu spüren und den Salzgeschmack auf den Lippen.

Benjamin mußte schluchzen, weil die Mondscheinsonate ihn im Barber Shop überraschte –: so weit war es mit ihm gekommen. Der Coiffeur – ein gutmütiger Mann; nicht mehr jung – bemerkte: »You like music, Sir? I am fond of music myself.« Damit weckte er seinen seltsamen Kunden aus der gefährlichen Träumerei. Benjamin kam zu sich, wischte sich die Augen und murmelte etwas über das heiße Tuch, das zu Tränen reize.

Er schämte sich seiner Unbeherrschtheit und dachte – den prickelnden Geruch von Kampfer-Wasser in der

Nase –: ›Alter Narr, der ich bin! Sentimentaler, deutscher alter Narr! Gestern abend habe ich mir aus der konventionellen Begegnung mit einer armseligen kleinen Frauensperson das melancholische Abenteuer zurecht gemacht – und jetzt flenne ich wie ein Baby wegen der alten Sonate, die übrigens nicht einmal mein Lieblingsstück von Beethoven ist. So was gehört sich nicht, es ist peinlich ... Während der ganzen letzten Wochen habe ich versagt: ein totaler Versager bin ich gewesen. An New York liegt es nicht. New York ist großartig, es liegt an mir, ich bin keineswegs großartig, ein sentimentaler Professor, vielleicht auch schon etwas verkalkt, und hoffnungslos europäisch. Sollte ich nicht froh darüber sein, daß in diesem Lande etwas Neues für mich beginnt? Statt Amerika kennenzulernen, lieben zu lernen, sitze ich hier und vergieße dumme Tränen über alte deutsche Romantik – als ob ich nicht wüßte, wohin diese Romantik führt, welcher Art ihre Konsequenzen sind, wenn sie sich politisch manifestiert! Bin ich nicht ein Opfer dieser Konsequenzen? Und lasse mich trotzdem erschüttern von dem alten, morbiden, abgenutzten Zauber! Eine Schande! Eine Blamage! Eine Peinlichkeit! [...]‹

George Antheil

Wer Antheil lediglich vom Hörensagen kennt, als den »typischen Amerikaner«, der eine »Flugzeug-Sonate«, ein »Mechanisches Ballett«, eine »Jazz-Sinfonie« komponiert und eine »Bad Boy of Music« betitelte Autobiographie geschrieben hat (1945, in deutscher Sprache veröffentlicht als »Enfant terrible der Musik«), findet, wenn er endlich Musik von ihm hört – »wetten?«: sie ›normaler‹ als erwartet. Und wie ergeht es dem Leser des folgenden Textes (aus dem Autobiographie-Kapitel »Konzert mit Standardausrüstung«)?

Als ich auf das Podium trat, um mein Konzert zu beginnen, setzte ich mich einfach hin und fing an zu spielen. Nur ein paar Passagen hinauf und hinunter, um sicherzugehen, daß man keine Sabotageakte an dem Flügel begangen hatte. Dann fiel mir ein, daß ich mich noch verbeugen mußte. Ich stand also auf, verneigte mich und setzte mich wieder. Im Saal wurde es still. Das Konzert konnte beginnen.

Ich fing an. Ruhig und sicher. Es war eine Beethoven-Sonate ... Hier ist das erste Thema. Ein nobles Thema, echt wie die wahre Liebe eines Mannes für die Frau, die er heiratet. Ich stelle fest, daß ich heute abend gut spiele. Die Koordination der Muskeln ist vollendet. Der Steinway klingt wie ein glühender Gegenstand. Der Baß, dieser Baß! Es ist ein wunderbarer Baß! Nun kommt das zweite Thema. In der Dominante, einer strahlenderen Tonart. Das ist die Geliebte. Die Geliebte kommt immer eine Weile nach der Frau, und sie ist von strahlenderer Tonart. Aber macht euch keine Sorge, ihr Thema ist in der Wiederholung ebenso stumpf wie das der Frau und hat nun auch die gleiche Tonart. Ist das nicht genau wie im Leben? Meine Güte, wie gut ich heute abend spiele! Wißt ihr, das spüre ich am Publikum. Von den Leuten strömt immer etwas aus, was ich mit meinen Antennen aufnehme. Jetzt strömt es: »Fein! Gut! Für einen Amerikaner spielt er wirklich gut ... aber schließlich hat er auch einen deutschen Namen. Das Blut läßt sich nicht verleugnen!« Aber sie wissen nicht, daß ich mehr Pole als Deutscher bin. Doch wie es auch sei, sie sind auf meiner Seite. Es ist, als ritte man auf der Krone einer ungeheuren Woge! Autsch! Da hätte ich beinah danebengegriffen! He, Antheil, wach auf! Beinah hättest du den ersten Schluß noch einmal gespielt statt des zweiten. Das Publikum, das von dieser Musik jede Note kennt, hat es auch gemerkt, und einen Augenblick lang fuhr ein elektrischer Schlag durch die Zuhörer. Aber jetzt bin ich wieder in Ordnung. Hier ist die Durchführung. Hier kriegt die Frau das mit der Geliebten raus und schlägt teuflischen Lärm. Hier kommen sie zusammen: die linke Hand ist die Frau, die rechte die Geliebte. Das nennt man Kontrapunkt. Ich nenne es Katzengefecht! Was ist dieser Beethoven doch für ein Meister! Wie er sein Material entwickelt und entfaltet! Wie wunderbar, dieser harmonische Plan! Mein Gott, ob ich jemals in der Lage sein werde, Musik zu komponieren, die auch nur ein Zehntel so gut ist wie diese? Wahrscheinlich leider niemals. Und trotzdem werde ich es versuchen. Hat dieser Kellner heute nachmittag nicht ein drolliges Gesicht gemacht ... als er entdeckte, daß der andere Mann zur Tür ging?

Das waren nur einige wenige meiner Gedanken an jenem Abend während des Allegros der Beethoven-Sonate, meiner ersten Nummer ...

Ernst Bloch

Als sich sein 90. Geburtstag näherte, erschien ein umfangreicherer Band, der Texte unter dem Titel »Zur Philosophie der Musik« zusammenstellte; doch war auch nicht annähernd alles die Musik Betreffende aus Blochs Haupt- und Nebenschriften damit versammelt. Beethoven? Kommt mehr als nur gelegentlich vor: »Wie erhebt sich das Herz, wenn es dich, Unendlicher, denkt!« heißt es schwärmerisch, zum Beispiel. Brieflich hat Bloch, zu der Zeit, da er sich anschickte, »Das Prinzip Hoffnung« abzuschließen, um die Mitte der vierziger Jahre, zurückhaltender und bestimmter zugleich sich geäußert: »Mit Marx weiß man, was zu tun, mit Beethoven, was zu hoffen ist.« Der nachfolgende Paragraph aus dem erst 1959 veröffentlichten Hauptwerk ist dem Abschnitt »Überschreitung und intensitätsreichste Menschwelt in der Musik« entnommen.

Marseillaise und Augenblick in »Fidelio«

Es gibt ein Stück, worin der Ton ganz sonderlich gleichzeitig ladet und zielt. Es ist der »Fidelio«, einen Ruf gilt es darin hörbar zu machen, auf ihn hin spannt jeder Takt. Schon im leichten äußeren Vorspiel zwischen Marzelline und Jaquino ist Unruhe, ein Klopfen nicht nur von außen. Alles ist auf Zukunft gestellt, »dann ruhn wir von Beschwerden«, jeder Ton ist stellvertretend. »Meinst du, ich könnte dir nicht ins Herz sehen?« fragt Rocco Leonore; und nun zieht sich die Szene zusammen, vier Stimmen bauen pures Innen auf. »Mir ist so wunderbar, es engt das Herz mir ein«, das Quartett beginnt, Andante sostenuto eines Gesangs, der überhaupt nichts als sein Wunderbar aussingt, auf lauter Dunkelheit aufgetragen. Marzelline singt es für Leonore, die Hoffnung erhellt das Ziel, in großer Gefahr. »Da leuchtet mir einen Farbenbogen, der hell auf dunklen Wolken ruht«, in diesem Licht spricht Leonore selber, in der wahrsten Arie der Hoffnung, über finsteren Klangbewegungen hinauf, hinab, dem Stern der Müden zugewendet. Der Stern wirkte schon in dem scheuen Wunderbar, worin das Quartett begann, er wirkt in der Arie Leonores, im Gefangenenchor, wenn nicht nur Leonore und Florestan, wenn alle Verdammte dieser Erde zum Licht von morgen emporsehen. Der Stern aber steht grell und hoch in der Fieberekstase Florestans, als Leonore selber; ihm gehört der Visionsschrei »zur Freiheit, zur Freiheit ins himmlische Reich«, mit übermenschlichen Kadenzen aufsteigend, in Ohnmacht zerbrechend, verlöschend. Bis dann das unterirdische Monodram beginnt, die wildeste Spannungsszene überhaupt, Pizarro vor Florestan, »ein Mörder, ein Mörder steht vor mir«, Leonore deckt Florestan mit ihrem Leib, so gibt sie sich zu erkennen, erneuerter Ansturm des Mords, die auf Pizarro gehaltene Pistole, »noch einen Schritt und du bist tot«. Geschähe sonst nichts, aus dem Geist und Handlungsraum dieser Musik, dann wäre der Schuß das Symbol wie der Akt der Rettung, seine Tonika wäre die Antwort auf das Gerufene und den Ruf von Anfang an. Aber diese Tonika findet, auf Grund des notwendig apokalyptischen Geists und Handlungsraums dieser Musik, ein Symbol aus dem Requiem, mehr: aus dem geheimen Ostern im Dies irae; es ist das *Trompetensignal.* Dieses Signal, wenn man es äußerlich faßt, von der früheren Weisung des Pizarro her, es zu seiner Warnung von der Zinne her zu blasen, kündet buchstäblich nur die Ankunft des Ministers an, auf der Straße von Sevilla her, doch als tuba mirum spargens sonum kündet es bei Beethoven eine Ankunft des Messias an. So tönt es in den Kerker herunter, in die Fackeln und Lichter, die den Herrn Gouverneur hinaufbegleiten. In die namen-, namenlose Freude, worin Beethovens Musik keinen Vorhalt mehr setzt, in das »Heil sei dem Tag, heil sei der Stunde«, auf dem verwandelten Hof der Festung. Es war eine große Eingebung Mahlers, die dritte Leonorenouvertüre zwischen Kerker und Schlußakt der Freiheit spielen zu lassen, die Ouvertüre, die in Wirklichkeit eine utopische Erinnerung ist, eine Legende der erfüllten Hoffnung, konzentrisch um das Trompetensignal. Das Signal klingt nun, ohne Szene, nach ihr, die Musik antwortet mit einer Ruhe-Melodie, die nicht langsam genug gespielt werden sollte, das Signal tönt zum zweitenmal, und die gleiche Melodie antwortet, geheimnisvoll moduliert, in einer entfernten Tonart aus einer bereits veränderten Welt. Und nun zurück in den Freiheitsakt, in die Marseillaise über der gefallenen Bastille. *Der große Augenblick ist da,* der Stern der erfüllten Hoffnung im Jetzt und Hier. Leonore nimmt Florestan die Ketten ab: »O Gott, welch ein Augenblick« – genau auf diese, durch Beethoven in Metaphysik gehobenen Worte entsteht ein Gesang, der, ohnehin das Verweilen selbst, würdig wäre, niemals ein Ende seiner Ankunft zu nehmen. Sprunghaft entrückender Tonartwechsel zu Beginn; eine Oboemelodie, die Erfüllung ausdrückt; das Sostenuto assai stillstehender, zum Augenblick aufgegangener Zeit. Jeder künftige Bastillensturm ist in »Fidelio« intendiert, eine beginnende Materie der menschlichen Identität erfüllt im Sostenuto assai den Raum, das Presto des Schlußchors gibt nur den Reflex hinzu, den Jubel um Leonore-Maria militans. Beethovens Musik ist chiliastisch, und die damals nicht seltene Form einer Rettungsoper brachte der Moralität dieser Musik nur den äußeren Stoff. Trägt die Musikgestalt Pizarro nicht alle Züge des Pharao, Herodes, Geßler, des Winterdämons, ja des gnostischen Satans selber, der den Menschen in den Weltkerker brachte und darin festhält? Wie nirgends sonst wird aber Musik hier Morgenrot, kriegerisch-religiöses, dessen Tag so hörbar wird, als wäre er schon mehr als bloße Hoffnung. Sie leuchtet als reines Menschenwerk, als eines, das in der ganzen von Menschen unabhängigen Umwelt Beethovens noch nicht vorkam. So steht Musik insgesamt an den Grenzen der Menschheit, aber an jenen, wo die Menschheit, mit neuer Sprache und der *Ruf-Aura um getroffene Intensität, erlangte Wir-Welt,* sich erst bildet. Und gerade die Ordnung im musikalischen Ausdruck meint ein Haus, ja einen Kristall, aber aus künftiger Freiheit, einen Stern, aber als neue Erde.

Bleistiftzeichnung Beethovens von August von Kloeber (1818)

Thomas Mann

Was Ulrich Sonnemann über Freund Adorno gesagt hat: daß er »Beethoven im Verhältnis zu keinem musikgeschichtlichen, musikphilosophischen, musiktheoretischen Thema außer Acht« habe lassen wollen – wäre an Thomas Manns »Doktor Faustus« (1947), als dessen »Wirklicher Geheimer Rat« Adorno in die Literaturgeschichte einging, zu bekräftigen? Die beiden dem »Vortrags-« respektive dem »Musik-Unterricht-Kapitel« entnommenen Textpartien sind, ja, aus dem Zusammenhang gerissen; im Falle des von Erzähler und Liebhaber-Bratschisten Zeitblom als »gemeinnützig tätig« imaginierten Kretzschmar hat Thomas Mann es immerhin ›vorgemacht‹: der Abschnitt gehört zu den nach der Erstausgabe noch gestrichenen Stellen.

Auch das »Monstrum aller Quartett-Musik«, auf das er danach zu sprechen kam, von den fünf letzten eines, in sechs Sätzen, das vier Jahre nach Vollendung der Missa zuerst aufgeführt worden war, kannten wir nicht, da es viel zu schwer war, als daß man sich bei Nikolaus Leverkühn hätte daran wagen können; und doch hörten wir Kretzschmar unter Herzklopfen darüber sprechen, – mit vager Ergriffenheit nämlich von dem Gegensatz zwischen den hohen Ehren, in denen, wie wir wußten, heutzutage auch dieses Werk stand, und der Pein, der trauernden oder erbitterten Ratlosigkeit, in die es die Zeitgenossen, auch die Getreuesten, Liebend-Gläubigsten, gestürzt hatte. Daß die Verzweiflung in erster Linie, wenn auch keineswegs ausschließlich, der Final-Fuge gegolten hatte, war der Grund, weshalb Kretzschmar im Zusammenhang dieses Vortrags darauf zu sprechen kam. Es war ein furchtbares Stück gewesen für das gesunde Gehörorgan der Zeit, das sich sträubte, zu hören, was der Autor nicht hören mußte, sondern nur im Lautlosen auszusinnen sich erkühnt hatte: nämlich ein wildes Handgemenge ins Höchste und Tiefste verirrter, völlig verschieden figurierter, einander durch irregulären Übergang unter teuflischen Dissonanzen durchkreuzender Instrumentalstimmen, bei dem die Ausübenden, ihrer selbst und der Sache nicht sicher, auch wohl nicht ganz rein gegriffen und so die babylonische Verwirrung vollendet hatten. Erschütternd nannte es der Redner, wie hier das sinnliche Gebrechen die geistige Kühnheit gesteigert und der Zukunft den Schönheitssinn vorgeschrieben habe. Aber nicht ohne Byzantinismus, meinte er, gehe es denn doch wohl ab, wenn wir Heutigen in diesem Stück, das dann übrigens auf Dringen des Verlegers vom Werk separiert und durch einen Finalsatz im freien Stil ersetzt worden sei, – wenn wir nichts als klarste, wohlgefälligste Form darin zu erblicken vorgäben. Er wollte auch kühn sein, erklärte er, und sich den Mund verbrennen, indem er behauptete, daß etwas wie Haß und Vergewaltigung in dieser Art, die Fuge zu traktieren, erkennbar sei, ein durch und durch schwieriges und problematisches Verhältnis oder Unverhältnis des großen Mannes zu einem nach der Meinung mancher noch viel größeren, zu Johann Sebastian Bach, widergespiegelt habe. Bach sei dem Gedächtnis der Zeit überhaupt abhanden gekommen gewesen, und in Wien habe man von der protestantischen Musik noch besonders nichts wissen wollen. Für Beethoven sei Händel der König der Könige gewesen, und außerdem habe er eine große Vorliebe für Cherubini gehabt, dessen Medea-Ouvertüre er, als er noch hörte, nicht oft genug habe hören können. Was er von Bach besessen, sei sehr wenig gewesen: ein paar Motetten, das Wohltemperierte Klavier, eine Toccata und noch dies und das, in einem Bande zusammengefaßt. In diesem Bande nun habe ein von fremder Hand geschriebener Zettel gelegen mit dem Diktum: »Man kann die Stärke eines Musikkenners nicht besser prüfen, als wenn man zu erfahren sucht, wie weit er in der Schätzung der Bach'schen Werke gekommen.« Zu beiden Seiten dieses Textes aber habe der Besitzer mit der dicksten Notenfeder je ein emphatisches, ein grimmiges Fragezeichen hingemalt.

Dies alles sei sehr interessant und auch paradox, da man wohl sagen könne, daß, wenn Bach jener Zeit vertrauter gewesen wäre, die Beethoven'sche Muse einen leichteren Weg zum Verständnis der Mitwelt gehabt hätte. Es verhalte aber die Sache sich folgendermaßen. Die Fuge gehöre ihrem Geiste nach einem liturgischen Zeitalter der Musik an, dem Beethoven schon ferngestanden habe; er sei der Großmeister einer Profan-Epoche der Musik gewesen, in der diese Kunst sich vom Kultischen ins Kulturelle emanzipiert habe. Das sei aber eine wahrscheinlich immer nur zeitweilige und niemals restlose Emanzipation. Die für den Konzertsaal geschriebenen Messen des 19. Jahrhunderts, die Symphonien Bruckners, die geistliche Musik von Brahms und von Wagner zum mindesten der »Parsifal« ließen die alte, niemals völlig gelöste Bindung an das Kultische klar erkennen, und was Beethoven betreffe, so habe er in dem Wunsch, die Missa solemnis möchte von einem Berliner Chorverein aufgeführt werden, an dessen Leiter geschrieben, das Werk könne sehr wohl durchweg a cappella gegeben werden; ohnedies komme ein Stück ganz ohne Instrumentalbegleitung, das Kyrie nämlich, darin vor, und er für sein Teil (so hatte er hinzugefügt) sei der Meinung, daß gerade dieser Stil als der einzige wahre Kirchenstil zu betrachten sei. Ob er dabei an Palestrina oder an den kontrapunktisch-polyphonen Vokalstil der Niederländer gedacht habe, in dem noch Luther das musikalische Ideal gesehen, etwa an Josquin des Près oder an Adrian Willaert, den Begründer der venezianischen Schule, das stehe dahin. Auf jeden Fall habe aus seinen Worten das nie erlöschende Heimverlangen der befreiten Musik nach ihren kultisch gebundenen Ursprüngen gesprochen, und seine gewaltige Bemühung um die Fuge sei das Ringen eines großen Dynamikers und Emotionalisten um die kunstreich-kühle Satzform gewesen, welche in einem strengen und hoch abstrakten, von der Zahl, dem klingenden Zeitverhältnis beherrschten Jenseits der Leidenschaften auf den Knien Gott, den Ordner des bahnenreichen Kosmos gepriesen habe. –

*

[...] In den Michaelis-, den Weihnachtsferien fuhr [Kretzschmar mit seinem Schüler Leverkühn] (die Zustimmung des Onkels eingeholt) zu vorfallenden Opern- und Konzertaufführungen in unferne Städte: nach Merseburg, nach Erfurt, sogar nach Weimar, damit ihm die klangliche Verwirklichung dessen zuteil würde, was er im bloßen Auszuge aufgenommen, allenfalls im Notenbild überblickt hatte. So mochte er die kindlich feierliche Esoterik der ›Zauberflöte‹ in seine Seele schließen; die bedrohliche Anmut des ›Figaro‹; die Dämonie der tiefen Klarinetten in Webers ruhmreich gehobenem Singspiel vom Freischützen; verwandte Gestalten schmerzlich düsterer Ausgeschlossenheit wie die Hans Heilings und des Fliegenden Holländers, endlich die erhabene Humanität und Brüderlichkeit des ›Fidelio‹ mit der großen Ouvertüre in C, die vor dem Schlußbilde gespielt wurde. Diese nun war denn doch, wie man erkennen konnte, das Imponierendste und Beschäftigendste von allem, was seine junge Empfänglichkeit berührt hatte. Tagelang hielt er nach jenem auswärtigen Abend die Partitur der »Nummer 3« an sich und las darin, wo er ging und stand.

»Lieber Freund«, sagte er, »wahrscheinlich hat man nicht auf mich gewartet, daß ich es feststellte, aber das ist ein vollkommenes Musikstück! Klassizismus, – ja; raffiniert ist es in keinem Zuge, aber es ist groß. Ich sage nicht: *denn* es ist groß, weil es auch raffinierte Größe gibt, aber die ist im Grunde viel familiärer. Sag, was hältst du von der Größe? Ich finde, es hat sein Unbehagliches, ihr so Aug in Aug gegenüberzustehen, es ist eine Mutprobe, – kann man den Blick denn eigentlich aushalten? Man hält ihn nicht aus, man hängt an ihm. Laß dir sagen, ich neige mehr und mehr zu dem Eingeständnis, daß es schon etwas Eigentümliches ist um eure Musik. Eine Bekundung höchster Tatkraft – nichts weniger als abstrakt, aber gegenstandslos, einer Tatkraft im Reinen, im klaren Äther, – wo kommt denn so was im Weltall noch einmal vor! Wir Deutschen haben aus der Philosophie die Redewendung ›an sich‹ übernommen und brauchen sie alle Tage, ohne uns viel Metaphysik dabei zu denken. Aber hier hast du's, solche Musik ist die Tatkraft an sich, die Tatkraft selbst, aber nicht als Idee, sondern in ihrer Wirklichkeit. Ich gebe dir zu bedenken, daß das beinahe die Definition Gottes ist. Imitatio Dei – mich wundert, daß das nicht verboten ist. Vielleicht ist es verboten. Mindestens ist es bedenklich, – ich will damit nur sagen: ›bedenkenswert‹. Schau her: Die energischste, wechselvollste, spannendste Folge von Geschehnissen, Bewegungsvorgängen, nur in der Zeit, aus Zeitgliederung, Zeit-Erfüllung, Zeit-Organisation allein bestehend, ins konkret Handlungsmäßige einmal ungefähr gerückt durch das wiederholte Trompetensignal von außen. Höchst nobel und großsinnig ist das alles, gehalten geistvoll und eher nüchtern, auch an den ›schönen‹ Stellen, – weder sprühend, noch allzu prächtig, noch koloristisch sehr aufregend, nur eben meisterhaft, daß es nicht zu sagen ist. Wie das alles gebracht und gewendet und hingestellt ist, wie zu einem Thema hingeführt und ein Thema verlassen, aufgelöst wird, in der Auflösung sich Neues vorbereitet, die Füllfigur fruchtbar wird, so daß es nicht eine leere oder flaue Stelle gibt, wie der Rhythmus sich federnd umschaltet, eine Steigerung anläuft, Zuflüsse von mehreren Seiten aufnimmt, reißend anschwillt, in brausenden Triumph ausbricht, den Triumph selbst, den Triumph ›an sich‹, – ich mag es nicht schön nennen, das Wort Schönheit war mir immer halb widerwärtig, es hat so ein dummes Gesicht, und den Leuten ist lüstern und faul zumut, wenn sie's sagen. Aber es ist *gut,* gut im Extrem, es könnte nicht besser sein, es dürfte vielleicht nicht besser sein – –«

So sprach er. Es war eine Sprechweise, die in ihrer Mischung aus intellektueller Selbstkontrolle und leichter Fieberhaftigkeit auf mich unbeschreiblich rührend wirkte: rührend, weil er das Fieberhafte darin bemerkte und Anstoß daran nahm; des Tremolos in seiner noch knabenhaft spröden Stimme widerwillig gewahr wurde und sich errötend abwandte.

Günther Anders

Ende eines »langjährigen Exil-Lebens«: »Gelegenheitsphilosoph« Günther Anders, dem Auschwitz und Hiroshima seine »Lieblingsthemen« aus der Hand geschlagen haben, landet im April 1950 in Southampton. Einen Monat später ist er in Wien. Tagebuch-Notiz, abwartend: »Da wäre ich also ›zurückgekehrt‹.« Vier Monate danach heißt es: »Denn nicht das Zerstörte ängstigt, sondern das Gebliebene.« Sodann:

Wien, Oktober

Waren im Fidelio. – Deprimierend, wie enthusiastisch sie nachher klatschten und riefen, daß sie sich ausschließlich als *Publikum* benahmen. Ihr Leben, ihre Überzeugungen, ihre Schuld hatten sie an der Garderobe mit abgegeben. Keinem fiel es ein, zwischen der Handlung des Stückes und den eigenen Erfahrungen eine Brücke zu schlagen. Daß es sich bei der Heldin um eine Frau handelt, die einen durch Willkür Entrechteten befreit ... also um eine Schwester all derer, die sie noch eben mit den Augen des Diktators gesehen, der Polizei des Diktators denunziert oder sogar mit den Waffen des Diktators selbst mißhandelt hatten, das spürten sie nicht.

Singt die Freiheit, dann singt,
ach, die Freiheit nicht mehr.

Und vereinigt sich gar die Stimme der Freiheit mit der der Unfreiheit, wie in dem großartigen Quartett des zweiten Aktes, dann siegen alle zusammen, Hand in Hand verbeugen sie sich vor dem Vorhang, und der Bravos ist kein Ende. –

Das Gleiche gilt von der Reaktion auf die Gefangenenchöre. Als reine Genuß-Pièces galten sie. Und da sie altvertraute Stücke sind, Stücke, die man schon in guten alten Zeiten gehört hatte, fiel es niemandem ein, zu jenen Szenen hinüberzudenken, die sich unterdessen außerhalb der Opernhausmauern abgespielt hatten: zu den Konzentrations- und Vernichtungslagern.

Daß das nur die Schuld des Publikums war, kann man nicht sagen. Denn der Regisseur hatte, hoffentlich mehr aus Schlendrian als aus Bosheit, alles getan, um das Brückenschlagen unmöglich zu machen. Man kann noch nicht einmal behaupten, daß er die Elenden pittoresk ausstaffiert habe. Offenbar ist die früher für diese Szenen obligate, künstlich hergestellte, Zerlumptheit im allgemeinen Zusammenbruch mit untergegangen. Aus dieser Not hat man eine Tugend gemacht. Jedenfalls verriet die Qualität der Gefängniskleidung, verglichen mit den Kleidungszuständen des ›Fidelio‹ meiner Jugend, eine wirkliche Reform: Nichts von schreiender Misere; im Gegenteil: adrett und unscheinbar zogen die Gefangenen ein, um die lang entbehrte Sonne zu begrüßen.

Aber gerade diese Unscheinbarkeit der Elendsattribute wirkte höchst peinlich. Und zwar deshalb, weil sie die so Gekleideten – denn so sind eben Opfer noch niemals herumgelaufen – *unwirklich* machte. Mit Hilfe dieser Kostüme redete man dem Publikum ein, daß solche Gefangenen nur Opernfiguren sind. Die einzige ehrliche Lösung hätte darin bestanden, die Gefangenen, allen erkennbar, als letzte Konzentrationäre gekleidet vorzuführen.

Dies: dem Publikum einzureden, daß es solche Wesen niemals gegeben habe, war nun tatsächlich das Prinzip der Regie. »Gottlob«, glaubte man den Regisseur zu hören, »gottlob ist man heute bei der Darstellung solcher phantastischer Willküropfer ausschließlich auf Phantasie angewiesen. Ballettmeister, hier dürfen Sie schöpferisch sein! Kostümzeichner, hier haben Sie freie Hand! Aber mit Diskretion bitte!« – Das ließen sich die beiden nicht zweimal sagen. Was den Choreographen betrifft, so versuchte er uns weiszumachen, daß Eingekerkerte vor allem unter Asymmetrie zu leiden haben – dieser ihrer Qual schaffte er jedenfalls die humanste Abhilfe. Er sorgte dafür, daß Hunger und Blindheit sich die Waage hielten, daß es keinen Lahmen gab, der nicht sein Pendant in einem Krüppel fand; und was den Kostümzeichner angeht, so schützte er die Ärmsten vor den Gefahren zu greller Buntheit, geschmackvoll ließ er die Tönungen aller Kittel ins symbolische Grau konvergieren, und aufs angenehmste stufte er die Farben ihrer Strümpfe ab. –

In anderen Worten: was sie uns vorführten, war ein *negatives Ballett*, ein Ballet der »disgraced«, der Erniedrigten, Beleidigten und Grazielosen. –

Nun könnte man ein »negatives Ballett« gewiß bejahen, wenn mit ihm anklägerische, zynische oder groteske Wirkungen beabsichtigt wären, oder wenn es die Form der Oper demaskieren wollte. Die Misere in Gazeröckchen tanzen zu lassen, wäre dafür noch nicht einmal nötig. Es müßte nur unmißverständlich vor Augen geführt werden, daß man den Gegensatz zwischen dem nicht mehr abzuweisenden Inhalt der Wirklichkeit und der noch gepflegten, ideologisch gewordenen Kunstform einprägen will. So wie es zum Beispiel Brecht programmatisch im ›Mahagony‹ getan hat. Aber das war in dieser Fidelio-Aufführung natürlich nicht beabsichtigt.

Was Beethoven betrifft, so bin ich freilich nicht so sicher, ob er nicht etwas derartiges im Sinne gehabt hat. Es wäre durchaus denkbar, daß er in diesen Szenen die *Form des Balletts ad absurdum zu führen versucht hat.*

Einen dokumentarischen Beweis für diese Vermutung gibt es vermutlich nicht; und ich weiß, daß er sich ein paar Jahre vor dem Fidelio (mit den ›Geschöpfen des Prometheus‹) im Ballett versucht hat. Aber andererseits kann es kein bloßer Zufall gewesen sein, daß er, nachdem er so viele konventionelle Zauber-Librettos beiseite geschoben hatte, in dem Augenblicke zugriff, in dem er auf einen Text stieß, der die üblichen *Sphärenwesen* durch *Kellerwesen* ersetzte. Es ist schon ein kulturgeschichtliches Ereignis, daß an derjenigen Stelle, wo sonst *Übersinnliches* in die Opernwelt einbricht, im Fidelio ›*Untersinnliche*‹ vorgeführt wurden: nämlich diejenigen Wesen, die gewöhnlich dem Blick entzogen bleiben, die nie gesehenen Opfer der Ungerechtigkeit.

Wie gesagt, in der Aufführung war nichts dergleichen zu spüren. Was in der Regie geschah, war umgekehrt der Versuch, das, was Beethoven an Stelle des Balletts gesetzt hatte, *in ein Ballett zurückzuverwandeln.* Ganz naiv tat man das, einfach weil Fidelio eben ›eine Oper‹ ist, und Opern eben nach wie vor gewisse ›Gesetze‹ haben und gewisse Ansprüche stellen. Das Elend wurde also ›schön‹ gemacht, die Erniedrigten wurden zu Mitteln der ›Erhebung‹, und die Hungrigen wurden dazu verwandt, den Kunsthunger zu stillen. –

Mein Gott, was braucht man noch eskapistische Kunstinhalte, wenn selbst Kerker sich dazu eignen, das Interieur eines Elfenbeinturms abzugeben; und wenn selbst Opfer der Willkür als Raumstücke genossen werden können!

*

Ich frage mich: Ist es nicht, mindestens teilweise, Schuld des Fidelio selbst, wenn er mißverstanden wird? Wenn er ›nur‹ Beifall hervorruft? Widerspricht nicht die Kunstgattung Oper der ›Botschaft‹ dieser Oper?

Nachträglich wirkt sie auf mich wie die Verwässerung der dritten Leonoren-Ouvertüre, die ich als Ouvertüre zu hören mich vergeblich anstrengte. Diese schien mir vielmehr das Stück selbst, dessen Idee, dessen konzentrierte Fassung. Dieser Eindruck war um so überzeugender, als man sie kurz vor dem Schluß einfügte. So placiert wirkte sie wie eine unrechtmäßig ins Reich der Erscheinungen hineingezwungene Idee; und das angebliche Opernfinale fiel ihrer Wucht glatt zum Opfer.

Wer würde eine Kirchenkuppel, weil sie nicht imposant genug ist, mit dem Grundriß der ganzen Kirche krönen? Das aber war es, was man (bzw. Gustav Mahler, als er diesen Brauch einführte) durch die Einfügung der Leonoren-Ouvertüre getan hat. –

›Verwässerung‹ ist ein zu mattes Wort. Fidelio ist vielmehr eine *Übertragung* der, in der Ouvertüre ausgesprochenen, ›These‹ *in ein falsches Idiom.* Als Oper wird die These der Ouvertüre zur Anekdote, viel zu bunt, viel zu sinnlich, viel zu zufallsbeladen. Die Prinzipien verwandeln sich in hohle Figuren, die Dialektik von Freiheit und Willkür endet als kläglicher Dialog. Alles wird zwitterhaft. *Denn zwitterhaft ist es, wenn Prinzipien singen.* Und kann man dem Publikum Vorwürfe machen, wenn es singende Prinzipien nicht verbindlich nimmt? Am zwitterhaftesten aber ist die Hauptfigur selbst: Denn *was bei Beethoven im Kantischen Sinne als eine ›Person‹ gemeint war, wird in der Oper zur ›Hosenrolle‹.* Damit meine ich:

Hauptfigur bei Beethoven ist der Mensch, insofern er nicht ›bedingt‹, sondern bedingend, also ›Freiheit‹ ist.

Als ›freier‹ gehört er nicht der Welt der ›Sinnlichkeit‹ an; im kantischen Sinne ist er also ›übersinnlich‹. Daß er als ›übersinnliches‹ Wesen auch übergeschlechtlich ist, versteht sich von selbst. Tatsächlich ist ja auch Leonore keine Isolde, Liebestod liegt ihr ferne, was sie wagt, ist Treuetod. – Nur weil das Libretto einen solchen ›Kantischen‹ Helden enthielt, hatte es für Beethoven eine so starke Anziehungskraft.

Aber dem widerspricht nun schroff die Kunstgattung. Denn die Oper ist nicht nur irgendein sinnliches Medium, sondern das ausgeprägteste Kunstmedium der Sinnlichkeit, das es je gegeben hat. Jede Opernfigur ist eo ipso gemeint als Ohren- und Augenweide. Selbst allegorischste Opernfiguren platzen vor Leibhaftigkeit. Und fände sich unter ihnen die Allegorie der Schamhaftigkeit, sie würde sich exhibitionistisch zu benehmen haben und zur Schau stellen müssen, wessen sie sich schämt.

Und nun steht also die übersinnliche kantische ›Person‹ als Leonore auf der Opernbühne. Geradezu unvermeidlich wird es, daß ihre ›Übersinnlichkeit‹, ihre Ungeschlechtlichkeit, als zwischen Männlichem und Weiblichem oszillierende Geschlechtlichkeit wirkt, als Hosenrolle, als heroische Pagenrolle, im besten Falle als Amazonenrolle. Und diese Wirkungen sind im Fidelio eben irreführend. Auch die Amazonenwirkung. Denn eine Amazone, die, wie das Pseudonym ›Fidelio‹ beweist, in erster Linie ›Treue‹ verkörpert, ist eine Abstrusität.

Leider ist nun diese Abstrusität, die sich aus der Übersetzung Kants ins Opernidiom ergibt, im Libretto nicht nur gemildert, sondern aufs aufdringlichste unterstrichen. Denn wenn Marcelline sich gleich zu Beginn über beide Ohren in Leonore verliebt, weil sie deren Nicht-Sinnlichkeit als Nichtweiblichkeit, und diese wiederum als Männlichkeit mißversteht, dann hat sie durch diese Instinktlosigkeit den Sinn Leonores von vornherein aufs albernste entstellt. –

*

Denkbar wäre Fidelio eigentlich nur als ein, den geistlichen Oratorien entsprechendes, *moralisches Oratorium* gewesen. Denn die Gattung ›Oratorium‹ ist von den hier angedeuteten Schwierigkeiten nicht mitbedroht. In einem Passionsoratorium kann man einen Märtyrer, selbst Christus am Kreuz, klagen lassen; in einer Oper nicht. – Leonore als Stimme der Freiheit in einem Oratorium zu hören ... mit der Bosheit als Gegenstimme und den Gefangenen als Chor, wäre großartig gewesen.

Der Einwand, die Idee eines nicht-geistlichen Oratoriums sei zu Beethovens Zeit unmöglich gewesen, scheint mir nicht stichhaltig. Was hat Haydn in seinen ›Jahreszeiten‹ anderes gegeben, als ein weltliches Oratorium?

*

Aber wenn der Fidelio mißverstanden, nämlich nur applaudiert wird, und von jedermann applaudiert werden kann, so hat das auch inhaltliche Gründe. Der Kampf zwischen Freiheit und Unfreiheit bleibt tatsächlich so unbestimmt, daß niemand seinen Beifall zu versagen braucht. Von den Motiven, Zielen, Hoffnungen der Bosheit, gegen die Leonore kämpft, wissen wir nichts. Und ebensowenig, wofür Florestan, das Opfer, gestanden hatte, warum er im Kerker sitzt, und weshalb er so plötzlich verschwinden soll. Das Moralische bleibt also ganz und gar negativ. Nur daß er zu Unrecht unfrei ist, erfahren wir; nicht positiv, was er als ›Recht‹ erachtet und für welche Art von Freiheit er gelebt hat. *Völlig expositionslos beginnt die Oper also mitten in der Fabel, gewissermaßen im zweiten oder dritten Akt: mit der Tatsache der Strafe, nicht mit der, dann bestraften, Tat.* –

Das klingt freilich, als ginge es im Fidelio um nichts, und das zu behaupten, wäre natürlich Unsinn. Wir wissen ja, daß es um ungeheuer viel geht: daß die Oper ein Veto ist gegen die Behandlung der Person als Sache; eine Apotheose der Menschenrechte; und eine Apologie der Empörung gegen Willkür. – Aber da die Oper eben expositionslos anhebt, nur von der Idee der Freiheit handelt, bleibt sie so unbestimmt, daß, weil kein Bejahender etwas Bestimmtes bejaht, *jeder* sie bejahen kann.

Natürlich war diese Unbestimmtheit politisch geboten. Ein ungetarntes Freiheitsstück wäre eine Unmöglichkeit gewesen. Und ein, noch so getarntes, Freiheitsstück statt irgendeines Zauberlibrettos zum Vorwurf einer Oper zu wählen, das war gewiß eine Tat. Aber gewiß ist eben auch, daß diese Tarnung die Oper verharmlost hat: *unter Hitler konnte sie genau so gespielt und beklatscht werden wie ehemals und heute.* Ja, selbst zu Beethovens Zeit war sie harmlos: die Tatsache, daß man 1814, gewiß nicht ohne Metternichs Einverständnis, für die drei Monarchen Franz, Friedrich Wilhelm III. und Alexander, also für die drei Garanten der europäischen Unfreiheit, die sich in Wien trafen, gerade Fidelio als Gala-Oper ansetzte, ist abenteuerlich.

Wenn man aber den drei Monarchen nicht zutraute, zu spüren, worum es in der Oper geht, warum sollten wir von den Heutigen so viel tieferes Verständnis erwarten?

Hanns Eisler

Zweimal hat Eisler den »ganzen Beethoven« gepriesen: bei Gelegenheit des 100. und des 125. Todestages. Glaubte er 1927 noch, zum Vorbild erklären, werben, überzeugen zu müssen (»Er war kein Komponist des Proletariats und doch gehört seine Musik uns, der aufsteigenden Arbeiterklasse, nicht aber der Bourgeoisie«), begnügte er sich 1952 mit einer aphoristisch gefügten Skizze, vielleicht, weil die umfangreich offizielle »Stellungnahme« dem ZK der SED vorbehalten war (deren Entwurf Eisler übrigens eingehend kritisierte – als »zu phrasenhaft und schwülstig formuliert«, »simplifizierend«, der »marxistischen Methode« widersprechend: die doch darin bestehe, »historische Etappen oder geschichtliche Persönlichkeiten« nicht etwa »dem Tagesbedarf gewissermaßen zuzuschnitzen«, sie vielmehr »in ihrer ganzen Kompliziertheit und Widersprüchlichkeit aufzufassen«, »so unbequem es auch sein mag«).

Gedanken an Beethovens Todestag

Die Größe der Beethovenschen Musik beweist sich durch ihre Ausdruckscharaktere: Pathos ohne Schwulst, Heroismus ohne Bombast, Empfindung ohne Sentimentalität, Ergriffenheit ohne Rührseligkeit, Humor ohne das Neckische, Leidenschaft ohne Hysterie.

Man hat ihm Maßlosigkeit vorgeworfen. Er hat sich ein eigenes Maß geschaffen, nach dem er zu messen ist.

Wenn man über die Volkstümlichkeit Beethovens spricht, möge man aber auch hinzusetzen: Er ist das Ziel der Volkstümlichkeit. Hat er doch neben den so populären Sinfonien und Ouvertüren komplizierte Kammermusik geschrieben. Seine letzten Streichquartette und Klaviersonaten, seine Variationen-Werke (die Eroica und Diabelli-Variationen), schließlich die große Streichquartettfuge in B-Dur, sind noch nicht allgemeiner Besitz geworden. Aber das Verständnis dieser Werke ist ein Maßstab für echte Musikkultur.

Zu Beethovens Kontrapunkt-Aufgaben, die er bei seinen Lehrern Haydn und Albrechtsberger gemacht hat: Es ist ihm nichts leicht gefallen. Kann man sagen, daß der junge Löwe noch täppische Sprünge macht? Nein, vom jungen Löwen wird man kaum etwas entdecken. Aber der Fleiß, mit dem Beethoven sich bemüht, sich vorerst ein traditionelles Können zu erwerben, bleibt für uns vorbildlich.

Zu seinen Skizzenbüchern: Phantasie und Konstruktion durchdringen einander. Die Phantasie belebt die Konstruktion, und die Konstruktion belebt die Phantasie. Spontanität und Kunstverstand sind keine Gegensätze.

Er ist kein unbekümmerter Musikant. Er plant und baut sorgfältig seine Werke. Das Musikalische belebt den Stoff.
In den großen Formen arbeitet er auch die kleinsten Details auf das sorgfältigste aus. Er ist kein »al-fresco-Musiker«.

Beethovens Musik könnte man als eine mutige Musik beschreiben. Der Charakter des Muts zum Kampf findet sich in fast allen seinen Kompositionen.

Der Plebejer und Volkstribun verachtet die Renegaten.

Die Entstehung ›Fidelios‹: Ein französischer Komponist brachte seine Revolutionsoper ›Leonore‹ in Wien zur Aufführung. Beethoven gratuliert ihm: »Ihre Oper hat mir ausgezeichnet gefallen. Ich werde sie komponieren.«

Zur IX. Symphonie: Große Teile des Werkes drücken Trauer, Verzweiflung und Verlassenheit aus. Das Scherzo ist völlig neuartig in seiner verzweifelten Lustigkeit. Ihm folgt der große heroische Schluß. Das ist kein billiges Heldentum. Diese Symphonie ist in Inhalt und Form ein völliges Novum, und so haben Spießbürger wie der Komponist Spohr noch um die Mitte des 19. Jahrhunderts sie als verworren, unverständlich und kaum spielbar abgelehnt.

Die Klaviersonate op. 27, ›quasi una Fantasie‹, wird leider die ›Mondscheinsonate‹ genannt. Ich halte diesen schmückenden Titel für einen groben Unfug, der den Hörer irreführt. Mit Mondschein hat die Sonate nichts zu tun.

Findige Kaufleute in Amerika lassen in ihrer Radio-Reklame eine Bearbeitung dieser Sonate für Chor und Orchester spielen. Die geht so: Die bei Beethoven in den Klaviertriolen nur zart angedeutete Melodie wird fett und ausdrucksvoll von den Streichern gespielt. Dazu singt der Chor einen Schmalzchoral an den Mond. Das ist reine Barbarei, und von ihr soll an diesem Tag berichtet werden. Dies scheint um so notwendiger, als mir Freunde erzählen, daß in Weimar eine Beethoven-Symphonie von einem Ziehharmonika-Orchester aufgeführt wurde.

[23. März 1952]

Editha und Richard Sterba

Wie sehr das Psychoanalytiker-Ehepaar aus Wien auch beteuerte, daß es Beethoven für einen »faszinierenden Mann« hielte, »ohne dessen Werk unsere Kulturwelt um soviel ärmer wäre« – ihr zuerst 1954 in New York erschienenes Buch »Ludwig van Beethoven und sein Neffe« wurde als, zumindest, »umstritten« eingestuft, wenn nicht gar als von »offener Feindseligkeit diktiert«. Der folgende Abschnitt ist dem Kapitel »Ausklang und Erwägung« entnommen:

Für die meisten ist es erstaunlich, ja für viele peinlich, zu erfahren, daß das Idealbild Beethovens, das sie aus der Literatur übernommen und aus dem Erlebnis seiner Werke in sich gebildet haben, zu der wirklichen Persönlichkeit in solchem Gegensatz steht. Denn das teils bewußte, aber mehr noch unbewußte Bedürfnis, an übermächtig-übermenschliche, ethisch höhere Gestalten zu glauben, ist nicht nur in den Biographen wirksam; es ist allen Menschen gemeinsam. Die Illusion der Idealgestalt wird von ihnen der Wirklichkeit gegenüber zäh verteidigt. In unserer Kulturepoche äußert sich dieses Bedürfnis nach einer Idealfigur unter anderem in typischer Weise als Überschätzung der menschlichen Person des Künstlers. Diese Idealisierung der Person des schaffenden Künstlers wird durch zwei Quellen, die miteinander in Zusammenhang stehen, bedeutend verstärkt.

Die erste Quelle ist das Erlebnis des Kunstwerkes selbst. Es genügt hier, wenn wir die tiefenpsychologischen Erkenntnisse der Wirkung des Kunstwerkes in aller Kürze darstellen. Es wirkt auf uns nicht nur durch die Tatsache, daß es bewußten ästhetischen Genuß verschafft, sondern vor allem dadurch, daß es durch seine Wirkung auf Grund des Fechnerschen »Prinzips der ästhetischen Steigerung« verdrängte Lustquellen öffnet, die besonders in der Musik auf einer Regression zu sonst längst verlassenen, tief verdrängten Genußmöglichkeiten beruhen. Dieser »latente« Anteil des Kunstgenusses ist weit größer als der bewußte ästhetische.

Die Urgewalt des großen Kunstwerkes und die Intensität der Gefühle, die es auslöst, müssen wir vor allem dem latenten Anteil seiner Wirkung zuschreiben. Wer diese Wirkung durch sein Werk in uns verursacht, wird für einen Menschen gehalten, der mit höherer, übernatürlich-magischer Gewalt über unser Erleben ausgestattet ist, er wird zum Zauberer und Heros.

Der Heros ist eine mythologische Figur; seine Person ist daher Gegenstand typischer Mythenbildung. Es ist bezeichnend für die frühzeitig einsetzende, machtvolle Heroisierung der Person Beethovens, daß solche Mythen um ihn schon bei seinen Lebzeiten entstanden. Eine charakteristische Legende, die sich früh um ihn bildete, beruht auf dem bekannten »Mythos von der Geburt des Helden«. Dieser Mythos dient dazu, die geringe Abkunft des Heros zu verleugnen, indem er erzählt, die Eltern des Helden seien nur seine Pflegeeltern gewesen. In Wirklichkeit sei er von weit höherer und vornehmerer Abkunft; besonders oft wird ein König oder Herrscher als der wirkliche Vater genannt. Solches erzählen die Sagen von Cyrus, Romulus, Ödipus, Paris, Perseus, Herkules, Gilgamesch und vielen anderen. Wir erfahren nun von Wegeler und Ries, daß Fayolle und Choron in ihrem Konversationslexikon von Beethoven berichteten, er sei ein unehelicher Sohn Friedrich Wilhelms II. gewesen. Auch führen Wegeler und Ries an, daß Friedrich der Große von Preußen als der wirkliche Vater Ludwigs genannt wurde. Beethoven hat sich übrigens trotz der Aufforderung seiner Freunde geweigert, dieser Legende von seiner höheren Abkunft öffentlich zu widersprechen.

Auch die zweite Legende, die von Beethoven erzählt wurde, spiegelt einen Mythos wider, der um die Kindheit des Helden gebildet wird. Sie berichtet, daß ein älterer Rivale des Helden die künftigen außerordentlichen Eigenschaften schon im Kinde erkannt oder von seiner künftigen Größe durch Prophetie erfuhr und daß er daraufhin versuchte, ihn zu beseitigen oder unschädlich zu machen. Es wurde behauptet, ein Pianist habe, als der kleine Ludwig mit seiner Mutter in Holland reiste, aus Eifersucht auf das Klavierspiel des Wunderkindes versucht, die Finger des Knaben mit einem Messer zu verstümmeln. Wie bei jeder typischen Legende weiß niemand, welches die Quellen der beiden Erzählungen sind.

Nichts zeigt übrigens deutlicher den Zwang zur Heroisierung der Persönlichkeit des Genius als die zahlreichen idealisierenden Bildnisse der Maler, für die Beethoven saß, wie das bekannte Porträt von Stieler. Der größte Wiener Porträtmaler zu Beethovens Zeit, Ferdinand G. Waldmüller, stellte allerdings den Komponisten so dar, wie man ihn sich etwa auf Grund unserer Darstellung seiner Beziehung zum Neffen vorstellen würde. Freilich waren Freunde und Zeitgenossen über das Waldmüllersche Bild empört, da es ihre Illusion von der Einheit von Werk und Mensch empfindlich störte.

Die zweite Quelle der Heroisierung des Künstlers in unserer Kulturepoche beruht auf der fortschreitenden Säkularisierung des Geisteslebens seit dem Ausgang des Mittelalters. Die Säkularisierung führte zur Loslösung der Kunst und des Künstlers aus der Gebundenheit des Religiösen. Man kann beobachten, daß seit der Befreiung von den religiösen Bindungen und mit der wachsenden Geltung als Individuum der schaffende Künstler zunehmend als ethische Gestalt erlebt und dargestellt wird. Es ist, als ob das innere Bedürfnis nach ethisch höheren Gestalten, das mit der zunehmenden Säkularisierung nicht mehr auf religiösem Gebiet volle Befriedigung finden konnte, sich auf das Gebiet der Kunst übertragen hatte. Der schaffende Künstler wird damit in gewissem Sinne zum Ersatz des Heiligen. In der Tat lesen sich oft Künstlerbiographien mit ihrer Lobpreisung der ethischen Vollkommenheit des Genies wie Heiligengeschichten; nicht zuletzt zahlreiche Beethovenbiographien.

Bei keinem andern Genius allerdings hatte die idealisierende Biographik so viel Mühe, die Tatsachen zu entstellen wie bei Beethoven.

Erst spät hat sich in der Beethovenliteratur eine Gegenströmung gegen die Idealisierung der Person bemerkbar gemacht. [...]

Die Heroisierung sucht den Gegensatz zwischen Werk und Mensch zu überbrücken, der bei Beethoven so stark und schmerzvoll empfunden wird. Aber dieser Gegensatz selbst kann nur scheinbar sein. Im Grunde muß eine Einheit von Mensch und Werk bestehen. Ist es doch dieselbe Persönlichkeit, die die Werke schafft und die sich im menschlichen Verhalten zeigt; es sind dieselben seelischen Motivierungen und Triebkräfte, die den Schöpfer zum Werk drängen und die sein Verhalten bestimmen. In beiden manifestieren sich die gleichen inneren Konflikte.

Knapp 20 Jahre später, 1972, brachte der Musikwissenschaftler Luigi Magnani Beethovens Neffen mit einer »Lebensbeichte« erneut ins Gespräch: er wollte, »daß an-

dere Stimmen gehört werden, auch die des Beschuldigten selber«; versuchte dabei zu »erraten, was der Forschung unerreichbar bleibt«.

Zwei Monate später war die Vorahnung Wirklichkeit geworden; ich sah mich durch die Straßen der Welt irren, frei, unabhängig, aber diese Welt erschien mir nun öd und leer, die so sehnlich begehrte Freiheit unnütz und eitel. Ich hatte gekämpft, um mich der Sklaverei seiner Liebe zu entziehen, und fand mich in einer Menge von Gleichgültigen wieder. Da begriff ich, daß die große Leere, die mich umgab, nichts anderes war als die tiefe Spur, der letzte Abdruck, den er in meinem Leben zurückgelassen hatte.

In dieser Verwirrung kam mir der Gedanke zu Hilfe, aus dem ich einen neuen Lebenssinn zog: mich mit ernstem Eifer daran zu begeben, die bei seinem Tode unveröffentlichten und in größter Unordnung zurückgebliebenen Manuskripte seiner letzten drei Streichquartette zu entziffern, zu übertragen und in einer Partitur zusammenzufassen und so diese letzten Werke zu retten, die er nahezu unleserlich losen Zetteln anvertraut hatte und die vielleicht dazu verdammt waren, wer weiß wie lange in diesem Zustand zu bleiben. Ich erinnere mich seiner Todesangst um das Los einiger dieser Seiten, die zu dem Quartett in a-Moll gehörten und die Holz damals mit nach Wien genommen hatte.

»Welch schrecklicher Zufall, wenn er sie verloren hätte. Er trinkt stark, unter uns gesagt. Um Gottes willen, so geschwind als möglich beruhige mich, schrecklicher Verlust ... Auf nichts als kleine Fetzen ist das Konzept geschrieben, und nie mehr werde ich imstande sein, das Ganze so zu schreiben ... Nur Beruhigung wegen dem Quartett ...«

Diese Mahnung gebot mir, zu wachen und ihn noch über das Schicksal seiner Manuskripte zu beruhigen. Seinen Willen gewissenhaft zu erfüllen, bedeutete für mich nicht nur eine Sühne, sondern einen Weg, mich ihm wieder zu nahen, in der Musik wieder seine Stimme zu vernehmen.

Die Aufgabe war schwierig, aber die lange Vertrautheit mit seiner Handschrift erlaubte es mir, wenn auch unter Mühen, Note für Note, Takt um Takt das tragende Gerüst einer Periode, einer Phrase, eines Satzes, des ganzen Werkes lesbar zu machen. Und langsam trat aus dem Gewirr von Zeichen die musikalische Idee in der Reinheit ihrer Formen und in ihren Symmetrien hervor, in ihren Verbindungen und räumlichen Entwürfen, in ihrer Ganzheit – wie ein Bauwerk.

Auf diesen Seiten, die bedeckt sind mit den Zeichen der Klangsprache, des dürren Abbilds einer Musik, die ihres Werdens entkleidet und des Elements der Wahrnehmung beraubt ist, bleibt, wie in einer chemischen Formel, keine Spur einer Beziehung zu dem Phänomen, das sie doch ausdrückt, zu dem Leben, das sie letztlich bedeutet. Aber ich habe in ihnen die heiße Asche des glühenden menschlichen Dramas, das ihnen zu Grunde liegt, wiedergefunden.

Vor mir liegen die zerknitterten Blätter der *Cavatina,* mit den Wachsflecken der Kerzen von den Notenpulten, auf die sie, als die Tinte noch nicht getrocknet, an einem Abend des letzten Herbstes in Baden gelegt worden waren, damit Schuppanzigh, Holz und ihre Kollegen vom Leibquartett sie das erste Mal zu spielen versuchten.

Im Schatten sitzend, den Blick auf die Saiten der Instrumente geheftet, folgte Beethoven versunken diesem Gesang, den er »unter Tränen der Wehmut« im Rhythmus der unregelmäßigen Schläge seines beklommenen

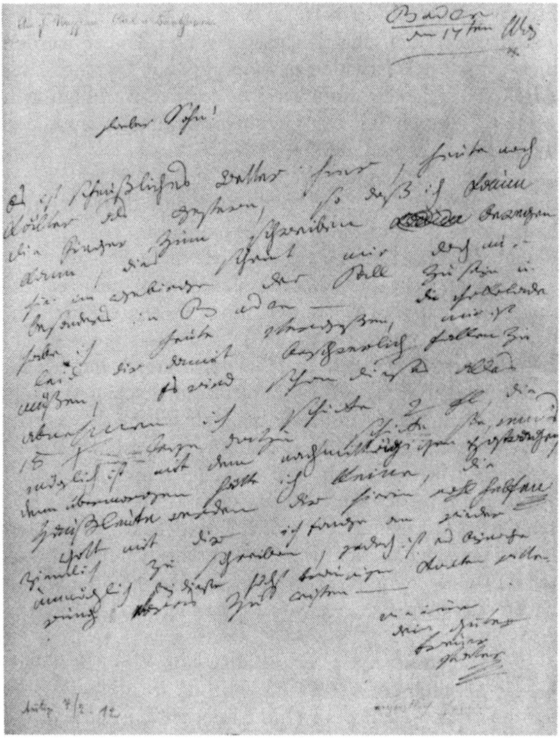

Brief Ludwig van Beethovens an seinen Neffen Karl,
Baden, 17. Mai [1825]

Herzens komponiert hatte, wie es im Manuskript angegeben ist. Leidenschaft, Entsagung und Trauer werden hier vom stillen Erleiden des Gefühls zur Dynamik der Affekte, zu den Spannungen und zu den Beruhigungen geführt, die der Teil der Gemütsbewegungen sind, den die Musik sich aneignet.

Es wird Menschen geben, die, wenn sie eines Tages diese Seite hören, einen großen Genuß dabei werden empfinden können. Für mich bleibt sie von Tränen feucht. Diese schmerzliche Unruhe, diese unregelmäßigen Schläge, die den Gesang skandieren, gehören für mich nicht zur Form, sondern noch zu seinem Herzen, das ich hatte bluten lassen. »Mir blutet das Herz.«

Indem er die Leidenschaft in den Bereich der Musik einführte, gab er dem Bogen ihres dramatischen Verlaufs Gestalt, läuterte sie und erhob sie zur Höhe der Kunst. Das war seine große Tat, der Rest war Symbol.

Die Musik, nicht ich, war das Ziel seiner Liebe. Ich verkörperte nur einen Schatten, der in ihm war; das Böse, das, wie Gift, erhebt und niederdrückt. Wenn den Mystikern die Offenbarung des Seins aus dem Nichts zuteil wurde, so empfing er aus dem Leiden die Freude und wußte aus dem Bösen das Gute zu ziehen. Und wurde erlöst.

Die Gegensätze, die er auf der höheren Ebene der Kunst miteinander versöhnte, blieben in mir wie zwei extreme Pole geschieden. Und da der eine, jener positive des Guten, mir unerreichbar schien, wandte ich mich dem anderen zu. Ungeduldig gegen jede Disziplin, verlor ich mich in den Regionen des Unendlichen, und was mir in der Höhe zu erreichen verwehrt ward, das suchte ich in der ebenso unendlichen Tiefe der Lust.

Ich strebte nach Freiheit und blieb ein Sklave der Leidenschaften, ich wünschte mir wie er, das Leben tausendmal zu leben, mich siegreich in der Kunst zu behaupten, und blieb enttäuscht an ihren Grenzen stehen. Ich versuchte, einem Dasein ein Ende zu setzen, das sein Licht verloren, und vollbrachte nur eine theatralische Gebärde. Ich wollte ein Mensch werden und bin nur ein schlechter Schauspieler gewesen. Ich habe versucht, mich dem Band seiner Liebe zu entziehen, aber sobald sie mir fehlte, war mir, als sei der Steuermann meines Schiffes ins Meer gestürzt. Niemand versucht, wenn ich ausgehe, mich zurückzuhalten oder erwartet ängstlich meine Rückkehr. Niemand beobachtet, was ich tue, oder wacht sorgenvoll über mein Leben. Ich bin frei, niemand liebt mich.

WOLFGANG HILDESHEIMER

Der »Lieblose Legenden«-Schreiber Hildesheimer – als »Heimatloser« im »Land der Fälscher« ansässig, das sich den Satz »Die erfundenen Geschichten enthalten mehr Wahrheit« zugute hält; später (da er der Behauptung, es sei »fünf vor zwölf«, mit der Auskunft entgegentritt, die Uhr zeige längst »halb drei«, wenn nicht bereits »vier«) jener »wunderbaren Zeit« sich erinnernd, »als man nicht darüber nachdachte, ob die Welt noch zu retten sei oder nicht« –: hat 1951 das lieblos-legendäre Feuilleton mit dem Titel »1951 – ein Pilz-Jahr« veröffentlicht, dessen Jubiläumsdatum er, im Mozart-Jahr 1956, glücklich berichtigen konnte. Der 1789 geborene Gottlieb Theodor Pilz, teilt der Erzähler mit, sei »weniger ein Schöpfer als ein Dämpfer« gewesen, der »gegen den ungeheuren Schaffensdrang der Zeit« angekämpft habe. Seine Hinterlassenschaft bestehe in der Hauptsache aus sieben Briefen, deren erster, aus dem Jahre 1808, sich »durch eine für jene Periode wahrhaft seltene, erfrischende Nüchternheit der Aussage« auszeichne.

In das Jahr 1815 fällt der zweite Brief. Er ist an seinen Vater gerichtet. In diesem Brief schreibt er, daß es ihm gelungen sei, Mühlwesel* von seinem Vorhaben abzubringen, eine Operntrilogie über das Geschlecht der Habsburger zu schreiben, indem er ihn in das Vergnügen des Tarockspiels eingeweiht habe. »M. war zuerst hartnäckig, indem er behauptete, er sei Musiker, nicht Müßiggänger, und was ein Beethoven könne, könne ein

* Franz Xaver Mühlwesel, 1778–1859, Zitherspieler von Format, brachte es durch Kartenspiel zu einem ansehnlichen Vermögen.

Mühlwesel auch. Das sei zwar möglich, erwiderte ich, doch sei dies kein Grund, sein Vorhaben auch in die Tat umzusetzen. Wohin kämen wir denn, sagte ich, wenn wir all das tun wollten, was ein anderer auch könne! Schließlich ließ er sich überreden [...].«

1821 dann kommt es zu einer Vertauschung: Pilz trifft auf den betrunkenen Christian Dietrich Grabbe, der Shakespeare einen besseren »Verfasser von Operntexten« schimpft, eine Bearbeitung der »Lustigen Weiber von Windsor« hinwirft, an ihrer Statt, irrtümlich, das Drama des fünfzehnjährigen Pilz »Herzog Theodor von Gotland« zurückerhält. Sieben Jahre später: Pilz will Meyerbeer für Grabbes Libretto interessieren; dieser jedoch lehnt ab, da es ...

... nicht genug Aufwandmöglichkeiten biete.

Darauf beschließt Pilz, es an Beethoven zu senden, und schreibt seinen dritten Brief (datiert 22. November 1828). »Ich habe übrigens kürzlich«, so heißt es darin, »Ihre fünfte Symphonie gehört. Nicht übel, gar nicht übel! Dennoch ist es meine Meinung, lieber Meister, daß Sie sich einmal heiteren Dingen zuwenden und ein wenig Ferien vom Titanischen nehmen sollten. Vergessen Sie einmal Ihre tragische Existenz, sintemalen sie doch auch sehr anstrengend sein muß! Wie wäre es mit einer Oper über die lustigen Weiber von Windsor? Das Textbuch ist fertig!« – Der Brief kam unbeantwortet zurück, denn Beethoven war 1827 verstorben.

Pilz komponiert die Oper schließlich selber: »unter dem Pseudonym Otto Nicolai«.

Anthony Burgess

Der Burgess-Roman »A Clockwork Orange« (1962) wurde als Stanley-Kubrick-Film (1971) berühmt. Alex, der Ich-Erzähler, zu Beginn des Buches »noch keine sechzehn«, ist Anführer einer Jugendbande; seine beiden ›Vorlieben‹, die rohe Gewalt und die klassische Musik, ergänzen einander durchaus. (Am Ende ist er achtzehn und hat die Vision, von der Arbeit heimzukommen, freudig erwartet zu werden, ein gutes warmes Abendessen vorzufinden.)

Aber, Brüder, wenn sie da so an den Nägeln kauen über der Frage, was denn die *Ursache* von soviel Bosheit ist, dann kann ein Maltschick wie ich sich doch nur kringeln vor Lachen. Sie fragen sich ja auch nicht, was denn die Ursache des *Guten* ist – warum denn nur bei der andern Firma? Wenn die Leute gut sind, dann weil es ihnen so gefällt, und den Spaß daran würde ich ihnen auch nie verderben wollen, und ebenso mit der andern Firma. Und bei der andern Firma war ich nun mal Kunde. Obendrein gehört das Böse immer zum Selbst, dem Ding, über das man sich wundert, wenn man sich fragt, warum du du bist und ich ich bin, und dieses Ding ist vom alten Bog oder Gott geschaffen, sein Stolz und seine Freude. Aber was nicht Selbst ist, kann auch nichts Böses haben, und das heißt, die von der Regierung, von den Schulen und Gerichten, können das Böse nicht zulassen, weil sie das Selbst nicht zulassen können. Und unsere ganze Geschichte heute, meine Brüder, das ist doch die Geschichte davon, wie diese tapferen malenkigen Selbste gegen diese großen Apparate kämpfen. Das ist mein

Ernst, Brüder. Aber was ich tu, das tu ich, weil es mir Spaß macht.

Jedenfalls, an diesem lächelnden Wintermorgen trinke ich nun meinen starken Tschai mit Molocke und vielen Löffeln Zucker, denn ich bin ein Süßmaul, und ziehe das Frühstück aus dem Herd, das meine arme alte Mamm für mich zubereitet hatte. Es war ein Spiegelei und nichts weiter, aber ich machte Toast dazu und aß das Ei mit Toast und Marmelade, und dabei las ich die Gazette. In der Gazette stand das Übliche: Ultrabrutale hier, Bankraub dort, Streik; außerdem waren alle ganz starr vor Angst, weil die Fußballspieler gedroht hatten, sie würden nächsten Samstag nicht spielen, wenn sie keine höheren Gagen kriegten – freche Maltschicks mußten das sein! Dann gab es wieder neue Weltraumflüge, größere Stereo-Fernsehschirme und Gratispackungen Seifenflokken für soundsoviel Etiketten von Suppendosen – das Sensationsangebot, nur noch diese Woche, über das ich vor allem schmitzen mußte. Ein bolschig langer Artikel handelte von der Jugend von heute (also von mir, und darum machte ich eine Verbeugung und grinste wie beschummert), verfaßt von einem blitzgescheiten Tschelluffjek mit Glatze. Den las ich mit Genuß, Brüder, während ich den guten Tschai schlürfte, Tasse für Tasse, und die in Eggiwex und Mammalamm gestippten schwarzen Toastscheiben knusperte. Dieser gelehrte Feck sagte die üblichen Wetschen von wegen keine elterliche Autorität, wie er das nannte, und keine horrorshow starken Lehrer, die den dußligen Gören die Einfältigkeit aus dem Gulliver rausprügelten, bis sie um Gnade winselten. Das alles war so gluprig, daß ich lachen mußte, aber es war doch mal wieder zu sehn, wie unsereins die ganze Zeit für Neuigkeiten sorgte, o meine Brüder. Jeden Tag stand etwas über die Jugend von heute in der Gazette, aber das

Beste, was ich da je gelesen hatte, das war von einem starrigen Popen mit Hundekragen, der sagte, nach seiner wohlerwogenen Meinung, und er quorietschte als ein Mann Bogges, sei es DER TEUFEL, DER UMGEHT und sich unschuldigen jungen Menschen ins Fleisch wühlt, und Schuld an all dem seien die Erwachsenen mit ihren Kriegen und Bomben und dem ganzen Unsinn. Dann war ja alles klar. Der mußte wissen, was er sagte, denn er war ja ein Gottesmann. Also konnte man uns unschuldigen jungen Maltschicks nichts vorwerfen. Schön, schön, schön!

Nachdem ich aus meinem unschuldigen vollen Magen ein paarmal gerülpst hatte, holte ich meine Tagesplattis aus dem Schrank und stellte das Radio an. Es gab Musik, ein sehr hübsches malenkiges Streichquartett, meine Brüder, von Claudius Birdman, eines, das ich gut kannte. Ich mußte aber lachen, als ich daran dachte, was ich mal aus so einem Artikel über die moderne Jugend erfahren hatte, nämlich daß es um die Jugend von heute besser stünde, wenn man ihr *ein lebendiges Verhältnis zur Kunst* beibringen könnte. Große Musik, so hieß es da, und große Dichtung, würden die Jugend sozusagen ruhiger machen und ihr kulturelles Niveau anheben. Kulturelles Niveau – Schanker und Tripper, das war's! Wenn die Musik etwas in mir hob, dann meine Unternehmungslust: sie spitzte mich sozusagen an, bis ich mich wie der alte Bog persönlich fühlte und bereit war, mit Donner und Blitz loszulegen und winselnde Fecken und Petiezen unter meine Füße zu bringen. Und nachdem ich mir Litso und Rucken ein bißchen frischgemacht und mich angezogen hatte (meine Tagesplattis waren so eine Art Studentenkluft: blaue Pantalonis und Pullover mit einem großen A wie Alex drauf), fand ich, daß es nun Zeit wurde, wenigstens mal zur Platten-Butike zu itzen

– und Heu hatte ich ja nun auch genug in den Taschen – und nach dieser schon lange bestellten Neunten von Beethoven zu fragen, der mit dem Chor, in der Aufnahme von Masterstroke mit den Esch-Scham-Sinfonikern unter L. Muhaiwir. Also ging ich los.

Der Tag war etwas ganz anderes als die Nacht. Die Nacht gehörte mir und meinen Droogs und den anderen Nadsats, während die starrigen Spießer sich in ihren Wohnungen die gluprige Globovision reinzogen; aber der Tag war etwas für die starrigen Leute, und auch die Bullen oder Millizents schienen sich bei Tag zu vermehren. An der Ecke nahm ich den Bus und fuhr bis ins Zentrum, dann ging ich zurück bis zum Taylor Place, und dort, Brüder, war die Platten-Butike, die ich mit meinen Besuchen beehrte. Sie hieß gluprigerweise MELODIA, war aber sonst echt horrorshow und meistens echt skorri im Herbeischaffen der neuesten Aufnahmen. Ich trat ein, und die einzigen Kunden außer mir waren zwei junge Petiezen, die Eis am Stiel lutschten (und das mitten im kalten Winter) und die neuen Pop-Platten durchgriffelten – Johnny Burnaway, Stash Kroh, The Mixers, Lay Quiet Awhile With Ed And Id Molotov und all so Zeugs. Die beiden Petiezen konnten kaum älter als zehn sein, und ebenso wie ich hatten sie sich anscheinend für den Vormittag von der Schule beurlaubt. Sie hielten sich wohl schon für erwachsene Dewotschkas, was man daran sehn konnte, wie sie mit den Hüften wackelten, als sie euren getreuen Erzähler sahen, an den ausgestopften Grudis und dem dick auf die Flappe geschmierten Lippenstift. Ich ging zum Ladentisch und bleckte dem guten Andy dahinter höflich die Zuppis hin – er war selbst immer sehr höflich, immer hilfsbereit, ein echt horrorshow Typ von einem Feck, wenn auch mit Glatze und sehr dünn. Er sagte:

»Aha, ich glaube ich weiß, was Sie wollen. Gute Nachricht, sie ist angekommen.« Und als er sie holen ging, schlug er mit seinen Rucken, die so groß waren wie die Pranken eines Dirigenten, den Takt. Die beiden jungen Petiezen fingen zu kichern an, wie das so ist in ihrem Alter, und ich glaste sie ein bißchen kühl an. Andy war echt skorri wieder da und schwenkte die glänzende weiße Hülle der Neunten, auf der man, Brüder, das verdrossene Gewitterlitso vom alten Ludwig van selber sah. »Da«, sagte Andy. »Sollen wir's mal zur Probe auflegen?« Aber ich war heiß wie die Hölle und wollte es unbedingt zu Hause auf meinem Stereo ganz für mich allein hören. Ich holte mein Deng hervor, um zu bezahlen, und die eine von den kleinen Petiezen sagte:

»Wen du, Biesti? Wen biggie, wen single?« Diese jugendlichen Dewotschkas hatten ihre eigene Art zu quorietschen. »Heaven Seventeen? Luke Sterne? Goggly Gogol?« Und beide kicherten, wippten und wackelten mit den Hüften. Da kam mir eine Idee, mit solcher Wucht, o meine Brüder, daß sie mich fast hinriß und umwarf und mir fast zehn Sekunden lang den Atem raubte. Als ich mich wieder gefaßt hatte, bleckte ich meine frisch geputzten Zuppis und sagte:

»Was habt ihr denn zu Hause, Schwesterchen, wo ihr euer Gedudel drauf spielen könnt?« Denn ich sah, sie kauften irgendwelche Teenypop-Wetschen. »Ich wette, ihr habt nur so ein kleines tragbares Spielzeugdings.« Die beiden zogen ein bißchen einen Flunsch. »Kommt mit zu dem Onkel«, sagte ich, »und sluscht mal voll durch. Hört Engelstrompeten und Teufelsposaunen! Ich lade euch ein.« Und ich machte sowas wie eine Verbeugung. Sie mußten wieder kichern, und die eine sagte:

»Oh, aber wir haben so'n Hunger! Oh, aber wir müßten erst was essen.« Die andere sagte: »Ja, sie muß es wissen, sie!« Also sagte ich:

»Jetzt geht ihr mit dem Onkel essen. Welches ist euer Lokal?«

Jetzt kamen sie sich wie echte Luxusbienen vor, richtig drollig, und fingen an mit näselnder Damenstimme über das Ritz, Bristol, Hilton und das Ristorante Granturco zu quorietschen. Aber damit machte ich Schluß. Ich sagte bloß, »jetzt gehn wir mal mit dem Onkel«, brachte sie in den Pasta-Schuppen gleich um die Ecke und ließ sie sich die unschuldigen jungen Flappen mit Spaghetti und Würstchen, Sahnebaisers und Bananen-Splits mit heißer Schokoladensoße vollstopfen, bis mir von dem Anblick fast übel wurde, denn ich, Brüder, ich nahm nur ein frugales Mahl aus einer Scheibe Schinken und einem Klacks hitziger Chili-Soße zu mir. Die beiden Petiezen waren sich sehr ähnlich, obgleich keine Schwestern. Sie hatten dieselben Ideen im Kopf, auch wo sie keine hatten, und dieselbe Haarfarbe, eine Art künstliches Strohblond. Na, heute sollten sie erwachsen werden, dafür sollte mir der Tag nicht zu schade sein! Keine Schule diesen Nachmittag, sondern richtige Erziehung mit eurem getreuen Freund und Erzähler, Brüder, als Lehrmeister. Sie hießen Marty und Sonietta, sagten sie, einigermaßen beschummerte Namen, voll im kindlichen Trend. Ich sagte:

»Schön, schön, Marty und Sonietta! Und jetzt drehn wir die großen Töne auf, kommt!« Als wir draußen in der Kälte standen, wollten sie nicht mit dem Bus fahren, ach nein, sondern Taxi; also tat ich ihnen den Gefallen, grinste echt horrorshow in mich rein und rief ein Taxi vom Stand am Zentrum. Der Fahrer, ein starriger, fusselbärtiger Feck in dreckigen Plattis, sagte:

»Also, aufgerissen wird nichts! Nichts mit den Sitzen

anstellen, die sind grad neu gepolstert.« Ich zerstreute seine gluprigen Befürchtungen, und wir fuhen los zum Städtischen Wohnblock 18A, und die beiden frechen kleinen Petiezen kicherten und tuschelten die ganze Zeit. Um es kurz zu machen, wir kamen an, o meine Brüder, ich ging voraus zur Nummer 10–8, und sie stiegen japsend und schmitzend hinterdrein, und als wir oben waren, hatten sie so einen Durst! sagten sie, und darum gab ich diesen zehnjährigen Dewotschkas jeder einen echten horrorshow Scotch, allerdings gut aufgefüllt mit prikkelnder und stichelnder Soda. Sie saßen auf meinem (ungemachten) Bett, ließen die Beine baumeln, schmitzten und schlürften ihre Highballs, während ich ihre jämmerlichen malenkigen Platten über mein Stereo laufen ließ. Das war, als ob man süßen Kindertee aus goldenen Bechern trinken würde. Aber die beiden stöhnten laut vor Begeisterung und sagten »schwummi« und »schrilli« und noch andere nicht geheure Slowos, die in ihrer Altersgruppe Mode waren. Während ich diesen Schund für sie laufen ließ, ermunterte ich sie zum Trinken und füllte ihre Gläser nach – o meine Brüder, sie hatten überhaupt nichts dagegen. Als ich ihre Platten je zweimal abgenudelt hatte (es waren zwei: »Honey Nose«, gesungen von Ike Yard, und »Night After Day After Night«, gejault von zwei widerlichen, jarbellosen Eunuchen, deren Namen ich vergessen habe), waren sie schon nah am Höhepunkt ihrer Kleinmädchenhysterie: sie sprangen auf meinem Bett herum und überall im Zimmer, und ich mit ihnen.

Was dann noch so geschah, an diesem Nachmittag, muß ich nicht beschreiben, Brüder, denn ihr könnt es euch denken. Im Handumdrehen waren die beiden aus den Plattis geschält, schmitzten aus vollem Halse und schienen einen bolschigen Spaß daran zu finden, wie der gute Onkel Alex ganz nagoi mit seinem Pfannenstiel vor ihnen stand, mit der Spritze fuchtelte wie ein Urwalddoktor und sich dann den Schuß fauchendes Dschungelkatzensekret in die Rucke setzte. Dann zog ich die herrliche Neunte aus ihrem Umschlag, so daß Ludwig van nun auch ganz nagoi war, und setzte die Nadel beim letzten Satz an, der die reine Seligkeit war. Und dann kam es, mit den Bässen, die wie unter meinem Bett hervor* mit den anderen Instrumenten quorietschten, und dem Männergoloß, der sagt, daß alle sich freuen sollen, und dann die liebliche, selige Melodie zu dem schönen Götterfunken, und dann spürte ich, wie die Tiger in mir wild wurden, und ich sprang auf die beiden kleine Petiezen. Diesmal fanden sie's nicht mehr komisch und hörten auf zu jubeln und zu albern, denn nun mußten sie sich den seltsamen und ungeheuerlichen Wünschen Alexanders des viel zu Großen fügen, und die, auf den Flügeln der Neunten und mit dem Stoff in den Adern, waren tschudessni und sammechat und unabweisbar, o meine Brüder. Aber sie waren beide sehr betrunken und können kaum viel gespürt haben.

Als der letzte Satz mit dem Gepauke und dem O Freude, o Freude zweimal gelaufen war, spielten die beiden kleinen Petiezen nicht mehr die feine Dame. Sie wachten sozusagen auf, begriffen, was mit ihren malenkigen Persönchen geschah, und sagten, sie wollten heimgehen und ich sei ja sowas wie ein wildes Tier. Sie sahen aus, als kämen sie aus einem großen Geteuse, was in gewisser Weise ja auch zutraf, und waren ganz zerschrammt und verbiestert. Well, wenn sie schon nicht zur Schule gehn woll-

* Die kleinen Lautsprecher meiner Stereoanlage waren übers ganze Zimmer verteilt, an der Decke, an den Wänden und auf dem Fußboden, und darum wurde ich, wenn ich auf dem Bett liegend die Musik sluschte, vom Orchester geradezu eingehüllt.

ten, mußten sie trotzdem ihre Erziehung bekommen. Und die hatten sie bekommen. Sie jammerten und schrien au, au, au, als sie sich die Plattis wieder anzogen, und wummerten mit ihren Teenagerfäustchen auf mir herum, während ich verschmiert und nagoi, kaputt und so richtig schön abgebrunstet auf dem Bett lag. »Du Viech, du gemeines Biest!« krietschte Klein-Sonietta, »du dreckiges Scheusal!« Ich ließ sie ihre Sachen zusammensuchen und forderte sie dann auf, zu verschwinden, was sie auch taten, nicht ohne davon zu reden, wie man mir die Bullen auf den Hals schicken sollte, und lauter so Zeugs. Dann stiegen sie die Treppe runter, und ich entschlummerte, während das große alte O Freude, o Freude immer noch weiter schallte.

Glossar

betr. den »Stammesdialekt« der »Nadsats«

> »Ein paar Bröckchen alter britischer Reimslang ... Außerdem ein paar Zigeunerwörter. Aber die meisten Wortwurzeln sind slawisch.«
>
> (Dr. Branom, »Die Uhrwerk-Orange«)

abgebrunstet	lustlos, müde
anglasen	angucken
beschummert	›beknackt‹, blöd
Bog	Gott
bolschig	beschissen, irre
Deng	Geld
Dewotschka	Dame, Frau, Mädchen
Droog	Kumpel
Eggiwex	Ei
Feck	›Typ‹
Flappe	Lippe, Mund, Maul
Geteuse	Rauferei, Prügelei, Schlägerei

gluprig	bescheuert
Goloß	Stimme
Grudis	Brüste
Gulliver	Kopf
itzen	›latschen‹, gehen
jarbellos	hodenlos
knuspern	›mampfen‹, essen
krietschen	kreischen
Litso	Gesicht
malenkig	klein
Maltschick	Herr, Mann, Knabe
Mammalamm	Marmelade
Millizents	›Bullen‹
Molocke	Milch
Nadsats	›Teenies‹
nagoi	nackt
Pantalonis	Jeans
Petieze	›Tussi‹
Plattis	Kleider
quorietschen	quatschen, reden, sagen
Rucke	Hand
sammechat	bemerkenswert
schmitzen	lachen
skorri	schnell, fix, plötzlich
Slowo	Wort
sluschen	hören, lauschen
starrig	alt
Tschai	Tee
Tschelluffjek	›Obertyp‹
tschudessni	wunderbar
Wetschen	Sachen, Zeug
Zuppis	Zähne

Igor Strawinsky

Aufmerksam der Beethovenschen Musik gegenüber war Strawinsky früher auch. In seinen letzten, krankheitsgeplagten Jahren jedoch »erwachte er zum Leben«, wenn eines der späten Quartette erklang – und er verneigte sich vor dem »Boten aus der Zukunft«, verlieh Ehrentitel wie »Sehr Große Fuge«, nannte Beethovens Quartette insgesamt (deren »intimere« Bekundungen er den »öffentlichen« der neun Sinfonien vorzog) eine »ewig aufrührerische Menschenrechts-Deklaration« ... Für die »New York Review of Books« rezensierte Strawinsky im Herbst 1968 unter der Überschrift

Ein Königreich der Wahrheit

das im Vorjahr erschienene Buch über die Beethoven-Quartette von Joseph Kerman. Sein Lob galt zuerst dem Umstand, daß es sich der Mode versagte, »Lösungen auf der Suche nach Problemen« zu bieten. Sodann wurde (und blieb) er »persönlich«.

Eine Beschränkung auf die späten Quartette – und in ihnen des weiteren auf ein paar Stellen, über die ich meine ganz und gar eigenen, im Gleichschritt der allgemeinen Übereinkunft nicht mitmarschierenden Ansichten hege – ist unfair gegenüber den drei Meisterwerken [op. 59], die für den russischen Botschafter in Wien, den Grafen Rasumowsky, komponiert wurden. (Sie ist unfair außerdem gegenüber *La Malinconia* [dem vierten Satz von op. 18 Nr. 6], diesem Versuchsballon, im Hinblick nicht nur auf den späteren Beethoven, sondern auch den Wagner des ersten *Walküre*-Aufzugs; die Quartette dazwischen [opp. 74 und 95] sind allerdings meiner Meinung nach nicht auf gleicher Höhe.) Wären die Rasumowsky-Quartette die letzten in der Reihe, wir wiesen sie als das *Non plus ultra* der Gattung vor und deuteten, kein Zweifel, solche Passagen wie den Anfang des C-Dur-Quartetts [op. 59 Nr. 3] als zukunftsträchtig, diagnostizierten aus seinem atemraubenden, über die Ufer tretenden harmonischen Gang einen Zukunftsfieber-Anfall.

Demnach können die Rasumowsky-Quartette sich behaupten, zum Teil – *nur* zum Teil –, weil sie mit dem späten Schub nicht konkurrieren, sich vielmehr deutlich unterscheiden von ihm, also kaum Vergleichsmöglichkeiten bieten. Keine Musik ist reicher bedacht mit Hochstimmung (das opernhafte Finale des C-Dur-Quartetts) und Eleganz (die Melodie mit dem hüpfenden Vorschlag in dessen *Andante*). Doch sind das nicht gerade die Qualitäten, die einem zuerst in den Sinn kommen, wenn man an die späten Quartette denkt; da wären, vom Rasumowsky-Standard her, eher die Anomalien und Unebenheiten zu nennen, so wie umgekehrt die Rasumowsky-Quartette den Hörer unvermeidlich daran gemahnen, daß apropos Tiefe und Dichte das letzte Wort nicht gesprochen ist, der Form manch Aufbruch zu neuen Ausdrucks-Ufern erst bevorsteht, der Stil sich durchaus noch verfeinern läßt. Aber Vergleiche sind abscheulich. Wir können nicht mit der Zukunft ins Bett steigen respektive den Rasumowsky-Adagios unser Ohr leihen und die Gedanken bei den späteren Quartetten und ihrer noch »besseren« Musik haben.

Rasumowsky selber hat ein Wort verdient. (Mehr als bloß eins, in der gegenwärtigen Wahlzeit[1]: sagen wir, ei-

1 Aus der US-Präsidenten-Wahl am 5. November 1968 ging Richard Nixon als Sieger hervor.

ne 21-Schuß-Salve, und die zeitlich möglichst genau plaziert, auf daß ein weiterer Widerhall paralysierender Platitüden aus dem Munde jener unsäglichen Nominierungs-Schwachköpfe niedergetönt würde, deren »Trara« in Miami eine »Wiedergabe« der »Mondschein-Sonate« auf 200-Liter-Benzinfaß-Trommeln einschloß.) Seine Pflichten als Repräsentant des Russischen Reiches beim Österreichischen Hof im Jahr von Austerlitz müssen so beanspruchend gewesen sein wie die der Genossen Gromyko, Dobrynin etc.[2], die den sowjetischen Imperialismus in der Höhle des amerikanischen Imperialismus repräsentieren. Graf Rasumowsky freilich gab diese Quartette nicht lediglich in Auftrag, er erwarb und bewahrte sich auch die Finger- und Verstandes-Fertigkeit, einen ihrer beiden Geigenparts zu spielen. Ich wüßte gerne, wie viele Botschafter, politische Pfründeninhaber, Wortführer von Wahrheitsministerien und sonstige hohe Großmachts-Beamte heute von ihnen überhaupt Notiz nähmen.

* * *

> »Quartette werden überall verlangt; es scheint, daß unser Zeitalter tatsächlich einen Schritt vorwärts macht.« Beethoven, April 1826

Das Streichquartett war das verkehrstüchtigste Beförderungsmittel musikalischer Ideen, das je ersonnen wurde, und die gesanglichste – d. h.: menschlichste – der instrumentalen Möglichkeiten; oder, vielmehr, insofern es das

2 Andrej Gromyko: 1943 Botschafter in Washington, 1946 UN-Delegierter in New York, 1949 stellvertretender Außenminister, ab 1957 Außenminister der UdSSR.
Anatolij Dobrynin: Botschafter der UdSSR in Washington seit 1962.

nicht von Geburt an und notwendigerweise war: Beethoven machte es dazu. Angeboren war ihm die Fähigkeit, dichtergedrängte Harmoniewechsel aufzunehmen als es dem zur Beethoven-Zeit noch nicht voll durchchromatisierten Orchester gegeben, das außerdem von Schwer- und Gleichgewichtsproblemen behindert war. Darüber hinaus respektive, teilweise, damit in Zusammenhang ist es ein intimeres Medium; und ein, auf lange Sicht, farblich angenehmeres: für mich jedenfalls, wobei mein Fall seinen Grund zum Teil darin hat, daß mir die Farbkomponente in ihm so gut wie gar nicht zu Bewußtsein kommt. Lang auszuhaltende Töne treffen in ihm auf bessere Bedingungen als in Bläserensembles, und sein Tempo-Spielraum wie sein Abstufungs-Reichtum im unteren Lautstärkebereich sind größer. Die polyphone Feinzeichnung kommt in ihm besser zur Geltung als auf dem Klavier, dynamische Artikulation und Abschattierung können mit größerer Mannigfaltigkeit in Erscheinung treten.

Es-Dur [op. 127]

> »Der Unglückliche war damals schon so taub, daß er die himmlischen Klänge seiner Kompositionen nicht mehr vernahm ... Mit gespannter Aufmerksamkeit folgten seine Augen dem Bogen, und danach wußte er die kleinsten Schwankungen im Tempo oder Rhythmus zu beurteilen.«
> JOSEPH BÖHM, März 1825

Das Es-Dur und das größere, innovativere cis-Moll überragen die anderen späten Quartette an Einheitlichkeit, Folgerichtigkeit, Überzeugungskraft. Parallelen jedoch, die darüber hinausgehen, daß beide gelungen sind

– »morphologische« und »architektonische« Ähnlichkeiten in ihren Variationssätzen sollen es vor allem sein –, halte ich für ein Gerücht. Was freilich die zwei Quartette unbestreitbar miteinander verbindet, ist ihr Einfluß auf Wagner. »Der nach ihm kommt, wird nicht fortsetzen, er wird anfangen müssen, denn sein Vorgänger hörte nur auf, wo die Kunst aufhört.« Sagte Grillparzer in seiner Rede am Grabe Beethovens, und wie der Dichter, als er dies schrieb, Wagner im Sinn gehabt zu haben scheint, so denkt Beethoven an den Musikdramatiker in der *Adagio molto espressivo*-Variation des gegenwärtigen Es-Dur-Quartetts. Keine Frage, die Botschaft dieser Musik lautete für Wagner allemal *»Bonjour, ›Tristan‹«*.

Die *pizzicato*-Figur zu Beginn des *Scherzando*-Satzes stammt aus dem *Adagio* zuvor[3], womit ich, stimmt, nicht gerade eine Sensationsmeldung plaziere, gleichwohl handelt es sich hier um eine interessante Verbindung, insofern deren Ohrenfälligkeit nicht darunter leidet, daß die Figur ihr Intervall umkehrt. Ein ähnliches, nicht minder ins Ohr fallendes Bindeglied haben wir im Wiederauftreten dieser *Scherzando*-Kleinigkeit, mit betonter Zwei (bei stummer Eins und Drei), in den letzten Takten des Finales. Welches Finale ich, nebenbei bemerkt, einem jeden anderen dieser Quartette vorziehe, *ganz und gar* auch noch, also einschließlich des großmäulig orchestralen zweiten Themas sowohl als der Coda mit ihrem wundersamen Stimmungs- und Takt-Umschwung. Womit andererseits gesagt ist, daß meine Lust sich darin gefällt, den zigeunerisch-ungarischen Finales zu widerstehen, selbst wenn sie von Beethoven stammen, der im cis-Moll-Quartett geradezu auf einen magyarischen Aufstand aus ist.

3 Vgl. T. 120 respektive (in arco-Version) T. 95.

a-Moll [op. 132]

Wiewohl Beethoven selbst in der Überschrift zum dritten Satz sich als *»einen Genesenen«* bezeichnet, ist die Musik entscheidend mehr von der nicht überwundenen Erschütterung durch die Krankheit geprägt. »Hysterisch«, mit welchem Eigenschaftswort Kerman den Violin-Ausbruch am Beginn des *Allegros* belegt, paßt genauso gut, meine ich, auf die Stimmungsschwankungen, die das ganze Quartett über ihr Unwesen treiben.

Während der erste Satz langsam anläuft und unterwegs sich immer wieder mürrisch und sprunghaft gibt, kann der zweite nicht rechtzeitig aufhören; jedenfalls entsteht dieser Eindruck, vermutlich deshalb, weil sein Gesprächsthema einmal schon nicht gerade brennend interessant ist und dann sogar, für einen Augenblick[4], die Teilnehmer unüberhörbar in Stumpfsinn verfallen läßt. Die Heiterkeit des Trios jedoch zaubert jenen Satz an den Horizont, für den – zumindest teilweise: was seine Hymne im Weiße-Tasten-Kontrapunkt angeht, von den Menuett[5]-Einsprengseln einmal abgesehen – das Quartett im Gedächtnis ist. Zwei »Menuett«- und drei Hymnen-Scheiben stapeln sich zu einem fünfstöckigen Dagwood-Sandwich auf, was nicht heißen soll, die Hymnen- und die »Menuett«-Stockwerke schlössen sich zusam-

4 T. 63–68.

5 Ich urteile danach, wie die Interpreten meiner Aufnahme den $^3/_8$-Takt auffassen. Im übrigen handelt es sich da um eine Darbietung, die bemerkenswert ist für ihr unermüdliches Herumrutschen à la Xenakis (die Herren stehen unter Gefühlsdruck, fürchte ich); für ihre Unfähigkeit, zwischen der Eins und der Zwei das Tempo zu halten; für ihre Unlust nicht zuletzt, zwei aufeinanderfolgenden Tönen das Glück reiner Intonation zuteil werden zu lassen. Schnabels Diktum: »Große Musik ist besser als sie aufgeführt werden kann«, wurde hier allzu willfährig in die Tat umgesetzt.

men; sie nehmen einander kaum wahr. Die Folge ist, daß der Hörer das »Menuett« vergißt und, von daher, daß Beethoven je so etwas wie eine »neue Kraft« in sich verspürte.

Der letzte Satz ist höchst merkwürdig: ein Marsch, der 30 Jahre zuvor hätte komponiert und im Notenregal verstaut werden können; ein bombastisches Rezitativ, das sich eine Variante des Violin-Anfalls vom ersten Satz einverleibt hat; ein Tanz, dem, wenn er in der Art eines *Valse noble et sentimentale* anhebt, nicht abzumerken ist, in welch rasende Abenteuer er sich noch stürzen wird.

B-Dur [op. 130]

Das ist das radikalste der Quartette; das modernste auch, in dem Sinne, daß das ausgeschriebene Violin-Glissando im *Presto,* zum Beispiel, als Beethoven-Zutat in einer Collage aus letztwöchigen Neuigkeiten unbemerkt bliebe. Aber so gut wie alles, was über das Quartett gesagt werden kann, ist, wie ich entdecke, widersprüchlich, meine Vermutung nicht ausgenommen, daß das breite Stücke-Sortiment den Wunsch anzeigt, die Form zu erweitern und die Vielfalt der Inhalte zu bereichern: was offensichtlich scheint, und sei es aus dem einzigen Grund, daß die Idee einer erweiterten Form im nachfolgenden Quartett erneut bestimmend ist, wobei freilich ihrer Realisation eher Kontinuität denn Vielfalt vorschwebt.

Die Substanz des ersten Satzes ist reich, ihre Exposition jedoch wackelt. Momentweise – siehe die schwankenden Takte 192–197 oder die verfrühte Rückkehr der Des-Dur-Episode in der Reprise (*ich* jedenfalls bin noch nicht so weit, ihre Wiederkunft begrüßen zu können) – paßt einiges nicht zusammen. Aber bis zu einem gewissen Grade wird der Satz gerettet vom Beginn der Durchführung, wenn das *Allegro* ins Offene kommt. Ein abgemildertes Desaster also.

Wenn es Kerman um die *Cavatina* geht, nimmt er mit Recht eine Bemerkung aus einer, wie ich gehofft hatte, längst vergessenen Sammlung von *ex cathedra*-Äußerungen meinerseits ins Gebet. Allerdings denke ich nicht – darauf läuft es bei ihm hinaus –, daß die Liebe und Anteilnahme, die Beethoven in das Stück einbrachte (nie ein trockenes Auge, danach, beim Daran-Zurückdenken), und die Tatsache, daß Gefühlsnarbengewebe sich nachweisen läßt in ihm, Anspruch auf irgendwelche Rücksichten am empfangenen Ende haben. Anderswo räumt Kerman die Unmöglichkeit ein, technische Analysen vor den Wagen ästhetischer Resultate zu spannen, und am Ende seiner Studie stellt er beredt die Effizienz dessen in Frage, was er doch so klug ins Werk gesetzt hat. Die Menge an Arbeit, nein, entspricht keineswegs dem Wert des Ergebnisses; die Arbeit eben ist einzig und allein Sache des Künstlers. Der Geist weht wo er will, das gilt für Beethoven wie für jeden andern.

Meiner Meinung nach weht er in der *Cavatina*, abgesehen von der *»beklemmt«*-Episode, nicht übermäßig intensiv. (Was nicht bedeutet, daß ich recht habe und Kerman unrecht. Gleich aber, ob ich auf Kerman »überreagiere« oder nicht, auf Beethoven tu ich es, als Komponist, unvermeidlicherweise.) Ihre melodisch-harmonische Substanz finde ich nicht sonderlich bemerkenswert, und bei der Verarbeitung verringert sie sich noch. In erster Linie jedoch ist das Stück dadurch beeinträchtigt, daß es einen zu extremen Gegensatz bildet zum vorausgehenden *Andante*. Wenn die *Cavatina* der gequälteste Satz der späten Quartette ist, dann ist das *Andante* wohl einer ihrer unbekümmertsten (ähnlich dem *Allegretto* der 8. Sinfonie, wie Kerman mit Blick auf den Schluß notiert und ich zusätzlich für die Takte 18–19 ins Feld führen würde). Aber während das *Andante* auf der Oberfläche der »persönlichen Gefühle« des Komponisten leicht dahinzugleiten scheint wie ein Luftkissenboot – immer verglichen mit der in die Tiefe abtauchenden *Cavatina* –, ist seine musikalische Gemütsbewegung, was sie ihn auch gekostet und welche Gefühle er später damit verbunden haben mag, die weniger seichte der zwei Sätze.

Große Fuge [op. 133]

> »Und warum hat man die Fuge nicht nochmals verlangt? Die allein hätte wiederholt werden müssen. Rindviecher! Esel!
>
> Beethoven, März 1826

Die Große Fuge erhöht die Bedeutung Beethovens mehr als jedes andere Werk (was nicht heißt, daß ich sie als ein eigenes Stück betrachte und nicht als einen Quartettsatz). Sie wirft überdies all unsere Maßstäbe über den Haufen, die menschlichen nicht weniger als die musikalischen, insbesondere mit ihrer jähen, nicht nachlassenden, schier unglaublichen Energie: es ist, als wäre ihr ein (musikalischer) Vitaminstoß verpaßt worden. Von den anderen Quartetten können wir sagen, daß wir sie kennen, selbst wenn wir, besserwisserisch, meinen, das von uns Geliebte hätte sich danach zu richten, wie *wir* es haben wollen. Der Fuge jedoch kommen wir so nicht bei. Erst einmal müssen Vorurteile – dahingehend, was einer Komposition zuträglich ist an Ausmaßen und Bestandteilen – über Bord geworfen werden. Und wenn wir sie, soweit möglich, los sind, werden wir gewahr, daß wir keine entsprechende Erwartungs-Reihe in uns ausgebildet haben, daß diese Musik der Vertrautheit trotzt, so neu und anders ist sie allezeit.

Ob für die gehörigen Schwierigkeiten, die sie uns bietet, ihre Isolation verantwortlich zu machen ist – die Fuge hat weder Ahnen noch Erben – oder umgekehrt, gehört ins Reich der Imponderabilien; wo auch die Frage anzutreffen ist, ob die Entstehung eines Meisterwerkes von den ›Fäden‹ abhängt, die in einem bestimmten historischen Moment zusammenlaufen, oder ob das Meisterwerk dadurch, daß es sich ereignet, fürs Zusammenlaufen gesorgt hat. Wenn wir uns auf die Suche nach »stilistischen Umgebungen« machen, mit der Idee im Hinterkopf, daß Kunstwerke »Personifizierungen ihrer Zeit« sind, kommen wir allemal zu der Feststellung, Teile der Fuge müssen in einem Weltraumsatelliten ausgebrütet worden sein. Und daß von ihr kein Einfluß ausging, mag simpel ein Fall sein von ›keiner kann es mit ihr aufnehmen‹, gar ›ihr über sein‹. Wenn aber die Musik ins Bewußtsein ihrer Zeit eingegangen *ist,* hätte die moderne Musik viel früher schon etliche ihrer Stacheln verloren; Frage: wo wären wir jetzt? (Wo sind wir?)

Die Fuge hat nach wie vor eine schlechte Presse, unvermindert gilt sie als abstrus, eigensinnig, dissonant, erbarmungslos laut; was lediglich beweist, wie wenig man sie kennt. Weder hat ja die Kritik, der Vergleichsmöglichkeiten als ihres Lieblingsspielzeugs neben dem Messer beraubt, ihr neue Zuneigung verschafft; noch nahm sie, ihr Mütchen an ihr kühlend, von ihrer Spannweite Notiz, von der Annexion jenes Territoriums zum Beispiel, das für Debussy reserviert war[6], oder dem spielerischen Hinauszögern der Kadenz am Ende des Ges-Dur-Abschnitts[7]. Der Kritiker muß freilich die Unvermeidlichkeit neuer Maßstäbe buchstäblich spüren; seine Höchstform reicht hin, etwas zu vermuten, wo der Künstler weiß.

Die *Overtura,* sagt Kerman, »schleudert dem Hörer die ganzen thematischen Gestalten an den Kopf, als handelte es sich um eine Handvoll Steine«. Daß sie sich demnach wie David in Rufweite Goliaths aufführt, käme einer Enthüllung gleich: so wenig die mit *piano* respektive *pianissimo* bezeichneten Gestalten auch an Wurfgeschosse erinnern, die Musik ist auf Verfolgung aus. (Die Ähnlichkeit mit einem Falken läßt sich am ehesten fürs erste Fugen-Thema behaupten; *ich* war ja drauf und dran, das Thema mit einer Interkontinentalrakete zu vergleichen, es als eine musikalische Eskalation der »Mannheimer Rakete« in der f-Moll-Klaviersonate op. 2 Nr. 1 einzustufen.) Sollte dem wirklich so sein, wäre Kermans Verständnis durchaus bemerkenswert hierfür, wie auch für die Hauptsache, die Verlagerung der Aufmerksamkeit von kontrapunktischen Manövern zu thematischer Metamorphose.

Welche Bedeutung, so nun betrachtet, der planvollen Anlage zukommt, wird offenkundig in der *Overtura,* einem Inhaltsverzeichnis, das die verschiedenen Themengestalten vorstellt sowohl als die größeren Formteile ankündigt und auf den Weg befördert. Jede thematische Gestalt ist mit charakteristischen Sekundär-Merkmalen

6 Ab T. 581.

7 Was die Oktaven unmittelbar zuvor angeht, frage ich mich, ob Beethovens Imagination die strategische Wirkung des nämlichen Kunstgriffs in Bachs zweistimmiger E-Dur-Fuge aus dem 1. Teil des »Wohltemperierten Klaviers« einst sich eingeprägt hat.

ausgestattet (Tonhöhe und Rhythmus rechne ich zu den primären): ein Triller samt Vorschlag zum Beispiel ist der Gestalt zugeordnet, der die komplexeste Verarbeitung bevorsteht, langsames Tempo und zurückhaltende Dynamik begleiten die Gestalt, die auf eine Episode in nämlicher Geschwindigkeit und Lautstärke vorausweist. Diese Sekundär-Charakteristika installieren einen Hinweis-Service, mit dessen Unterstützung das thematische Material noch in weitreichenden Umgestaltungen identifizierbar bleibt, überdies alternative Ansichten entworfen werden: Silhouetten zum Beispiel, sofern wir von der Analogie ausgehen, daß das Gesicht en face nur in den Tonhöhen zur Erscheinung kommt; oder Bruchstücke infolge kontrapunktischer Brechung, wie der, aufs Rhythmische bezogen, doppelte Spiegel sie verursacht, mit welchem die As-Dur-Fuge beginnt.

Überhaupt ist der rhythmische Aspekt der Fuge der radikalste, dabei der am wenigsten isolierbare: die rhythmischen Einheiten und Modelle sind ja mit den thematischen Gestalten so unlösbar verknüpft, daß man auf den Gedanken kommen könnte, der kaum rechenkundige Komponist (er konnte nicht multiplizieren) habe sich dessen bedient, was jetzt (von Komponisten, die der Mathematik so mächtig wie sie zu Großen Fugen nicht in der Lage sind) als »Parameter rhythmischer Entitäten« bezeichnet wird. Sein Vokabular an sich schon ist neu, was zu Teilen daher rührt, daß er synkopiert wie keiner zuvor; daß er unterteilt in nicht gekanntem Ausmaße[8]; daß er die Töne in ihrer Dauer veruneinheitlicht. Hier nun, vor allem in der As-Dur-Fuge, dem Höhepunkt

8 Die einen Viertelton in zwei gebundene Achtel aufspaltende Notation »steht für das zupackende Drängen des Themas«, sagt Kerman, zurecht, Partiturleser jedenfalls werden ihm zustimmen; zuerst jedoch

dieser ungeheuren Schöpfung, erforscht Beethoven eine Region jenseits der anderen späten Quartette. Wer kann sich, heute dorthin mitgenommen, vorstellen, daß er damals, 1826, weniger sprachlos reagiert hätte als die »Rindviecher« und die »Esel«?

cis-Moll [op. 131]

> »An Phantasie fehlt's, gottlob, weniger als je zuvor.« BEETHOVEN, Sommer 1826

Alles an diesem Meisterwerk ist vollkommen, nichts wäre anders möglich gewesen, nichts könnte geändert werden. Auch ist es jenseits der Schamlosigkeit, deren sich ein jedes Lob schuldig macht (u. a. wegen der Schwierigkeiten, die das Vokabular ihm bietet), wenn auch nicht geradezu jenseits aller Kritik, der allerdings nichts bleibt als zu weit zu gehen und sich folgsam dann zu verflüchtigen, sowie sie den Kontext ins Visier nimmt. Gewiß wäre es vorstellbar, das *Presto,* für sich genommen, als wiederholungssüchtig einzuschätzen, der Einwand jedoch fällt in sich zusammen, sobald man den Platz bedenkt, welchen der Satz im Quartett einnimmt: weniger wäre da keineswegs mehr und so etwas wie Einschränkung kommt ohnehin nicht in Betracht. Gewiß könnten wir uns, des weiteren, einfallen lassen, die abschließenden *Allegretto*-Variationen als »an sich« einigermaßen trivial zu bewerten, und doch erreichen sie ohne Abstriche ihr Ziel, Musik des exaltiertesten Gefühls und der

steht es für die Bedeutung, die der rhythmischen Unterteilung zukommen wird. Möglicherweise zeigt es überdies einen kaum oder gar nicht hörbaren Bogenwechsel an.

unbeschreiblichsten Strahlkraft zu bieten. Das *Presto* erinnert an die *Pastorale:* im Charakter seines zweiten Themas samt dessen Begleitung, in der ihren Möglichkeiten nach eingeschränkten Harmonik, in den vom Echo zurückgeworfenen Hallo-Rufen, in den Momenten der Stille ähnlich der Ruhe vor dem Gewittersturm in der Sinfonie.

Würde ich sagen, ein jedes Quartett unterscheidet sich von den andern durch seinen besonderen Klang, hieße das kaum mehr als: die Quartette sind verschieden; und doch ist der Glanz, den die Instrumente in diesen Variationen verbreiten, einzigartig. (»Maurer singend goldne Dächer baun«, sagt der Erzbischof von Canterbury im *Heinrich V.*) Bei dieser Musik scheint uns gar die »Seele« abhanden zu kommen – zu unserem nicht geringen Erstaunen, haben wir doch gar nicht bemerkt, wie diese schlecht definierte Region in den Sätzen zuvor aufgebaut und uns eingepflanzt wurde. Nicht einmal die *pizzicati* können dem ätherischen Wesen der 6/8-Variation etwas anhaben, obwohl gerade dieser Effekt inzwischen assoziiert wird mit pirouettierenden Nilpferden oder anderen unwahrscheinlichen akrobatischen Kunststücken anderer Bewohner jenes Zoos, der sich Disney als Animator gesichert hat.

Die am meisten zu Herzen gehende Musik ist für mich der Beginn der *Andante moderato*-Variation. Seine Stimmung ist mit nichts vergleichbar (»leidenschaftslos« nannte sie ein Kommentator und meinte »unergründlich«), und seine Intensität wäre, wenn sie auch nur einen Takt länger anhielte, nicht auszuhalten.

F-Dur [op. 135]

> »Es wird das letzte sein und hat mir große Schwierigkeiten bereitet ...«
>
> BEETHOVEN, Oktober 1826

Die Schwächen sind offenkundig: es herrscht Kurzatmigkeit, die Auseinandersetzung geht nicht recht voran, der Schlußsatz kommt stilistisch nicht ins Gleis und kann überdies die Spieldosen-Mentalität seiner Melodie nicht verbergen; gleichwohl sind die Stärken gewichtiger und in der Überzahl. Dem Quartett wird nachgesagt, es sei nicht sonderlich innovationsfreudig, dabei ist die Repetitions-Figur im *Vivace* der neuartigste und erstaunlichste Einfall, den Beethoven je hatte. Neu und frisch sind überdies die Modulationen in den Außensätzen, einige von ihnen freilich auch abrupt, als hätte sich des Komponisten Rastlosigkeit ins Werk übersetzt als Abneigung dagegen, sich bei einer Tonart länger aufzuhalten. Und zur Verteidigung der Spieldosen läßt sich zumindest darauf verweisen, daß der Eindruck des allzu Putzigen, den der hübsche *pizzicato*-Effekt auf der letzten Seite heute hervorruft, niemand anderem als Tschaikowsky anzulasten ist, der seinen Ausverkauf betrieben hat.

Den langsamen Satz beschrieb Beethoven zu einer Zeit, da er ihn noch nicht beendet hatte, als *»süßen Ruhegesang oder Friedensgesang«;* für mich jedoch ist er *Trauermusik* – was nicht unbedingt ein Widerspruch ist.

Erste Seite von Beethovens Heiligstädter Testament (1802)

für meine Brüder Carl und Beethoven

O ihr Menschen die ihr mich für Feindseelig störisch oder Misantropisch haltet oder erkläret, wie unrecht thut ihr mir, ihr wißt nicht die geheime ursache von dem, was euch so scheinet, mein Herz und mein Sinn waren von Kindheit an für das zarte gefühl des Wohlwollens, selbst große Handlungen zu verrichten dazu war ich immer aufgelegt, aber bedenket nur daß seit 6 Jahren ein heilloser Zustand mich befallen, durch unvernünftige Ärzte verschlimmert, von Jahr zu Jahr in der Hofnung gebessert zu werden, betrogen, endlich zu dem überblick eines daurenden Übels (dessen Heilung vieleicht Jahre dauren oder gar unmöglich ist) gezwungen, mit einem feurigen Lebhaften Temperamente gebohren selbst empfänglich für die Zerstreuungen der Gesellschaft, muste ich früh mich absondern, einsam mein Leben zubringen, wollte ich auch zuweilen mich einmal über alles das hinaussezen, o wie hart wurde ich durch die verdoppelte traurige Erfahrung meines schlechten Gehör's dann zurückgestoßen, und doch war's mir noch nicht möglich den Menschen zu sagen: sprecht lauter, schreyt, denn ich bin Taub, ach wie wär es möglich daß ich die Schwäche eines Sinnes angeben sollte, der bey mir in einem Vollkommenern Grade als bey andern seyn sollte, einen Sinn den ich einst in der grösten Vollkommenheit besaß, in einer Vollkommenheit, wie ihn wenige von meinem Fache gewiß haben noch gehabt haben – o ich kann es nicht, drum verzeiht, wenn ihr mich da zurückweichen sehen werdet, wo ich mich gerne unter euch mischte, doppelt Wehe thut mir mein unglück, indem ich dabey verkannt werden muß, für mich darf Erholung in Menschlicher Gesellschaft, feinere unterredungen, wechselseitige Ergießungen nicht statt haben, ganz allein fast nur so viel als es die höchste Nothwendigkeit fodert, darf ich mich in Gesellschaft einlassen, wie ein Verbannter muß ich leben, nahe ich mich einer Gesellschaft, so überfällt mich eine heiße Ängstlichkeit, indem ich befürchte in Gefahr gesezt zu werden, meinen Zustand merken zu laßen – so war es denn auch dieses halbe Jahr, was ich auf dem Lande zubrachte, von meinem Vernünftigen Arzte aufgefodert, so viel als möglich mein Gehör zu schonen, kam er fast meiner jeztigen natürlichen Disposizion entgegen, obschon, vom Triebe zur Gesellschaft manchmal hingerissen, ich mich dazu verleiten ließ, aber welche Demüthigung wenn jemand neben mir stund und von weitem eine Flöte hörte und ich nichts hörte, oder jemand den Hirten Singen hörte, und ich auch nichts hörte

Die zweite Variation jedenfalls ist ein Klagegesang, und in der elegischen vierten ist die Todesahnung unüberhörbar.

* * *

Diese Quartette sind meine unumstößlichsten musikalischen Glaubensartikel (ihnen gehört, kürzer gesagt, meine Liebe, von allem anderen abgesehen), ich betrachte sie als so unentbehrlich für die Wege und Ziele der Kunst – wobei ich im Sinn habe, was ein Musiker meines Zeitalters über sie denkt und von ihr zu lernen versucht hat – wie es die (richtige) Temperatur fürs Leben ist. Außerdem sind sie ein Triumph übers Zeitliche, dabei – die Beweise stehen uns drohend ins Haus – möglicherweise dauerhafter als anderen Triumphen in anderen Künsten zu sein vergönnt ist: sie können vom Fortschritt zumindest nicht bombardiert noch eingeschmolzen oder niedergewalzt werden. Dies »Unsterbliche« an seiner Musik scheint sogar Beethovens Zeitgenossen aufgegangen zu sein. »So wird er leben für alle Zeiten«, sagte Grillparzer, das waren seine Worte, wie sie draußen auf dem Friedhof vorgetragen wurden, als das, was an Beethoven sterblich war, in die Erde hinabgesenkt wurde, und es den größten Teil, den je einer an der musikalischen Schöpferkraft hatte, mit sich nahm. Der Dichter bat die Trauernden schließlich noch, als sie schieden, sich dieser Stunde zu erinnern, »wenn euch je im Leben wie der kommende Sturm die Gewalt seiner Schöpfungen übermannt«.

Mauricio Kagel

Im Jubiläumsjahr 1970 marschierten nicht bloß die Geschäftstüchtigen in vorderster Beethoven-Front. Auch Einfallsreiche hörten sich auf den Plan gerufen; und so fiel Beethovens »hoher Ernst« dem speziellen Unernst des Mauricio Kagel in die Hände. Ergebnis: »Ludwig van«, von der Idee ausgehend, »die Musik der Vergangenheit auch als Musik der Gegenwart darzubieten«. »Rebellion« à la Hindemith, der einst Beethoven zum Schnurrbart-Träger gemacht hat, war nicht beabsichtigt. Das folgende Spiegel-*Gespräch mit Kagel (Gesprächspartner: Felix Schmidt) erschien am 7. September 1970.*

Beethovens Erbe ist die moralische Aufrüstung

Herr Kagel, Ihr satirischer Film »Ludwig van« ist größtenteils als Anti-Beethoven-Film mißverstanden worden, aber er ist vielmehr eine Liebeserklärung an den Komponisten, wie Sie neulich zu verstehen gegeben haben. Was bedeutet Ihnen das Werk Beethovens?

Es bedeutet mir so viel, daß ich beschloß, »Ludwig van« zu drehen und die Mißverständnisse in Kauf zu nehmen.

Wenn Sie die Auffassung teilen, daß man Musik in erster Linie nach ihrer geschichtsphilosophischen Position beurteilen sollte, welche Bedeutung hat dann das Werk Beethovens?

Sicher hat es jene Bedeutung, die man an einer Kunst, die die Grenzen überlieferter Formen und Attitüden sprengt, messen kann. Diese Art, Musik zu konzipieren, stellte alles Vergangene in Frage. So bekam die Wiener

Gesellschaft ihre beliebten Formen – wie Sonaten oder Klavierkonzerte – von Beethoven zu hören, jedoch die Rhetorik dieser Werke stimmte nicht mehr, und ein Teil dessen, was durch einfache Mißachtung der Konventionen zerstört wurde, machte Beethovens Musik wiederum so widerstandsfähig. Er bewirkte zunächst zweierlei: Mit der Vorstellung, daß ein Komponist seiner Umwelt nur Kurzweiliges schenken soll, wurde aufgeräumt, da Beethoven sich seiner außermusikalischen Probleme auch auf musikalische Weise entledigte. Ferner wurde der Entertainment-Charakter dieser Werke sehr fragwürdig, weil Unbequemes, für jene Zeit fast Unspielbares, den Genuß ständig trübte.

Können Sie vielleicht ein präzises Beispiel geben?

Allein die Streichquartette und Klaviersonaten der letzten Periode würde die Bedingungen erfüllen, um diese These zu beweisen. Aber nehmen wir eine der geraden Symphonien, weil hier – ausgenommen die Sechste – ein niedriger Beliebtheitsgrad beim Publikum und Musikern sichtbar ist. Beispielsweise die Vierte. Ihre kompositorische Relevanz ist nicht so spektakulär wie die der Dritten oder Fünften. Wird jedoch das Adagio untersucht, dann ist der Nachdruck, mit dem der Begleitrhythmus des Themas dargestellt ist, jedenfalls typisch für die Beethovensche Verzerrung des Gewohnten.

Wegen des Aufbaus?

Vor allem, weil die sechzehn Takte der Exposition auf einer rhythmischen Zelle basieren, die unsauberes Zusammenspiel sofort hörbar werden läßt, eine Zelle, die bereits den Orchestern des Barock zu schaffen machte. Die Gemütlichkeit, die sich mit der Melodie des langsamen Satzes anbahnt, ist hier bald verflogen.

Was macht Beethoven als Komponisten so hervorragend?

Zunächst die Verbindung von Improvisation und Variation. Beethoven erlebte noch das Ende einer Musizierpraxis, welche ausschließlich für den gesellschaftlichen Verkehr erfunden wurde: die improvisierte Veränderung eines gegebenen oder selbstgestellten Themas. Auch wenn er bereits in frühen Werken die Virtuosität seines augenblicklichen Einfalls in die Komposition zu integrieren versucht – und das gelingt ihm fast vollkommen –, haftet seinem Werk eine Aura der gezielten Überraschung an.

Meinen Sie in der Wahl des Themas oder in der harmonischen Entwicklung?

Ich meine eher in der Gesamtheit der kompositorischen Haltung. Die gezielte Überraschung ist hier eine für die Öffentlichkeit bestimmte, die seine intime Kenntnis der Salonmelomanen beweist. Beethoven tritt als Zwanzigjähriger in Wettkämpfen mit anderen bekannten Pianisten seiner Zeit auf. Es konnte nur jener gewinnen, der seine Musikalität und Phantasie mit neuen Stilelementen zu verbinden wußte.

Welche Rolle spielen dann die Skizzenbücher?

Sie sind sozusagen ein Heilmittel. Einerseits dienen sie als Tagebuch des Konfliktes zwischen Spontaneität und Zwang, andererseits als musikalisches Konversationsheft für die zielbewußte Veränderung der Ideen. Aus den Skizzenbüchern ist ebenfalls ersichtlich, daß zur Vorarbeit die Bagatellisierung der technischen Unzulänglichkeiten der Instrumente gehörte. Und diese Eigenart sollte für den heutigen Komponisten richtungsweisend bleiben. Man kann dem technischen Fatalismus der Interpreten nur konstruktiv entgegenwirken, indem man ihn besonders stark mißdeutet. Aus dem Lamento »Mein Instrument schafft es nicht« wird dann: »Schade, daß mein Instrument es nicht schaffen kann«.

Sind wir angesichts des Kults, der in den letzten 130 Jahren mit Beethoven getrieben worden ist, überhaupt noch in der Lage, Beethovens Musik als Musik zu rezipieren? Ist ein Beethoven-Konzert nicht ein Ritual geworden?

Herkömmliche Konzerte sind eher ein Ersatz des Rituals als das Ritual selber. Allerdings wird es im Falle Beethoven durch die moralisierende Veredelung unerträglich. Mit dem Motto »Er hat für uns gelitten, wir sind es seinem Werke schuldig« wird neotheologisches Gedankengut erzwungen; Beethovens Erbe ist die moralische Aufrüstung.

Was kann man nun machen, um den Ballast dieses Images abzuwerfen?

Unseren Aggressionstrieb beschäftigen. Das 19. im 20. Jahrhundert kann man immer noch am wirksamsten bekämpfen, wenn die Aufklärung schon in der Schule beginnt. Nur die Lehrer müßten vorher aufgeklärt werden.

Die älteren Hörer bleiben aber im ungewissen.

Für uns Erwachsene habe ich einen anderen Vorschlag. Beethoven wird eine Zeitlang nicht mehr aufgeführt, damit die Gehörnerven, die auf seine Musik reagieren, sich erholen können. Diese Lösung mag auf ähnliche Schwierigkeiten wie die Familienplanung in Indien stoßen, aber das Resultat würde sich lohnen. Erzählte man außerdem keine apokryphen Geschichten mehr, dann bestünde eine Chance, die jüngeren Hörer nicht zu infizieren.

Sie meinen also, daß der Abnutzungseffekt der Beethovenschen Musik heute schon so groß ist, daß man den Komponisten für die nächsten paar Jahre unter Denkmalschutz stellen sollte?

Ja. Ich finde, wir tragen die Verantwortung dafür, die

weitere Mißbildung der Hörbevölkerung zu verhindern. Deshalb sollten wir versuchen, das, was wir an literarischem Blech verschlingen mußten, so kraß abzuschütteln, daß man wieder Musik ohne literarischen Beigeschmack hören kann.

Wird Beethoven heute noch richtig gespielt?

Vor allem Interpreten mit kritischem Bewußtsein versuchen, ihn richtig zu spielen. Nun stellt sich heraus, daß einige dieser Interpreten zu ähnlichen Schlüssen kommen, wie ich sie gerade erörterte: sie hören auf, Musik aufzuführen. Es ist ein seltsamer Wandel. Im Pausieren wird eine reelle Chance für die Weiterentwicklung der Interpretation gesehen. In der Komposition geschieht heute ähnliches.

Wen würden Sie beispielsweise als kritischen Interpreten bezeichnen?

Den Pianisten Glenn Gould. Er dreht neuerdings lieber Filme. Das LaSalle-Quartett hat glücklicherweise noch nicht aufgehört.

Wie muß Beethoven denn gespielt werden?

Die Tempi sind nicht streng regelmäßig zu nehmen. Beethoven schreibt kaum »Tempo rubato« vor, er meint es aber. Bei dieser Musik ist häufiges Atemschöpfen unerläßlich. So kann der (verdrängte) improvisatorische Charakter deutlich werden. Der zweite Punkt betrifft das Eckige. Die Sforzati ...

... die plötzliche Betonung, die besonders starke Hervorhebung ...

... ja, die Sforzati also werden immer noch nach dem Axiom ausgeführt, sie seien bloß ein Akzent innerhalb des zuletzt angegebenen Lautstärkegrades. Damit wird die Steigerung domestiziert. Ich will nicht die These aufstellen, alle Sforzati sollten den musikalischen Vortrag aus den Fugen heben, aber sie müssen brüchiger, kantiger wirken. Junge Dirigenten, die es vielleicht versuchen würden, haben solche Angst vor den renommierten Orchestern, daß sie sich eher damit zufriedengeben, mit dem Konzertmeister eine mündliche Abmachung über die persönliche Note der Abendinterpretation zu treffen.

Und die Instrumentierung?

Alle Retuschen, auch die berühmtesten vom Dirigenten Weingartner und Nachfolgern, sind zu entfernen. Es ist ein Segen, daß Beethoven unvollkommene Instrumente hatte, denn diese Unvollkommenheit tritt häufig da auf, wo Klangklischees jener Zeit decouvrierend wirken. Den rauhen Ton zu »erweichen«, ist schändlich. Auch wenn dies nicht durch Retuschen, sondern durch Hyperbesetzung des Orchesters oder besondere Mikrophonaufstellungen geschieht.

Sie würden also den schönen runden Klang, der von vielen Dirigenten angestrebt wird, nicht gelten lassen.

Nein. Der Idealfall wäre, Beethoven so aufzuführen, wie er hörte. Also: »schlecht«. Das habe ich in der Filmfassung von »Ludwig van« kompositorisch versucht. Der Hauptgedanke war, seine Musik so umzuinstrumentieren, daß gewisse Klangbereiche und Frequenzen, die ein Tauber kaum oder verzerrt wahrnimmt, dementsprechend behandelt werden. Die Klangfarbenverzerrungen bewirkten, daß uns bei den Aufnahmen nochmals klar wurde, was dies für eine wahrhaft großartige Musik ist. Alle beteiligten Musiker und ich selbst waren ständig ergriffen. So eine Situation habe ich noch nie erlebt.

Zwischen den sogenannten letzten Quartetten und den Werken der auf Beethoven folgenden Komponisten gibt es keine Verbindung, unserer Ansicht nach keine bis zu

Schönbergs Opus 7. Wir haben eine Zeitlücke von 80 Jahren. Wie erklären Sie dieses?

Wir haben den (späten) Reger dazwischen, aber es scheint heute nicht koscher, seinen Namen heranzuziehen. Der Fall der letzten Quartette kann, so glaube ich, nur als eine seltene Verzwickung betrachtet werden. Hier zeigt sich eine musikalische Sprache, die zugleich die Negation eines Zu-Ende-sprechen-Wollens ist (aber existentiell ein solches darstellt), und eine musikalische Form, welche bereits das Ende ihrer selbst ankündigt. Perfektes Beispiel dafür ist das Quartett Opus 131. Erst mit Schönberg tritt eine ähnliche Situation auf. Nicht umsonst nennen Sie sein erstes Streichquartett Opus 7. Schönberg drückt in dieser intimsten Form des Musizierens die Intimität seines Infragestellens aus. Und dieses Stück entsteht unmittelbar nach dem Riesenapparat von »Pelleas und Melisande« Opus 5 und mit den »Gurreliedern« bereits in der Schublade!

Haben Sie diese Zusammenhänge schon immer so gesehen?

Ich begann erst achtzehnjährig Beethoven zu begreifen, nachdem ich die Musik Schönbergs und sein theoretisches Denken kennenlernte. Damals, als ich zu komponieren versuchte, wurde die Dodekaphonie immer noch als gefühlslos und mechanisch empfunden und als mitteleuropäische Judenstörung apostrophiert. Im späten Werk Beethovens fand ich dann die Bestätigung, daß keine Evolution der Musik möglich ist, ohne an die Intelligenz aller zu appellieren ...

Was halten Sie von der These, daß Beethovens Spätstil die modernen Komponisten ganz entscheidend beeinflußt hat?

Ich weiß nicht, ob der Begriff Beeinflussung den richtigen Sachverhalt trifft. Man findet zum Beispiel in Weberns »Sechs Bagatellen für Streichquartett« Opus 9 ein fluktuierendes Tempo durch ständige Beschleunigungen und Verlangsamungen, das frappierende Ähnlichkeit mit den Tempoveränderungen im siebten Satz, Allegro, des Beethovenschen Streichquartetts Opus 131 aufweist. Für Webern bedeutet diese Art, die Zeit zu artikulieren, einen Weg, um die Töne »empfindsam« zu machen, für Beethoven dagegen eine beiläufige Unterbrechung des Flusses. Anstatt von Beeinflussung könnte man von Verwandtschaft sprechen.

Haben die Komponisten Ihrer Generation Beziehung zu Beethoven?

Kompositionell kaum. Im methodischen, strukturellen Sinne ist er wenig bekannt, obwohl sein immanentes Variationsprinzip mit den Seriellen verwandt ist. Heute wird er mit Vorliebe zitiert, wenn es darum geht, Bekanntes zu verfremden. Allerdings: Ich kenne wenige Komponisten, die Neue Musik in ihrer Freizeit hören wollen, es sei denn die eigene. Ältere Musik hören die meisten aber gerne. Wahrscheinlich wird dann auch Beethoven gehört.

Beethoven hat den Anspruch erhoben, in seiner Kunst die Menscheit zu repräsentieren. Glauben Sie, daß ein solcher Anspruch heute noch möglich ist, oder ist das sogar ein Punkt, der Sie als zeitgenössischen Komponisten geradezu provoziert?

Ich glaube kaum, daß Beethoven diesen Anspruch erhoben hat. Man hat ihm den Weltschmerz aufgebürdet. Er umschlang die Schillersche Ode, wie es Komponisten zu tun pflegen: den Text so lange und laut zu wiederholen, bis der Hörer schließlich nicht die Worte, sondern die Musik wahrnimmt.

Damit wären wir bei der Frage: Sehen Sie Beethoven als Komponisten und als Menschen in einer Einheit?

Keineswegs. Warum auch? Je mehr man von ihm erfährt, desto näher rückt er uns. Und seine Musik erscheint um so unbegrenzter und rätselhafter.

Vielen Dank, Herr Kagel.

Einen Moment noch: Darf ich Ihnen diese Chronik als Souvenir geben?

Das Beethovenfest ist nun vorüber, und wir können wirklich sagen, daß wir viel Vergnügen ausgestanden haben. Soll ich über den Charakter des Ganzen ein Urteil fällen, so kann ich nur sagen – und alle Zeugen werden wohl beistimmen –, daß die Geschichte, was Administration, Ästhetik und Würde betrifft, eine ganz verfehlte und mißlungene war, und daß es für Beethovens Gedächtnis, ja für ganz Deutschland selbst zu bedauern ist, daß es so gekommen.

Johann Vesque von Püttlingen:
Eindrücke vom Beethovenfest 1845 in Bonn.

Glenn Gould

Mit Gould konnte es dem Besucher ergehen wie Bettine von Arnim mit Beethoven: der in mehreren Wohnungen sich Versteckende, als menschenscheu und gesprächsunbereit Geschilderte, gab sich nichts weniger als freundlich und offen ... Sich selbst über Beethoven interviewt hat er 1972.

Mr. Gould, wann wurden Sie zuerst Ihrer wachsenden Zweifel an Beethoven gewahr?

Ich glaube nicht, daß ich irgendwelche Zweifel habe, Beethoven gegenüber – ein paar unbedeutende Vorbehalte vielleicht. Beethoven spielte eine sehr wichtige Rolle in meinem Leben, und ich finde, daß, solange die Glut seiner Zweihundertjahrfeier noch warm ist, »Zweifel« ein ausgesprochen unangemessenes Wort ist.

Sie müssen schon erlauben, daß ich das beurteile, wenn Sie wollen, Sir. Aber vielleicht möchten Sie einige dieser »Vorbehalte« gern näher bezeichnen für uns.

Sicher. Also, es gibt Momente bei Beethoven, in denen ich ein bißchen verblüfft bin, muß ich gestehen. Zum Beispiel war ich nie wirklich in der Lage, das Finale der Neunten »anzupeilen«, sozusagen.

Was ein ziemlich gewöhnlicher Vorbehalt ist.

Genau, und bestimmt hat er nicht das Zeug zum »Zweifel«, wenn Sie mich fragen.

Verstehe. In ihren Augen handelt es sich also einfach um eine Aversion gegen einzelne Momente in seiner Musik, oder?

Also, natürlich macht es mir nichts aus zuzugeben, daß ich ein eingebautes Vorurteil habe im Hinblick auf »Wellingtons Sieg«, oder übrigens bereits auf die »König

Stephan«-Ouvertüre, mehr oder weniger vom ersten bis zum letzten Ton.

Aber gegen die, wie wir sie wohl ohne weiteres nennen können, »Mainstream«-Werke haben Sie keine derartigen Einwände, das ist doch so?

Nein, nicht ganz. Ich kann bestimmt nicht behaupten, daß ich mich zu jeder der allerweltsbekannten Kompositionen gleichermaßen hingezogen fühle.

Und welche dieser Werke nun sind außerstande, Ihre Wertschätzung zu erlangen?

Das hat ganz und gar nichts mit meiner Wertschätzung zu tun, es wäre mir wirklich lieb, wenn Sie solche Wörter nicht weiter benutzen würden. Ich vermute aber, daß ich, vielleicht, die Fünfte Sinfonie, die »Appassionata« und das Violinkonzert weniger mag.

Aha. Alles Werke aus Beethovens, wie sagt man, »mittlerer« Periode, richtig?

Ja, das ist wahr.

Und so bezeichnend. Ich nehme an, daß Sie aber, wie die meisten professionellen Musiker, einen ausgesprochenen Hang zu den späten Quartetten und Klaviersonaten haben.

Ich höre sie mir viel an, ja.

Das war's nicht genau, wonach ich Sie fragte, Mr. Gould.

Nun, das sind ziemlich problematische Werke, verstehen Sie, und ich …

Bitte, Mr. Gould, bei allem gebotenen Respekt, das müssen Sie uns nicht sagen. Irre ich mich, oder beging nicht sogar eine von Huxleys Figuren – wie war noch sein Name?

Spandrell oder so ähnlich, nicht wahr?

Ja, danke – also er beging doch Selbstmord mehr oder weniger zur Begleitung von op. 132, oder?

Das ist richtig. Und ich entschuldige mich im voraus für den Gemeinplatz, aber diese Werke sind wirklich nicht gerade faßlich, wissen Sie – einigermaßen rätselhaft, ziemlich ...

Wie wär's mit »ambivalent«?

Werden Sie nicht ausfallend.

Und weichen Sie nicht aus. Ich frage doch weiß Gott nicht danach, ob Sie wie alle Welt vor der Form des cis-Moll-Quartetts stehen wie der Ochs vorm Berg – ich frage, ob Sie ganz einfach Spaß daran haben, das Stück zu hören.

Nein.

Das klingt mir eher danach. Ist aber noch lange kein Grund, verlegen zu sein. Ich darf jetzt also vermuten, daß Sie sich besonders von den frühen Werken angezogen fühlen?

Ich mag die Quartette op. 18, das stimmt, und übrigens ist die Zweite Sinfonie eines meiner beiden Lieblingsstücke dieser Gattung.

Wenn das nicht typisch ist. Sie leiden, wie es sich gehört, am bestens bekannten Ungrad-Sinfonie-Syndrom.

Nein, ich versichere Sie, daran nicht. Ich kann die Vierte nicht ausstehen, und bin nicht gerade ein Liebhaber der »Pastorale«, obwohl ich gern zugebe, daß mir die Achte die liebste von allen Sinfonien ist.

Hm.

Sehen Sie, ich weiß jetzt, daß Sie eine mitgebrachte Diagnose bestätigt haben wollen, aber ich glaube wirklich nicht, daß es so einfach ist. Allem Anschein nach versuchen Sie außerdem ein Vorurteil anzubringen, das aus der Zeit eine Folge von Abschnitten macht, und auch das ist nicht in Ordnung.

Nun gut, Mr. Gould, ich gebe zu, daß wir noch längst nicht so weit sind, aus unseren Stichproben Schlußfolge-

rungen ziehen zu können, nachdem Sie aber bereits Ihre Bewunderung für die Zweite und die Achte Sinfonie einbekannt haben, könnten Sie sich, nehme ich an, dazu bereitfinden, andere Beethoven-Kompositionen aufzuzählen, für die Sie eine besondere Zuneigung empfinden.

Sicher. Ich nenne die Klaviersonate op. 81a und das Streichquartett op. 95. Dann alle drei Klaviersonaten des op. 31 und übrigens, ob Sie's glauben oder nicht, die »Mondschein«-Sonate. Sie sehen also, man kann mich nicht so fix auf einen Typ festlegen, wie Sie's vermutlich gern täten.

Im Gegenteil, werter Herr, ich habe den Eindruck, Sie haben sich, jedenfalls in bezug auf den Beethovenschen Kanon, selber auf einen Typ festgelegt und das mit einer bemerkenswerten Folgerichtigkeit. Ist Ihnen aufgefallen, daß jedes der Werke, die Sie sich erwählt haben, zu so etwas wie einer Übergangszeit gehört – oder vielmehr, um genau zu sein, zu einer von zwei Übergangszeiten – in Beethovens Entwicklung?

Nehmen Sie mir's nicht übel, aber das ist einfach dummes Zeug. Als erstes kann ich mich nicht darauf einlassen, daß Beethoven als Hochebene gehandelt wird. Wahrscheinlich würden Sie mich gern überzeugen davon, daß jedes von ihm geschriebene Werk seinem Geist nach entweder »früh« oder »mittel« oder »spät« ist; ich bin der Meinung, daß dieses ganze Kategorisieren so unergiebig wie unoriginell ist, wenn Sie nichts dagegen haben, daß ich das sage.

Ich habe nichts dagegen, daß Sie das sagen, ich habe Ihre Abwehrhaltung meinem Vorschlag gegenüber zur Kenntnis genommen. Nachdem Sie selber aber auf diese Richtschnur angespielt haben – diese Abschnitts-Zuteilung an Beethovens schöpferisches Leben –, will ich Ihnen einfach nahelegen, doch irgend etwas Bezeichnendes in der Tatsache zu sehen, daß alle Werke, die Sie erwähnt haben, im Lichte ebendieser von Ihnen ins Gespräch gebrachten Richtschnur, ihn, was ihre Kompositionszeit betrifft, in einem Stadium zeigen, wo, ich kann es nicht besser ausdrücken, die Dinge im Fluß sind.

Bei jedem Künstler sind die Dinge im Fluß, sonst wäre er kein Künstler.

Mr. Gould, bitte, das führt doch zu nichts – wo die Dinge im Fluß sind, sage ich, wenn nicht zwischen den frühen und mittleren Jahren, so zwischen den mittleren und späten.

Das ist Unsinn.

Sind Sie sicher? Ist Ihnen klar, daß alle späteren Werke, die Sie erwähnt haben, in einem Zeitraum von drei Jahren geschrieben wurden – zwischen 1809 und 1812?

Die »König Stephan«-Ouvertüre auch.

Ausnahmen gibt es immer. Und alle von Ihnen erwählten frühen wurden übrigens zwischen 1799 und 1802 geschrieben. Sodaß Sie sich aus einem schöpferischen Leben, das, ich gehe davon aus, Sie werden mir zustimmen, – wieviel waren es – vielleicht 35 Jahre umfaßt, gerade mal sechs ausgesucht und mit Ihrem Anerkennungs-Stempel versehen haben.

Mein Anerkennungs-Stempel hat für Beethoven nicht die leiseste Konsequenz.

Natürlich nicht, aber Ihr Vergnügungs-Index ist von Bedeutung, für Sie selbst zumindest, und wenn ich Ihnen auch nur irgendwie behilflich sein soll, dann müssen Sie mich schon mein eigenes Bild davon machen lassen.

Denn mal los.

Also, natürlich ist uns nicht verborgen geblieben, daß man normalerweise, so sehr da auch der Zufall seine Hand im Spiel haben mag, von einem Vergnügungs-In-

dex ausgehen kann, welcher der Fünften Sinfonie, dem Violinkonzert, der »Appassionata« besonderen Wert beilegt, alles Werke, die Beethoven im Vollbesitz seiner sinfonischen Kräfte zeigen –

Seiner Sonatensatz-Kräfte jedenfalls.

Ganz genau … und alles Werke, die in Ihrer eigenen Beethoven-Hitliste auffälligerweise fehlen. Es sind alles, ich muß Ihnen das nicht sagen, großdimensionierte Werke, alle sind sie von durchaus heroischer Haltung, und alle auf triumphierende Weise tonal, von daher, wie sie am Tonartengefüge keinen Zweifel aufkommen lassen, oder?

Ich nehme an.

Sie, andererseits, haben für Werke optiert, die, wenn ich das sagen darf, Mr. Gould, vergleichsweise Regionalklasse sind. Sie sind selbstverständlich alle relativ kurz –

Ökonomisch.

Ja. Merklich unheroisch.

Ausgeglichen.

Mag sein. Gelegentlich sogar ambivalent, was das Tonartengefüge betrifft – Sie erwähnten doch op. 81a? Natürlich sind sie alle bezaubernd, sogar bewegend, und gewiß gekonnt, aber sie gehören nicht zu den Werken, mit denen Beethoven üblicherweise identifiziert wird, nicht wahr, und man rechnet sie sicher nicht unter die Stücke, die ihm zu seinem herausragenden Platz im tiefsten Innern der abendländischen Musiktradition verholfen haben, oder? Wann also, um auf meine Frage zurückzukommen, Mr. Gould, fing das an mit Ihren Zweifeln an Beethoven?

Vor ungefähr zehn Jahren.

Aha. Mit anderen Worten also: zu jener Zeit in Ihrem Leben, da Ihre Konzert-Praxis mehr und mehr von Ernüchterung geprägt war?

Das stimmt.

Selbstverständlich spielten Sie sehr viel Beethoven in Ihren Konzerten, oder?

Ja.

Was den Schluß nahelegt, daß seine Musik Ihrer Einschätzung nach dem Spieler, im großen und ganzen, mehr Spaß bereitet als dem Zuhörer?

Ganz und gar nicht. Ich sagte Ihnen bereits, daß ich mit großem Vergnügen die -

– die Achte Sinfonie und das Streichquartett op. 95 hören, ich weiß. Aber zu der Zeit, da Sie noch Konzerte gaben, spielten Sie, sagen wir mal, das Fünfte Klavierkonzert doch ziemlich häufig, nichtsdestoweniger habe ich es in der Auflistung Ihrer Für-alle-Zeit-Lieblinge nicht entdeckt. Könnte das nicht bedeuten, derlei Aufführungen gereichten Ihnen ganz einfach eher zu taktiler denn intellektueller Befriedigung?

Das ist wirklich unangebracht, meine ich, und Sie wissen das. Ich versuchte mit allen mir zur Verfügung stehenden Mitteln eine überzeugende Lesart des Fünften Klavierkonzertes zu entwickeln.

Ja, und ich habe einige Ihrer Versuche in dieser Richtung gehört, bezeichnenderweise aber sagen Sie »versuchte«. Mir kommt vor, als hätten Sie damit zu erkennen gegeben, wie schwer es Ihnen fiel, solchen Aufführungen eine spontane musikalische Erfahrung mitzuteilen.

Nun, wenn Sie mit »spontan« eine Gelegenheit meinen, bei der jeder Ton auf seinen Platz fällt wie von einem Automaten programmiert, stimmt das offensichtlich nicht.

Nein, mißverstehen Sie mich nicht. Ich spreche nicht von Momenten, in denen technisch alles glücklich gelingt, und derlei Irdischem mehr. Ich will simpel darauf hinaus, daß, wenn Sie ein Werk spielen sollen von – wer ist Ihr Lieblingskomponist?

Orlando Gibbons.

– von Orlando Gibbons, danke, es jedem Ton gegeben wäre, als organisch zugehörig zu erscheinen, ohne daß Sie als Interpret des Werkes überhaupt in die Verlegenheit kämen, zwischen taktilen und intellektuellen Erwägungen unterscheiden zu müssen.

Ich glaube, ich habe mich nie einer derartigen Unterscheidung schuldig gemacht.

Aber natürlich haben Sie, wie unbeabsichtigt immer. Sehen Sie, was Sie da als Lehnstuhl-Analyse betreiben, setzt Sie doch anhaltend dem Zwang aus, op. 132, oder ein ähnliches Stück, daraufhin abzuhorchen, ob Sie's vielleicht mögen könnten, ohne daß Sie deshalb das Gefühl hätten, Gibbons »Salisbury«-Pavan einer ähnlichen Untersuchung unterziehen zu müssen, nicht wahr? Und entsprechend hat die Lesart, die Sie bezüglich des Fünften Klavierkonzertes kunstvoll ausgeheckt haben – in der Hoffnung, es möge ihm, wenn Sie's sehr langsam respektive sehr schnell spielen, plötzlich und wunderbarerweise gelingen, nicht auseinanderzufallen –, keine vergleichbare Apologie zur Folge für den Fall, daß Sie Gibbons spielen, oder? Was, da bin ich mir jetzt Ihrer Zustimmung ganz sicher, nichts damit zu tun hat, daß Gibbons einen geringeren intellektuellen Einsatz fordert –

Das tut er tatsächlich nicht.

– wie man, bestimmt sogar, von der Zeitspanne ausgehend, die seine Tage von den unsern trennt, sagen kann, daß er die größere nachschöpferische Herausforderung bedeutet.

Das ist wahr.

Und dennoch bin ich, das ist es eben, einigermaßen sicher, daß Sie, wenn Sie sich ans Klavier setzen zu, sagen wir, nachtschlafender Zeit – und allemal zu Ihrem eigenen Vergnügen –, Orlando Gibbons oder irgendeinen anderen von Ihnen nicht mit diesem schizophrenen Blick bedachten Komponisten spielen werden, Beethoven jedenfalls nicht. Hab' ich recht?

Ich weiß wirklich nicht, was das beweisen soll, außerdem meine ich –

Hab' ich recht?

Aber es kann mir doch niemand –

Hab' ich recht?

Ja. Können Sie mir helfen?

Sie wollen, daß Ihnen geholfen wird?

Nicht, wenn am Ende herauskommt, daß ich Orlando Gibbons aufgeben muß.

Das sollte nicht nötig sein. Sehen Sie, Mr. Gould, Ihr Problem – das, ich versichere Sie, viel weiter verbreitet ist als Sie denken – hat mit einem fundamentalen Mißverständnis zu tun, was die Mittel angeht, durch welche die Post-Renaissance-Kunst ihre kommunikative Macht sich erworben hat. Beethoven, da werden Sie gewiß mit mir einer Meinung sein, macht die Mitte des Weges zu dieser Errungenschaft aus, und sei es auch nur zeitlich, insofern sein schöpferisches Leben die 3½ Jahrhunderte seit dem Hinscheiden Ihres Herrn Gibbons virtuell in zwei Hälften teilt –

Wie wahr.

– und genau während dieser Zeitspanne von 3½ Jahrhunderten, in deren Beethovenscher Mitte vor allem, haben die kreative Idee und das kommunikative Ideal damit begonnen, sich wechselseitig Zugeständnisse zu machen.

Ich kann Ihnen nicht mehr folgen.

Betrachten wir's doch mal so. Allen Werken, die Sie aufgeführt haben in Ihrer privaten Haß-Liste –

So können Sie das wirklich nicht sagen.

Bitte unterbrechen Sie nicht. All diesen Werken ist die Idee gemeinsam, daß ihre Ideologie, sozusagen, ganz in einem oder in mehreren denkwürdigen Momenten aufgehen kann.

Sie meinen Motive.

Ich meine Melodien. Ich meine ganz einfach, daß Sie, als professioneller Musiker, deutlich bemerkbar so etwas wie eine Ressentiment-Schablone entwickelt haben in bezug auf diese Melodien – Pardon –, die den Geist ihrer jeweiligen Kompositionen repräsentieren und charakterisieren.

Also, ich wüßte nicht, was so ausgesprochen Besonderes sein soll an den Melodien – wenn Sie sie so nennen wollen – im Fünften Klavierkonzert (das ja Ihr bevorzugtes Terrain für derartige Auseinandersetzungen zu sein scheint).

Sie haben ganz und gar nichts Besonderes an sich. Vielmehr etwas prompt Identifizierbares, das, per definitionem, Ihre interpretatorischen Vorrechte zu unterminieren droht, merken Sie das nicht? Sie verweigern sich der Tatsache, daß in einem Werk wie dem Fünften Klavierkonzert das, worauf besagte Motive angewiesen sind, damit sie wohldurchdacht in Schönheit erstehen können, buchstäblich wie im übertragenen Sinne ja Ihren Händen überlassen ist, dessen raison d'être freilich naturgemäß bei jenem Spezialfall des Motivfragmentes liegt, der wie selbstverständlich bestimmte Interpretations-Tendenzen schon in sich trägt, kraft deren es von jedermann gesungen, gepfiffen oder mit den Zehenspitzen geklopft werden kann – von jedem Laien.

Was für ein Unsinn. Mendelssohns Melodien sind von A bis Z so gut wie, und durchaus weiter ausgreifend als, die Beethovenschen, wobei ich ohnehin nichts gegen Mendelssohn habe.

Das ist es, genau. Die Mendelssohnschen können weiter ausgreifen, weil sie in Verbindung stehen mit einer motivischen Substanz, die zugleich extensiver, komplexer und – verstehen Sie mich jetzt nicht falsch – professioneller ist.

Ach, Sie finden das auch?

Mein lieber Freund, jeder findet das. Genau diese unmögliche Mischung aus Naivität und Ausgepichtheit macht Beethoven zu dem, was er ist, nämlich unwägbar, und genau diese Dimension seiner Musik – diese Mischung aus Kunstfertigkeit des Profis im Ausarbeiten und Plumpheit des Amateurs bei den Motiven bildet den Kern Ihres Problems.

Meinen Sie?

Daran besteht gar kein Zweifel. Und es ist alles andere als schlimm – ein bißchen anarchistisch vielleicht, aber irgendwie sogar fast kreativ –, weil Sie, wenn Sie Beethoven ablehnen –

Aber ich lehne ihn doch nicht ab!

Bitte. Wenn Sie Beethoven ablehnen, sage ich, lehnen Sie die logische Schlußfolgerung der abendländischen Musiktradition ab.

Aber er ist nicht ihre Schlußfolgerung.

Also, zeitlich gesehen natürlich nicht. Da ist er in Wirklichkeit, ich sagte es bereits, ihr Zentrum; und genau an jenen Werken, die dem Zentrum seiner eigenen Schaffenszeit angehören, stören Sie sich am meisten. Genau an jenen Werken, in denen ein wohldurchdachtes Exposé, mit dem es nur ein Profi aufnehmen kann, an ein Material gebunden ist, mit dem sich jeder identifizieren kann.

Hm . . .

Und daran eben stören Sie sich, Mr. Gould, weil damit zuallererst das Rollenspiel, der schichtenspezifische Professionalismus der abendländischen Musiktradition kommentiert wird, den Sie, gewiß nicht grundlos, in Zweifel ziehen. Keineswegs ein Zufall ist es, daß Sie diejenigen Werke bevorzugen, in denen Beethoven nicht so emphatisch sein folgerichtig ins Extrem getriebenes Selbst präsentierte; die Werke also, die auf dem Weg zu respektive Rückweg von dieser Haltung geschrieben wurden; die Werke, in denen der Vorhersagbarkeits-Quotient niedriger ist; die Werke, in denen der Komponist weniger damit beschäftigt ist, das Geheimnis seiner Kunst zu offenbaren.

Aber auf dem Weg zu respektive Rückweg von dieser Haltung, wie Sie's ausdrücken, stößt man auf eine entscheidend professionellere Art von Kunst – auf Wagners Professionalismus, oder denjenigen Bachs, entsprechend der Richtung, die man einschlägt –, und man muß weit zurückgehen, oder vorwärts, je nachdem, um auf eine reine Amateur-Tradition zu stoßen.

Genau. Auf beiden Seiten von Beethoven gibt es einen viel konsequenteren Professionalismus, und genau darin liegt der Grund, warum die entsprechenden Komponisten bei Ihnen so viel Anklang finden.

Hm. Sie meinen also, daß ich, wenn ich Beethoven ablehne, auf dem besten Wege bin, so etwas wie ein Environmentalist zu werden? John Cage, glaube ich, sagte, so ungefähr: wenn *er* recht habe, müsse Beethoven unrecht haben. Sie meinen, in mir schlummert eine Art Selbsttötungswunsch im Namen des Musikberufs?

Mein lieber Freund, Sie sollten sich das, meine ich, wirklich nicht so zu Herzen nehmen. Im übrigen dürfen Sie ja durchaus als ein Gemäßigter gelten – schließlich wählten Sie nicht op. 132, bloß 81a und 95. Sie sind schwankend. Sie sind sich nicht ganz sicher, ob wir, indem wir besagtes Geheimnis offenbaren, indem wir die Dichotomie von Laie und Fachmann ausbeuten, unserem Mitmenschen einen Dienst erweisen oder nicht. Sie sind sich nicht ganz sicher, ob wir dadurch, daß wir auf Environment-Kurs gehen, womit schließlich dem Professionalismus, wie wir ihn kennen, sein Ende bereitet würde, einem Zipfel der Wahrheit über uns selber auf direkterem Wege näher kommen als es einem Profi gelingen kann, oder ob wir damit schlicht und einfach unserer eigenen Entwicklung als menschliche Wesen die Zügel anlegen. Und Sie sollten sich davon nicht aus der Fassung bringen lassen, war doch Beethoven selber sich nicht sicher. Schließlich schrieb er nicht viele Fünfte Klavierkonzerte, oder? Er schwankte, bis zu einem gewissen Grade zumindest, und ich sehe nicht, warum es Ihnen verwehrt sein soll. Sie brauchen sich lediglich, wo es darum geht, Beethoven zu feiern, einen Endpunkt einzugestehen, der Ihr Schwanken möglich macht, und jetzt müssen Sie einen anderen finden.

Ich muß sagen, das war mir nun wirklich ein Trost. Nur eins verstehe ich noch nicht: Woher wußten Sie von meinen Zweifeln?

Mr. Gould, das war doch ganz offensichtlich – hätten Sie sonst um dieses Interview nachgesucht? Sie hätten den Artikel geschrieben, um den Sie gebeten worden waren.

Verstehe. Dann danke ich Ihnen also vielmals – war da noch was?

Nein, ich glaube nicht. Oder doch – wären Sie so freundlich, beim Hinausgehen die Lautsprecheranlage leiser zu stellen, ja? Wenn ich noch einen Takt der »Eroica« höre, schreie ich.

Michael Gielen

Gespräch über Beethovens Neunte anno 1986 (Gesprächspartner: der Herausgeber dieses Bändchens) – und Schlußwort zugleich? Aufforderung, sich in die Werke zu versenken (und zuvor die Scheuklappen abzulegen sowohl, die den Leser zur Buchstabengläubigkeit verführen könnten, als auch die Fenster zu verschließen dem Lärm, der Zerstreuung bieten möchte zuungunsten eben der Versenkung)?

Herr Gielen, ich denke, Sie kennen den »Doktor Faustus« von Thomas Mann – vielleicht erinnern Sie sich an jene Szene, da der deutsche Tonsetzer Adrian Leverkühn sagt, er wolle die 9. Sinfonie von Beethoven »zurücknehmen«. Und zwar, wie sich später herausstellt, meint er damit, daß er der Neunten eine Komposition entgegensetzen will, die den Weg, den die Neunte sich vorgewagt hat bis zu diesem Menschheitsjubel, zurückgeht, angesichts einer Situation, da so ein Satz wie »Alle Menschen werden Brüder« etwas von einer Parteitags-Parole bekommen hat. Ich frage mich, könnte eine solche Reaktion auf das Stück etwas mit dem zu tun haben oder zu tun bekommen, was Sie als Dirigent dieses Stückes interessiert?

Sie treffen genau den wunden Punkt, daß die Neunte so zum Feierstück verkommen ist und nicht nur zu Geburtstagen, sondern zu Einweihungen und zum Vatertag und ich weiß nicht wann überall gespielt wird, und im Grunde nur noch aus dem besteht, was das Freudenthema, also das Hauptthema des letzten Satzes, an »Wiedererkennen« den Menschen bringt. Inzwischen hört man's ja auch im Kaufhaus als Berieselung, *Song of Joy*, es hieß mal *Ode an die Freude,* und das ist doch ziemlich was anderes. Ich betrachte es genau wie alle anderen Menschen als ein zentrales Meisterwerk unserer Musikgeschichte und unserer Kultur, aber es enthält eben ganz große Probleme, die auch Probleme der Wiedergabe sind. Sicher war im Krieg, wo der *Doktor Faustus* geschrieben wurde, die Menschheitsverbrüderung so eine total entfernte Utopie, daß der Gedanke, die Neunte »zurückzunehmen«, auftauchen konnte. Jetzt bemühe ich mich, wenn ich dazu komme, das Stück aufzuführen (was immer eine Herausforderung ist), diesen verlogen-feierlichen Charakter dem Stück zu nehmen und es in seiner Problematik und in seiner Komplikation zu zeigen. Das ist auch so etwas wie zurücknehmen. Oder: zeigen, was es wirklich ist.

Ich habe in Frankfurt und auch in London, in Amerika, ein paar Mal den *Überlebenden von Warschau* von Schönberg vorangestellt. Dieses Stück über das Grauen zeigt, wohin die Aufklärung, die ihre Umkehrung schon im Ansatz mit sich trägt, wie das Buch von Adorno und Horkheimer zeigt, und der Idealismus, der ja in dem Schiller-Gedicht und sicher auch in Beethovens Brust präsent war, die Menschheit geführt hat: ins Getto von Warschau und nach Auschwitz. Und durch den Schock hören dann die Leute die Neunte anders. Aber das ist Ideologiekritik, während ich, wenn wir keine moderne Musik vorher spielen, den Mut haben muß, das Stück selber so zu präsentieren, daß es niemand einfallen kann, daß das die große Feierstunde ist, sondern daß es ein höchst problematisches Stück ist, wo die musikalische Faktur im ersten Satz und im Adagio und auch im Scherzo, in der Einleitung zum Finale so zerbrochen – so gebrochen ist, daß man dann eine so enorm lange Periode von mehreren 8-Taktern wie das »Freudenthema« im

Unisono als eine Erlösung empfindet. Und die höchst komplizierte Komposition des Finales, wo Beethoven ja die Quadratur des Kreises versucht hat – nämlich die Sonatenform, die Fuge, die Kantate, die Variationsform, alles, was es in der klassischen Periode überhaupt an Errungenschaften der Komposition gegeben hat, in diesen Satz hineinzupacken, eine Summe der Musik zu geben –, das ist wieder ein Problem beim Hören.

Ich denke, es ist kein Zufall, daß Beethoven mit allen Künsten, die ihm zur Verfügung standen, diese »Menschheitsverbrüderung« als Utopie hinstellen wollte, als habe er damit bedeuten wollen: seht, soviel wäre nötig – wenn wir alle (mit allem, was wir haben) zusammenwirken könnten, könnten wir es vielleicht schaffen, daß dieser Satz »Alle Menschen werden Brüder« nicht mehr verlogen klänge, nicht mehr als, ja, unstatthafte Utopie erschiene. Man könnte ja den Satz so oder so verstehen: »Alle Menschen werden Brüder« – ja, ganz sicher, sie werden Brüder, eines Tages; oder, als verzweifelte Hoffnung – sie sollten doch gefälligst eines Tages Brüder werden ...

Das letztere ist viel mehr mein Eindruck; daß sowohl der Klang, wenn man alle diese Sforzati macht, als auch wenn man versucht, sich den Metronomen anzunähern, wodurch einige Teile viel schneller und andere viel langsamer sind als üblich, der Jubel was Gequältes bekommt. Beethoven hat sich das abgerungen; die Idee der Brüderlichkeit, die von 1789 stammt, die stand für ihn außer Frage, aber er hatte ja erlebt, was dann mit Napoleon und mit dem Wiener Kongreß, mit der Aufteilung der Welt, mit der Metternich-Reaktion passiert ist; wie diese Ideale verkommen waren in kürzester Zeit, schon im Directoire, schon vor Napoleon, und die Revolution selber war ja nun auch kein Honiglecken. Diese Idee der Brüderlichkeit wurde von Beethoven verinnerlicht; und in diesem überdimensionalen Werk, wo er sozusagen das Resümee sowohl der Musik als auch seines eigenen Lebens zieht, kommt es sehr forciert, kommt es mit Gewalt wieder heraus.

Mit einem Chor überdies, der in einer Höhe singen muß und in einer Lautstärke, daß es wie Schreien klingt und nicht wie ein wunderschöner, sanfter Chorgesang ...

Schön ist nicht immer sanft, sondern hier das Subjektiv-Wahrhaftige – und das ist gewaltsam ...

Nun könnte man ja vielleicht, wenn man die anderen Sätze anschaut – entgegen dem Lieblingswunsch manches Publikums, daß es viel schöner wäre, wenn wir nur den letzten Satz hören müßten, damit wir uns gleich an das erinnern könnten, was wir schon kennen –, vielleicht könnte man den ersten Sätzen gleichfalls ablesen, daß Beethoven die Probleme einkomponiert hat, sozusagen von Anfang an.

Ja, ich glaube, daß die gängige, die landläufige Aufführungspraxis, insbesondere des kompliziertesten Satzes von allen, nämlich des ersten, den Zwiespalt zudeckt und versucht, eben durch den Schönklang eine sehr allgemeine, »große« Linie, einen großen Zug hineinzubringen, der ja da ist, aber: der sich herstellen muß aus der Synthese von vielen winzigen Details. Ich glaube, in keinem anderen Werk hat Beethoven sein eigenes Thema so fragmentiert – andersrum gesagt, sein Thema so angelegt –, daß er mit jeder winzigen Zelle von auch nur 3 Noten oder 4 Noten aus einem langen Thema so lange arbeiten kann. Das ist nicht nur in der Durchführung so, schon in der Exposition wird alles zerbrochen und neu zusammengefügt und auch verrätselt.

Das Stück fängt an mit dem Hauptintervall: dreimal, viermal, erst als Begleitung und dann in den Geigen zweimal und dann im Baß und wiederholt, also immer wieder nur eine Quint und Quart, und dieses Gebilde fängt auf der Dominante an, man glaubt, das Stück ist in A, und dann stellt sich heraus, das Hauptthema ist in D, das ist schon gewaltsam. Und der Kopf des Hauptthemas ist verschleiert durch diese lange, leise, scheinbare Einleitung. Er macht es dem Hörer gar nicht leicht. Und dann überrumpelt er ihn, dann macht er es ihm wieder unmöglich geradezu, bei einem ersten Hören total unmöglich, der Komplikation des Zerbrechens und wieder Zusammenfügens überhaupt folgen zu können. Was ist eigentlich der Seitensatz im traditionellen Sinn? Was ist die erste Seitenidee? Wie kommt das alles zusammen? Und wieso ist es ein Sinfoniesatz nach dem von Haydn tradierten Typus? Da meine ich halt, daß man versuchen soll, die Schwierigkeit hörbar zu machen, mit dem Risiko, daß das Ganze zuerst einmal nicht erkenntlich ist. Das hängt auch mit dem Tempo zusammen, das schneller als üblich ist. Im schnelleren Tempo nimmt man das Ganze wahr, aber als Rätsel.

Und der zweite Satz? Dieses punktierte Thema, mit der Solo-Pauke dann – ein Scherzo, ein vielleicht grimmig-lustiger, aber eben doch ein lustiger Satz, der freilich fugiert ist.

Eine große Schwierigkeit, daß nach vier Takten schon die Imitation einsetzt und es fünf Einsätze sind, und diese Viertel, die laufen so in fast blinder Geschäftigkeit dahin. Das ist alles sehr schwer zu hören. Scherzo-Expositionen waren früher nicht so.

Eine Sache wollte ich noch zum ersten Satz sagen: der Höhepunkt des ganzen Satzes, der lauteste Moment klingt wie der Höhepunkt der Durchführung, ist aber schon die Reprise. Im Gegensatz zum Finale der Vierten Bruckners, wo was ähnliches probiert wird, wo aber dann zwei so Riesen-Berge nebeneinander stehen, während Beethoven das auf einmal bringt; man glaubt, ah, jetzt sind wir im Höhepunkt der Durchführung – nein, das ist schon die Reprise.

Im Adagio ist es beim Hauptthema schon zu Anfang auffallend, daß die Melodie der Streicher immer wieder unterbrochen wird durch Echos in den Bläsern. Das ganze Thema mit den Einwürfen wird später in den Bläsern kontinuierlich gebracht, dadurch leichter verständlich. Aber da ist es von einer Geigenmelodie umspielt, die die Aufmerksamkeit auf sich zieht, so daß es einem wieder entwischt. Er verrätselt seinen eigenen Diskurs in extremer Weise.

Und dann diese merkwürdigen Einwürfe am Ende des Adagios, diese Forte- oder Fortissimo-Stellen ...

Das ist die Coda mit dem kriegerischen Motiv, dann dieses Grübeln, wenn die Harmonie in die Moll-Regionen, in die B-Regionen hinunterversinkt, die Musik ihrem eigenen Unterbewußtsein nachlauscht, das sind große Momente. Auch, glaube ich, ist das das erste Adagio der Geschichte, wo zwei Musiktypen, nicht zwei Themen, zwei Musiktopoi nebeneinandergestellt werden und jeder für sich variiert wird. Die kommen nie zusammen, die werden nie zusammengebracht, ein Adagio-Typ und ein Andante-Typ, und diese Art »multiple Variationen« ist ja dann das Prinzip von Mahler in mehreren Sätzen, im ersten Satz der Neunten besonders.

Die Idee könnte vielleicht von Haydn herstammen, der ja oft Doppelvariationen komponiert hat, die auf seltsame Weise beim Hören zusammenzuhängen scheinen, und die man, wenn man sich dann die Noten anschaut, sehr oft nicht zusammenbekommt – wo ist denn eigentlich die Verbindung dieser zwei Teile – ein Variationssatz mit einem Dur- und einem Moll-Teil zum Beispiel, wobei der Moll-Teil wie eine Variation des Dur-Teils klingt, doch dann werden beide Teile einzeln variiert. Ich denke etwa an die Klavier-Variationen f-Moll. Also, solche Ideen hat Beethoven vielleicht woanders gefunden, allerdings hat er sie dann wohl so durchgeführt wie die andern eben nicht …

Nochmal zum letzten Satz. Es ist ja ein Satz, bei dem man sich momentweise behaglich fühlt, wenn man nicht hinhört – bei dem man sich freilich kaum behaglich fühlen kann, wenn man hört, wie Sie es machen. Vor allem beim Schluß – man denkt, nun ist endlich alles in Ordnung, die Utopie ist ganz da, und schon sorgen Triangel und Beckenschläge für Unsicherheit, mit ihrem Anklang an Wirtshaus-, an Marschmusik – wie ist das zu verstehen?

Ich glaube, da ist die Skepsis, die gleichzeitig mit seinem utopischen Optimismus da war, in das Werk umgeschlagen – Sie meinen jetzt den Schluß? … das Prestissimo, mit dem tschingbumm, tschingbumm …

… ja …

Das ist wirklich vulgär. Das wird nur durch das letzte Maestoso wieder in Ergriffenheit umgewandelt, und gerade der Umschlag von der Kirmesmusik zur Ergriffenheit der Herzen ist das Komponierte: beides ist gleichzeitig da.

Vorher im Finale gibt es erstaunliche Dinge. Zum Beispiel wird immer nach der Fanfare, die Musik des Schreckens ist, der Anfang des Orchesterrezitativs schon in so breitem Cantabile gespielt, bei jedem Auftauchen davon, wie es dann der Bassist bei seinem Einsatz singen wird. Und obwohl wahrscheinlich die Bezeichnung *selon le caractère d'un récitatif mais in tempo*, also: in der Art eines Rezitativs, aber im Tempo, wahrscheinlich nicht von Beethoven stammt, das ist nicht belegt, ob es seine

Handschrift ist im Manuskript oder von jemand anders, ist es doch ein wichtiger Hinweis, besonders das letzte *mais in tempo*. Die Fanfare ist ganz schnell, in Eins, es steht auch *Presto* drüber, und ich meine, wenn die Celli und die Bässe da anfangen, daß es eine sehr aufgeregte Musik ist, und ich versuche sie als direkte Reaktion auf die Schreckensfanfare zu bringen: »Um Gottes Willen, was ist denn hier los«, und allmählich, mit jedem neuerlichen Einsatz des Rezitativs in den Celli und Bässen, beruhigt sich das. Und dazwischen kommen dann die Zitate aus den anderen Sätzen, wo er sagt: »Ja, ja, also, das wissen wir ja schon«, »Nein, das kann ich ja nicht nochmal machen, wir müssen jetzt was anderes finden«, und in den Skizzen sind ja die Orchesterrezitativ-Stellen textiert von Beethoven. Er meinte wahrscheinlich, daß das Rezitativ für den Bassisten viel länger sein würde, und hat sich dann erst für ein Orchesterrezitativ vor dem *Oh Freunde* entschlossen, das sich allmählich beruhigt, bis es zu dem Tempo des Sängers kommt. Diese Darstellung ist nicht üblich.

Ich möchte noch weiter interpretieren: die notwendige Zerstörung vergangener Strukturen, wie sie in jeder Revolution notwendig ist und wie sie in Beethovens Kompositionstechnik Ereignis wird, wird hier ins Subjekt verlagert, das die Errungenschaft der vorherigen Sätze Revue passieren läßt und für nicht genügend erachtet. Es ist die Verinnerlichung des Gedankens der Revolution.

Wenn man hört, wie Sie Beethovens Neunte erklingen lassen, und wenn man hört, wie Sie darüber reden, stimmt eines sehr genau zusammen: Sie beschreiben das Stück, als würde Musik aufeinander gestisch reagieren, und wenn man es hört, ist es ja nun genau so, daß die musikalischen Gesten, die dieser letzte Satz vorweist, Konse-

quenzen haben als Gesten; nicht bloß, daß das Intervallbeziehungen sind oder melodische Zusammenhänge oder harmonische Ereignisse oder rhythmische Reaktionen usw., sondern in der Tat: daß bestimmte Gesten genommen werden, die gewiß nicht zu verwechseln sind mit Inhalten oder so etwas, die aber doch eine deutliche Sprache sprechen, so daß Sie sagen können: »Nein, nein, das kennen wir schon ...« Die Musik veranlaßt Sie dazu – so darüber zu reden, das haben Sie sich ja nicht »aus den Fingern gesogen« – die Musik macht es möglich. Ist das etwas ganz Neues? Damals? Etwas Vorausdeutendes? Vorausnehmendes?

Ich sagte eben, es ist das Auslöschen der Vergangenheit, ins Subjekt verlagert, und frage Sie jetzt: Gibt es vorher, Sie hatten vorhin das Beispiel Haydn für die multiple Variation, gibt es ein Stück, wo die früheren Sätze im Finale zitiert werden, vor der Neunten Beethovens?

Nein, gibt es nicht, in dieser Konsequenz nicht ...

... gibt es nicht, also dann ist nicht nur der Gedanke, sondern auch die Faktur ganz neu.

Eine »nachklingende« Frage noch. Moderne Musik vorweg zu spielen oder nicht zu spielen – die Überlegung könnte sich also dadurch erledigen, daß Sie versuchen, eine Interpretation zu bieten, die das Stück beim Wort nimmt und die Probleme, die man von außen herantragen, von außen her sichtbar machen könnte, aus dem Stück heraus sichtbar macht ...

Es ist für ein relativ naives Publikum viel leichter, die Intention des Entideologisierens und das Stück zur Realität für uns zu machen – also es vom Regal runterzunehmen, in der Hand zu haben und sich zu sagen: Was ist denn das? Was sagt mir das heute? – das ist viel leichter zu bewerkstelligen, wenn die Ohren vorher geputzt werden mit »Neuer Musik«, und je radikaler diese ist, desto besser wäre es. Andernfalls bin ich in der Pflicht und muß allein stück-immanent, also mit dem Ansatz der Erkenntnis, mit der Gewalttätigkeit dieser Aufführung gegen die Tradition des Hörens angehen. Es muß dann gelingen, die Menschen, die zuhören, zu verunsichern in ihrem Selbstverständnis von dem, was tradierte Kultur ist.

Zeittafel

1770 17. Dezember: Taufe Ludwig van Beethovens (geboren wurde er in Bonn vermutlich tags zuvor).

1773 Tod des Großvaters (Bonner Hofkapellmeister).

1774 (Vermutlicher) Beginn des Klavier- und Violinunterrichts beim Vater (Hoftenorist in Bonn).

1778 26. März: In Köln erstes Auftreten als Pianist.

1779 Christian Gottlob Neefe kommt nach Bonn (Hoforganist ab 1781); Beethoven wird bald sein Schüler, vertritt ihn (um 1783) als Cembalist in der Hofkapelle, wird neben ihm Hoforganist (1784).

1782 Als erste Komposition erscheinen die Klavier-*Variationen über einen Marsch von Dreßler* im Druck (im Jahr darauf werden u. a. die drei *Kurfürstensonaten* veröffentlicht).

1787 Beethoven reist nach Wien, um von Mozart unterrichtet zu werden; bald Rückkehr nach Bonn wegen Krankheit und Tod der Mutter (17. Juli).

1788 Aus Wien kommt Graf Waldstein, der Beethoven später in der Donaumetropole die Wege ebnen wird.

1789 Mitwirkung als Bratschist in einigen Vorstellungen der neueröffneten Bonner Hofoper (u. a. bei Mozarts *Entführung aus dem Serail*).

Das Gehalt des in den Ruhestand versetzten (trunksüchtigen) Vaters wird zur Hälfte Beethoven zugesprochen, der als »Haupt der Familie« für den Unterhalt der Brüder zu sorgen hat (Carl, *1774, und Johann, *1776, folgen ihrem älteren Bruder 1794 bzw. 1795 nach Wien).

1790 Kantaten *auf den Tod Kaiser Josephs II.* und *auf die Erhebung Leopolds II. zur Kaiserwürde.*

1791 6. März: Erste Aufführung des *Ritterballetts.*

Tod Mozarts (5. Dezember).

1792 Haydn, auf der Rückreise von London in Bonn, trifft Beethoven und nimmt ihn als Schüler an; vermutlich am 2. November reist Beethoven nach Wien ab.

Tod des Vaters (18. Dezember).

1793 Hinter Haydns Rücken Unterricht beim Singspielkomponisten Johann Schenk.

1794–95	Während Haydn wieder in England ist, Kontrapunkt-Unterricht bei Johann Georg Albrechtsberger.
1795	29. März: Erstes Konzert in Wien (Burgtheater), Beethoven spielt vermutlich sein *B-Dur-Klavierkonzert op. 19.* Als op. 1 werden gedruckt: die drei 1793–94 entstandenen *Klaviertrios* (erst die drei *Klaviersonaten op. 2* werden Haydn gewidmet).
1796	Konzertreise über Prag, Dresden, Leipzig nach Berlin (für den Hofcellisten Duport Komposition der beiden *Sonaten op. 5).* *Adelaide* (Text: Friedrich von Matthesson).
1797	Die Ungewissheit, was Beethoven im Sommer dieses Jahres getan, hat zu der Vermutung geführt, ihn habe eine schwere Krankheit geplagt, auf die seine spätere Taubheit zurückzuführen sein könnte.
1798	Etwa im Juli legt Beethoven erstmals ein Skizzenbuch an. Beginn der Arbeit an der *Sonate pathétique* und den *Sechs Streichquartetten op. 18.*
1799	Vermutlich zu Anfang des Jahres begibt Beethoven sich bei Antonio Salieri in die Lehre (im Hinblick auf den kompositorischen Umgang mit der italienischen Sprache).
1800	2. April: Burgtheater-Akademie, erstmals zu hören sind die *1. Sinfonie* und das *Septett op. 20.*
1801	Am 28. März Premiere des Balletts *Die Geschöpfe des Prometheus.* Briefe an Wegeler und Amenda, in denen Beethoven das Nachlassen seines Gehörs beklagt.
1802	Fahrt nach Heiligenstadt in der Hoffnung auf Besserung der Gehörschwäche; *Heiligenstädter Testament* (vom 6./10. Oktober).
1803	5. April: Akademie im Theater an der Wien, mit der Erstaufführung des Oratoriums *Christus am Ölberge,* der *2. Sinfonie* und des *3. Klavierkonzerts.* Opernplan *Vestas Feuer.*
1804	Napoleons Kaiserkrönung versetzt Beethoven in eine solche Wut, daß er die Widmungs-Titelseite der *Eroica* zerreißt. Arbeitet hauptsächlich an der Oper *Leonore (Fidelio).*

1805	Uraufführung der *Eroica* (7. April) und des *Fidelio* (20. November; die zweite und dritte *Fidelio*-Fassung kommt 1806 respektive 1814 auf die Bühne).
1808	22. Dezember: Große Akademie im Theater an der Wien, mit der *5.* und *6. Sinfonie*, dem *4. Klavierkonzert*, Teilen der *C-Dur-Messe* und der *Chorfantasie* als Neuheiten.
1809	Beethoven nimmt eine Kapellmeister-Stelle in Kassel nicht an und erhält dafür von Erzherzog Rudolph sowie den Fürsten Lobkowitz und Kinsky eine Jahresrente zugesagt. Tod Haydns (31. Mai).
1810	In der Leipziger »Allgemeinen Musikalischen Zeitung« erscheint E. T. A. Hoffmanns Rezension der *5. Sinfonie.*
1812	Am 9. Februar im neuen Pester Theater zum ersten Mal *König Stephan* und *Die Ruinen von Athen.* Juli: in Teplitz Begegnung (und für etwa eine Woche lang täglicher Kontakt) mit Goethe.
1813–14	Während mehr als einem Jahr entsteht lediglich *Wellingtons Sieg oder Die Schlacht bei Vittoria* (Uraufführung am 8. Dezember 1813 zusammen mit der *7. Sinfonie* in einem von Beethoven und Mälzel gemeinsam veranstalteten Wohltätigkeitskonzert).
1815	Tod des Bruders Carl; Beethoven wird (zunächst zusammen mit der Witwe) Vormund des neunjährigen Neffen Karl.
1816	Beethoven beginnt mit der *A-Dur-Sonate op. 101* die Reihe der fünf späten *Klaviersonaten* (die *c-Moll-Sonate op. 111* wird 1822 fertig).
1818	Beethoven und Salieri propagieren den Gebrauch des von Mälzel erfundenen Metronoms. Ab Februar bedient sich Beethoven sogenannter »Konversationshefte« (von denen Schindler später etwa zwei Drittel vernichtet)
1819	Beginn der Arbeit an der *Missa solemnis.* Zunehmender Umgang mit Anton Schindler (mit ihm bekannt seit 1814).
1822	Komposition (bis 1824) der *9. Sinfonie.*
1824	7. Mai: »Große musikalische Akademie« im Kärntnertortheater, Uraufführung der Ouvertüre *Die Weihe des*

	Hauses, dreier Sätze der *Missa solemnis* und der *9. Sinfonie.*
1826	Mit *op. 135* schließt Beethoven die Komposition der fünf späten *Streichquartette* ab (1822 begonnen; »zukunftsträchtiger Höhepunkt«: die *Große Fuge*). Selbstmordversuch des Neffen Karl.
1827	Am 26. März stirbt Beethoven in Wien; an der Beerdigung drei Tage später nehmen etwa 10000 Menschen teil.

Textnachweise

THEODOR W. ADORNO (1903–1969)

T. W. A.: Gesammelte Schriften. Bd. 18: Musikalische Schriften V. Hrsg. von Rolf Tiedemann und Klaus Schultz. Frankfurt a. M.: Suhrkamp, 1984. S. 185–188. – © 1984 Suhrkamp Verlag, Frankfurt a. M.

ALLGEMEINE MUSIKALISCHE ZEITUNG

Richard Wagner und die moderne Theorie der Musik. L. v. Stetter nach dem Englischen der *Edinburgh Review*. In: Allgemeine Musikalische Zeitung 11 (15. August 1877) Nr. 33. Sp. 520.

GÜNTHER ANDERS (1902–1992)

G. A.: Tagebücher und Gedichte. München: Beck, 1985. S. 137 bis 144. – © 1985 C. H. Beck'sche Verlagsbuchhandlung, München.

GEORGE ANTHEIL (1900–1959)

G. A.: Enfant terrible der Musik. Aus dem Engl. von Jutta und Theodor Knust. München: Albert Langen / Georg Müller, 1960. S. 75 ff. – © 1960 Langen Müller Verlag, in der F. A. Herbig Verlagsbuchhandlung, München.

BETTINE VON ARNIM (1785–1859)

B. v. A.: Goethes Briefwechsel mit einem Kinde. Hrsg. und eingel. von Waldemar Oehlke. Frankfurt a. M.: Insel Verlag, 1984. S. 381–391.

MICHAIL BAKUNIN (1814–1876)

Unterhaltungen mit Bakunin. Gesammelt von Arthur Lehning. Aus den Originalsprachen übersetzt von Rolf Binner [u. a.]. Nördlingen: Greno, 1987. S. 106. – Mit Genehmigung der Vito von Eichborn GmbH & Co. Verlag KG, Frankfurt a. M.

Willy Bardas (1887–1924)

W. B.: Bemerkungen zu Busonis Frage: Was gab uns Beethoven? In: Die Musik 15 (Dezember 1922) H. 3. S. 204 ff.

Ludwig van Beethoven (1770–1827)

Fritz von Reinöhl: Neues zu Beethovens Lehrjahr bei Haydn. In: Neues Beethoven-Jahrbuch. Hrsg. von Adolf Sandberger. 6 (1935). Braunschweig: Henry Litolff's Verlag, 1936. [Nachdr. München: Kraus Thomson, 1980.] S. 46.

Hector Berlioz (1803–1869)

H. B.: Memoiren. Hrsg. von Wolf Rosenberg. Aus dem Franz. von Elly Ellès. München: Rogner & Bernhard, 1979. S. 74–77. – © 1979 Rogner & Bernhard GmbH & Co. Verlags-KG, Hamburg.

Ernst Bloch (1885–1977)

E. B.: Zur Philosophie der Musik. Frankfurt a. M.: Suhrkamp, 1974. S. 331 ff. – © 1974 Suhrkamp Verlag, Frankfurt a. M.

Johannes Brahms (1833–1897)

Max Kalbeck: Johannes Brahms. Bd. 3,2: 1881–1885. Berlin: Deutsche Brahms-Gesellschaft, 1912. S. 428–431.

Clemens Brentano (1778–1842)

C. B.: Werke. Bd. 1. Hrsg. von Wolfgang Frühwald, Bernhard Gajek und Friedhelm Kemp. München: Hanser, 1968. S. 308–311.

Anthony Burgess (geb. 1917)

Die Uhrwerk-Orange. Aus dem Engl. von Wolfgang Krege. Stuttgart: Klett-Cotta, 1993. S. 49–57. – © 1993 J. G. Cotta'sche Buchhandlung Nachfolger GmbH, Stuttgart.

Ferruccio Busoni (1866–1924)

F. B.: Was gab uns Beethoven? In: Die Musik 15 (Oktober 1922) H. 1. S. 19–23.

Carl Czerny (1791–1857)

Beethoviana. II. In: Wiener allgemeine Musik-Zeitung. 5 (20. September 1845) Nr. 113. S. 450. (Allgemeine Wiener Musik-Zeitung V/VI. Hrsg. von August Schmidt. Hildesheim / New York: Olms, 1976.)

Claude Debussy (1862–1918)

C. D.: Monsieur Croche. Sämtliche Schriften und Interviews. Hrsg. von François Lesure. Aus dem Franz. übertr. von Josef Häusler. Stuttgart: Reclam, 1974. S. 264, 84f., 188, 25, 34ff. –

Hanns Eisler (1898–1962)

H. E.: Gesammelte Werke. Begr. von Nathan Notowicz. Hrsg. von Stephanie Eisler und Manfred Grabs. Serie 3,2: Musik und Politik. Schriften 1948–1962. Textkritische Ausg. von Günter Mayer. Leipzig: VEB Deutscher Verlag für Musik, 1982. S. 214f. –

Walter Engelsmann (1881–1952)

W. E.: Nationale Kunstmusik. Wer führt? In: Die Musik 26 (November 1933) H. 2. S. 94f.

Michael Gielen (geb. 1927)

Paul Fiebig: »Gegen die Tradition des Hörens angehen«. Ein Gespräch mit Michael Gielen über Beethoven. In: Neue Zeitschrift für Musik 148 (April 1987) H. 4. S. 8–13. [Mit geringfügigen Änderungen.]

Johann Wolfgang von Goethe (1749–1832)

Briefwechsel zwischen Goethe und Zelter 1799–1832. Hrsg. von Max Hecker. Bd. 1: 1799–1818. Frankfurt a. M.: Insel Verlag, 1987. S. 349.

Glenn Gould (1932–1982)

G. G.: Schriften zur Musik. Bd. 1: Von Bach bis Boulez. Hrsg. und eingel. von Tim Page. München: Piper, 1986. S. 43–50. [Aus dem

Amerik. von Paul Fiebig.] – © 1986 R. Piper GmbH & Co. KG, München, für die deutschsprachigen Rechte; neu übersetzt von Paul Fiebig.

Franz Grillparzer (1791–1872)

F. G.: Beethoven. Erinnerungen, Reden, Gedichte. Herrliberg-Zürich: Bühl-Verlag, 1946. S. 7–16, 17ff.

Joseph Haydn (1732–1809)

J. H.: Gesammelte Briefe und Aufzeichnungen. Unter Benützung der Quellensammlung von H. C. Robbins Landon hrsg. und erl. von Dénes Bartha. Kassel [u. a.]: Bärenreiter, 1965. S. 297f.

Heinrich Heine (1797–1856)

H. H.: Sämtliche Werke. Hrsg. von Hans Kaufmann. Bd. 11. München: Kindler, 1964. S. 263f.

Wolfgang Hildesheimer (1916–1991)

W. H.: Lieblose Legenden. Frankfurt a. M.: Suhrkamp, 1983. S. 113, 115. – © 1962 Suhrkamp Verlag, Frankfurt a. M.

Ernst Theodor Amadeus Hoffmann (1776–1822)

E. T. A. H.: Fantasie- und Nachtstücke. Hrsg. von Walter Müller-Seidel. München: Winkler, 1960. S. 41–49.

Aldous Huxley (1894–1963)

A. H.: Kontrapunkt des Lebens. Roman. Aus dem Engl. von Herberth E. Herlitschka. München / Zürich: Piper, 1989. S. 501–508. – © 1951 R. Piper & Co. Verlag, München.

Gert Jonke (geb. 1946)

G. J.: Sanftwut oder Der Ohrenmaschinist. Eine Theatersonate. Salzburg / Wien: Residenz Verlag, 1990. S. 83–88. – © 1990 Residenz Verlag, Salzburg und Wien.

Mauricio Kagel (geb. 1931)

»Beethovens Erbe ist die moralische Aufrüstung«. Ein SPIEGEL-Gespräch. Abgedr. nach: M. K.: Tamtam. Monologe und Dialoge zur Musik. Hrsg. von Felix Schmidt. München / Zürich: Piper, 1975. S. 77–86. – Mit Genehmigung von Mauricio Kagel, Köln.

Karl Kraus (1874–1936)

K. K.: Schriften. Hrsg. von Christian Wagenknecht. Bd. 8: Aphorismen. Frankfurt a. M.: Suhrkamp, 1986. S. 96. – © 1986 Suhrkamp Verlag, Frankfurt a. M.
Die Fackel. Hrsg. von Karl Kraus. 29 (1927) Nr. 759–765. S. 102. – © Suhrkamp Verlag, Frankfurt a. M.

Nikolaus Lenau (1802–1850)

Lenaus Werke in einem Band. Ausgew. von Walter Dietze. Eingel. von Reiner Schlichting. Textrevision und Anmerkungen von Heinz Arnold. Berlin / Weimar: Aufbau-Verlag, 1981. S. 200 ff.

Adolf Loos (1870–1933)

A. L.: Trotzdem. 1900–1930. Unveränd. Neudr. der Ausg. von 1931. Hrsg. von Adolf Opel. Wien: Prachner, 1988. S. 118. – © 1988 Georg Prachner GmbH, Wien.

Luigi Magnani (1906–1984)

L. M.: Beethovens Neffe. Aus dem Ital. von Dieter Schwarz. Reinbek bei Hamburg: Rowohlt, 1986. S. 153–156.

Gustav Mahler (1860–1911)

Herbert Killian (Hrsg.): Gustav Mahler in den Erinnerungen von Natalie Bauer-Lechner, mit Anmerkungen und Erklärungen von Knud Martner. Rev. und erw. Ausg. Hamburg: Verlag der Musikalienhandlung Karl Dieter Wagner, 1984. S. 112, 148, 217, 160.

Klaus Mann (1906–1949)

K. M.: Der Vulkan. Roman unter Emigranten. Mit einem Nachw. von Martin Gregor-Dellin. München: edition spangenberg, 1977. S. 402–404. – © 1991 edition spangenberg, München.

THOMAS MANN (1875–1955)

T. M.: Doktor Faustus. Das Leben des deutschen Tonsetzers Adrian Leverkühn, erzählt von einem Freunde. Stockholm: Bermann-Fischer, 1947. S. 88ff. – Dass. Frankfurt a. M.: S. Fischer, 1960. S. 86f. –

FELIX MENDELSSOHN BARTHOLDY (1809–1847)

F. M. B.: Reisebriefe aus den Jahren 1830 bis 1832. Hrsg. von Paul Mendelssohn Bartholdy. 5., verm. Aufl. Leipzig: Hermann Mendelssohn, 1863. S. 16–19.

EDUARD MÖRIKE (1804–1875)

E. M.: Sämtliche Werke. Hrsg. von Herbert G. Göpfert. München: Hanser, 1964. S. 64–73.

FRIEDRICH NIETZSCHE (1844–1900)

F. N.: Kritische Studienausgabe. Bd. 7: Nachgelassene Fragmente 1869–1874. Hrsg. von Giorgio Colli und Mazzino Montinari. München / Berlin / New York: Deutscher Taschenbuch Verlag / de Gruyter, 1988. S. 366ff.

FRANZ GRAF VON POCCI (1807–1876)

Die Erinnerungen an Beethoven. Ges. und hrsg. von Friedrich Kerst. Bd. 2. Stuttgart: Hoffmann, 1913. S. 108ff.

MARCEL PROUST (1871–1922)

M. P.: Frankfurter Ausgabe. Hrsg. von Luzius Keller. Aus dem Franz. von Henriette Beese. Werke I. Bd. 3: Essays, Chroniken und andere Schriften. Frankfurt a. M.: Suhrkamp, 1992. S. 83–89. –

ROMAIN ROLLAND (1866–1944)

R. R.: Johann Christof. Die Geschichte einer Generation. Bd. 3: Am Ziel. Aus dem Franz. von Erna und Otto Grautoff. München [u. a.] Desch, 1950. S. 434ff.

ERIK SATIE (1866–1925)

E. S.: Schriften. Hrsg. von Ornella Volta. Aus dem Franz. von Silke Hass. Hofheim: Wolke, 1988. S. 145f. – © 1988 Wolke Verlags GmbH, Hofheim.

ANTON SCHINDLER (1798–1864)

A. Sch.: Biographie von Ludwig van Beethoven. In verkürzter Form mit berichtigenden Anmerkungen neu hrsg. von Stephan Ley. Bonn: Glöckner, 1949. S. 438f.

ALEXANDER MARIA SCHNABEL (1889–1969)

A. M. Sch.: Die Neugestaltung der Musik. In: Die Musik 15 (Mai 1923) H. 8. S. 563f.

ARNOLD SCHÖNBERG (1874–1951)

A. Sch.: Stil und Gedanke. Aufsätze zur Musik. Hrsg. von Ivan Vojtěch. (Gesammelte Schriften. Bd. 1.) Frankfurt a. M.: S. Fischer, 1976. S. 474f. – © 1976 S. Fischer Verlag GmbH, Frankfurt a. M.

FRANZ SCHUBERT (1797–1828)

Schubert. Die Erinnerungen seiner Freunde. Gesammelt und hrsg. von Otto Erich Deutsch. Wiesbaden: Breitkopf & Härtel, 1983. S. 150, 344.

ROBERT SCHUMANN (1810–1856)

R. Sch.: Gesammelte Schriften über Musik und Musiker. Nachdr. der Ausg. Leipzig 1854. Mit einem Nachw. von Gerd Nauhaus. Wiesbaden: Breitkopf & Härtel, 1985. Bd. 1. S. 64–68.

LOUIS SPOHR (1784–1859)

L. S.: Lebenserinnerungen. Erstmals ungekürzt nach den autographen Aufzeichnungen hrsg. von Folker Göthel. Bd. 1. Tutzing: Schneider, 1968. S. 176–181.

EDITHA UND RICHARD FRANCIS STERBA (? – 1986; 1898–1989)
E. u. R. F. St.: Ludwig van Beethoven und sein Neffe. Tragödie eines Genies. Eine psychoanalytische Studie. München: Szczesny, 1964, S. 304ff.

IGOR STRAWINSKY (1882–1971)
I. St. und Robert Craft: Retrospectives and Conclusions. New York: Alfred A. Knopf, 1969. S. 132–142. [Aus dem Amerik. von Paul Fiebig.]

LEW NIKOLAJEWITSCH TOLSTOJ (1828–1910)
L. N. T.: Die Kreutzersonate. Erzählung. Aus dem Russ. von Arthur Luther. Frankfurt a. M.: Insel Verlag, 1984. (it 763.) S. 112 bis 117. – © 1961 Insel Verlag, Frankfurt a. M.

RICHARD WAGNER (1813–1883)
R. W.: Ein deutscher Musiker in Paris. Novellen und Aufsätze von 1840/41. Hrsg. von Martin Gregor-Dellin. München: Deutscher Taschenbuch Verlag, 1989. S. 7–35.

CARL MARIA VON WEBER (1786–1826)
Max Maria von Weber: Carl Maria von Weber. Ein Lebensbild. Bd. 2. Leipzig: Keil, 1864. S. 493, 505, 510ff. – Dass. Bd. 3. Leipzig: Keil, 1866. S. 259f.

CARL FRIEDRICH ZELTER (1758–1832)
Briefwechsel zwischen Goethe und Zelter 1799–1832. Hrsg. von Max Hecker. Bd. 1: 1799–1818. Frankfurt a. M.: Insel Verlag, 1987. S. 352f.

Verzeichnis der Abbildungen

Monographien zur Musik

Dieter Borchmeyer: *Das Theater Richard Wagners. Idee – Dichtung – Wirkung.* 432 Seiten. Mit 13 Abbildungen

Julian Budden: *Verdi. Leben und Werk.* (I. Rein / D. Klose) 408 Seiten. Mit 99 Notenbeispielen und 23 Abbildungen

Wolfgang Dömling: *Hector Berlioz. Die symphonisch-dramatischen Werke.* 214 Seiten. Mit 15 Notenbeispielen sowie den Libretti und Programmen in Französisch und Deutsch

Robert Donington: *Richard Wagners »Ring des Nibelungen« und seine Symbole. Musik und Mythos.* (J. Schulte) 280 Seiten und rd. 100 Notenbeispiele

Michael Ewans: *Janáčeks Opern.* (S. Vogt) 222 Seiten. Mit 51 Notenbeispielen

Gunther Hoffmann: *Das Orgelwerk Johann Sebastian Bachs.* Ein Konzertführer. 280 Seiten. Mit den Choraltexten und 27 Notenbeispielen. UB Nr. 8540

Stefan Kunze: *Mozarts Opern.* 687 Seiten. Mit 175 Notenbeispielen und 38 Abbildungen

Arbie Orenstein: *Maurice Ravel. Leben und Werk.* (D. Klose) 328 Seiten. Mit 16 Notenbeispielen und 44 Abbildungen

Friedemann Otterbach: *Johann Sebastian Bach. Leben und Werk.* 248 Seiten. Mit 101 Notenbeispielen und 22 Abbildungen

Jürgen Uhde: *Beethovens Klaviermusik. Bd. 1: Klavierstücke und Variationen.* 568 Seiten. Mit zahlreichen Notenbeispielen. UB Nr. 10139 – *Bd. 2: Sonaten 1-15.* 415 Seiten. Mit zahlreichen Notenbeispielen. UB Nr. 10147 – *Bd. 3: Sonaten 16-32.* 632 Seiten. Mit zahlreichen Notenbeispielen. UB Nr. 10151

Hans Vogt: *Johann Sebastian Bachs Kammermusik. Voraussetzungen, Analysen, Einzelwerke.* 276 Seiten. Mit 189 Notenbeispielen und 8 Abbildungen

Philipp Reclam jun. Stuttgart

Handbücher zur Musik

Reclams *Ballettführer.* (H. Regitz, O. F. Regner, H.-L. Schneiders) 749 Seiten. 32 Abbildungen

Reclams *Chormusik- und Oratorienführer.* (W. Oehlmann) 630 Seiten. Rd. 350 Notenbeispiele

Reclams *Jazzführer.* (C. Bohländer, K. H. Holler, C. Pfarr) 551 Seiten. 60 Abbildungen. Mit Notenbeispielen

Reclams *Kammermusikführer.* (A. Werner-Jensen, L. Finscher, W. Ludewig, K. H. Stahmer) 1168 Seiten. 560 Notenbeispiele

Reclams *Klaviermusikführer.* (W. Oehlmann, C. Bernsdorff-Engelbrecht, K. Billing, W. Kaempfer) Bd. 1: Frühzeit, Barock und Klassik. 813 Seiten. Rd. 700 Notenbeispiele. – Bd. 2: Von Franz Schubert bis zur Gegenwart. 1064 Seiten. Rd. 560 Notenbeispiele

Reclams *Konzertführer.* Orchestermusik. (H. Renner, K. Schweizer) 1072 Seiten. Rd. 500 Notenbeispiele

Reclams *Liedführer.* (W. Oehlmann) 1024 Seiten. 470 Notenbeispiele

Reclams *Musicalführer.* (C. B. Axton, O. Zehnder) 512 Seiten. 31 Abbildungen. 2 Pläne

Reclams *Musikinstrumentenführer.* Die Instrumente und ihre Akustik. (E. Briner) 699 Seiten. Mit Zeichnungen

Reclams *Opern- und Operettenführer.* (W. Zentner, A. Würz) 1104 Seiten. 40 Tafeln

Reclams *Orgelmusikführer.* (V. Lukas) 463 Seiten. 635 Notenbeispiele

Über Bach

Von Musikern, Dichtern und Liebhabern
Eine Anthologie

Herausgegeben von Eckart Kleßmann
355 Seiten. Mit 12 Abbildungen. 8832
Gebunden und broschiert lieferbar

Texte von: Johann Mattheson – Johann Adolph Scheibe – Giovanni Battista Martini – Georg Philipp Telemann – Friedrich Wilhelm Marpurg – Carl Philipp Emanuel Bach – Johann Friedrich Reichardt – Friedrich Rochlitz – Johann Nikolaus Forkel – E.T.A. Hoffmann – Heinrich von Kleist – Johann Wolfgang Goethe – Eduard Devrient – Carl Friedrich Zelter – Friedrich Mendelssohn Bartholdy – Robert Schumann – Moritz Hauptmann – Eduard Hanslick – Richard Wagner – Friedrich Nietzsche – Johannes Brahms – Hugo Wolf – Claude Debussy – Rainer Maria Rilke – Albert Schweitzer – Oskar Loerke – Jean Giono – Hermann Hesse – Aristide Maillol – Albrecht Goes – Paul Hindemith – Wilhelm Furtwängler – Karl Barth – Theodor W. Adorno – Glenn Gould – Yehudi Menuhin – Johannes Bobrowski – Nikolaus Harnoncourt – Hans Werner Henze – Mauricio Kagel – Lars Gustafsson.

Philipp Reclam jun. Stuttgart

Über Mozart

Von Musikern, Dichtern und Liebhabern

Eine Anthologie

Herausgegeben von Dietrich Klose
326 Seiten. Mit 8 Abbildungen. 8682
Gebunden und broschiert lieferbar

Texte von: Melchior Grimm – Daines Barrington – Adolf Franz von Knigge – Joseph Haydn – Franz Niemetschek – Johann Friedrich Rochlitz – Ernst Theodor Amadeus Hoffmann – Johann Wolfgang Goethe – Karl Friedrich Zelter – Carl Maria von Weber – Stendhal – Lorenzo Da Ponte – Vincent Novello – Alexander Puschkin – David Friedrich Strauß – Richard Wagner – Franz Grillparzer – Sören Kierkegaard – Arthur Schopenhauer – Franz Liszt – König Ludwig I. von Bayern – Eduard Mörike – Peter Iljitsch Tschaikowsky – Charles Gounod – Friedrich Nietzsche – Hugo von Hofmannsthal – George Bernard Shaw – Otto Julius Bierbaum – Paul Klee – Richard Beer-Hofmann – Ferruccio Busoni – Romain Rolland – Hermann Cohen – Ernst Bloch – Max Slevogt – Hermann Hesse – Georgi W. Tschitscherin – Joseph Weinheber – Jean Giono – Werner Egk – Richard Strauss – Arnold Schönberg – Theodor W. Adorno – Karl Barth – Annette Kolb – Bruno Walter – Ingeborg Bachmann – Hans Werner Henze – Ernest Ansermet – Ferenc Fricsay – Wolfgang Hildesheimer – Oskar Kokoschka – Paul Celan – Glenn Gould – Peter Shaffer – Albrecht Goes – Ivan Nagel – Hanns-Josef Ortheil – Aron Ronald Bodenheimer

Philipp Reclam jun. Stuttgart